M. Foucault

什么是批判

福柯文选　Ⅱ

[法] 米歇尔·福柯 著　汪民安 编

北京大学出版社
PEKING UNIVERSITY PRESS

图书在版编目（CIP）数据

什么是批判 /（法）福柯 (Foucault,M.) 著；汪民安编 . — 北京：北京大学出版社，2015.11

ISBN 978-7-301-26305-1

Ⅰ.①什… Ⅱ.①福…②汪… Ⅲ.①福柯（1926 ~ 1984）—哲学思想—文集 Ⅳ.① B565.59-53

中国版本图书馆 CIP 数据核字 (2015) 第 216117 号

书　　名	什么是批判：福柯文选 Ⅱ
著作责任者	[法] 米歇尔·福柯 著　汪民安 编
责任编辑	于海冰
标准书号	ISBN 978-7-301-26305-1
出版发行	北京大学出版社
地　　址	北京市海淀区成府路 205 号　100871
网　　址	http://www.pup.cn　新浪微博：@北京大学出版社　@培文图书
电子信箱	pkupw@qq.com
电　　话	邮购部 26752015　发行部 62750672　编辑部 62750883
印刷者	天津光之彩印刷有限公司
经销者	新华书店
	880 毫米 ×1230 毫米　32 开本　13 印张　236 千字
	2016 年 1 月第 1 版　2023 年 3 月第 1 2 次印刷
定　　价	42.00 元

未经许可，不得以任何方式复制或抄袭本书之部分或全部内容。
版权所有，侵权必究
举报电话：010-62752024　电子信箱：fd@pup.pku.edu.cn
图书如有印装质量问题，请与出版部联系，电话：010-62756370

目 录

编者前言：如何塑造主体 / III

论历史书写的方式 / 1

论科学的考古学 / 31

法兰西学院候选陈述 / 95

思想系统史 / 105

福柯法兰西学院讲座课程纲要：1971—1973 / 115

18世纪的健康政治 / 143

什么是批判 / 169

安全机制、空间与环境 / 199

生命政治的诞生 / 235

自由主义的治理艺术 / 247

全体与单一：论政治理性批判 / 311

个体的政治技术 / 357

编者前言 | **如何塑造主体**　　　　汪民安

　　福柯广为人知的三部著作《古典时代的疯癫史》《词与物》和《规训与惩罚》讲述的历史时段大致相同：基本上都是从文艺复兴到十八九世纪的现代时期。但是这些历史的主角不一样。《古典时代的疯癫史》讲述的是疯癫（疯人）的历史；《词与物》讲述的是人文科学的历史；《规训与惩罚》讲述的是惩罚和监狱的历史。这三个不相关的主题在同一个历史维度内平行展开。为什么要讲述这些从未被人讲过的沉默的历史？就是为了探索一种"现代主体的谱系学"。因为，正是在疯癫史、惩罚史和人文科学的历史中，今天日渐清晰的人的形象和主体形象缓缓浮现。福柯以权力理论闻名于世，但是，他"研究的总的主题，不是权力，而是主体"[1]。即，主体是如何形成的？也就是说，历史上到底出现了多少种权力技术和知识来塑造主体？有多少种模式来塑

---

[1] 见《主体与权力》一文，载《自我技术：福柯文选 Ⅲ》第105页。

造主体？欧洲两千多年的文化发明了哪些权力技术和权力/知识，从而塑造出今天的主体和主体经验？福柯的著作，就是对历史中各种塑造主体的权力/知识模式的考究。总的来说，这样的问题可以归之于尼采式的道德谱系学的范畴，即现代人如何被塑造成型。但是，福柯无疑比尼采探讨的领域更为宽广、具体和细致。

由于福柯探讨的是主体的塑形，因此，只有在和主体相关联，只有在锻造主体的意义上，我们才能理解福柯的权力和权力/知识。权力/知识是一个密不可分的对子：知识被权力生产出来，随即它又产生权力功能，从而进一步巩固了权力。知识和权力构成管理和控制的两位一体，对主体进行塑造成形。就权力/知识而言，福柯有时候将主体塑造的重心放在权力方面，有时候又放在知识方面。如果说，《词与物》主要考察知识是如何塑造人，或者说，人是如何进入到知识的视野中，并成为知识的主体和客体，从而诞生了一门有关人的科学的；那么，《规训与惩罚》则主要讨论的是权力是怎样对人进行塑造和生产的：在此，人是如何被各种各样的权力规训机制所捕获、锻造和生产？而《古典时代的疯癫史》中,则是知识和权力的合为一体从而对疯癫进行捕获:权力制造出关于疯癫的知识,这种知识进一步加剧和巩固了对疯人的禁闭。这是福柯的权力/知识对主体的塑造。

无论是权力对主体的塑造还是知识对主体的塑造,它们的历史经历都以一种巴什拉尔所倡导的断裂方式进行(这种断裂在阿尔都塞对马克思的阅读那里也能看到)。在《古典时代的疯癫史》中,理性(人)对疯癫的理解和处置不断地出现断裂:在文艺复兴时期,理性同疯癫进行愉快的嬉戏;在古典时期,理性对疯癫进行谴责和禁闭;在现代时期,理性对疯癫进行治疗和感化。同样,在《规训与惩罚》中,古典时期的惩罚是镇压和暴力,现代时期的惩罚是规训和矫正;古典时期的惩罚意象是断头台,现代时期的惩罚意象是环形监狱。在《词与物》中,文艺复兴时期的知识型是"相似",古典时期的知识型是"再现",而现代知识型的标志是"人的诞生"。尽管疯癫、惩罚和知识型这三个主题迥异,但是,在18世纪末19世纪初,它们同时经历了一个历史性的变革,并且彼此之间遥相呼应:正是在这个时刻,在《词与物》中,人进入到科学的视野中,作为劳动的、活着的、说话的人被政治经济学、生物学和语文学所发现和捕捉：人既是知识的主体，也是知识的客体。一种现代的知识型出现了，一种关于人的新观念出现了，人道主义也就此出现了；那么，在此刻，惩罚就不得不变得更温和，欧洲野蛮的断头台就不得不退出舞台，更为人道的监狱就一定会诞生；在此刻，对疯人的严酷禁闭也遭到了谴责，更为"慈善"的精神病院出现了，疯癫不再被视作是需要惩罚的罪恶，而被看做是需要疗救的疾病；在此刻，无论是罪犯还是疯人，都重新被一种人道主义的目光所打量，同时也以一种人道主义的方式所处置。显然，《词与物》是《古典时代的疯癫史》和《规训与惩罚》的认识论前提。

无论是对待疯癫还是对待罪犯，现在不再是压制和消灭，而是改造和矫正。权力不是在抹去一种主体，而是创造出一种主体。对主体的考察，存在着多种多样的方式：在经济学中，主体被置放在生产关系和经济关系中；在语言学中，主体被置放在表意关系中；而福柯的特殊之处在于，他将主体置放于权力关系中。主体不仅受到经济和符号的支配，它还受到权力的支配。对权力的考察当然不是从福柯开始,但是,在福柯这里,一种新权力支配模式出现了,它针对的是人们熟悉的权力压抑模式。压抑模式几乎是大多数政治理论的出发点:在马克思及其庞大的左翼传统那里,是阶级之间的压制;在洛克开创的自由主义传统那里,是政府对民众的压制;在弗洛伊德,以及试图将弗洛伊德和马克思结合在一起的马尔库塞和赖希那里,是文明对性的压制;甚至在尼采的信徒德勒兹那里,也是社会编码对欲望机器的压制。事实上,统治—压抑模式是诸多的政治理论长期信奉的原理,它的主要表现就是司法模式——政治—法律就是一个统治和压制的主导机器。因此,20世纪以来各种反压制的口号就是解放,就是对统治、政权和法律的义无反顾的颠覆。而福柯的权力理论,就是同形形色色的压抑模式针锋相对,用他的说法,就是要在政治理论中砍掉法律的头颅。这种对政治—法律压抑模式的质疑,其根本信念就是,权力不是令人窒息的压制和抹杀,而是产出、矫正和造就。权力在制造。

在《性史》第一卷《认知意志》中,福柯直接将攻击的矛头指向压制模式:在性的领域,压制模式取得了广泛的共识,但福柯还是挑衅性地指出,性与其说是被压制,不如说是被权力所造就和生产：与其说权力在到处追逐和捕获性，不如说权力在到处滋生和产出性。一旦将权力同压制性的政治－法律进行剥离，或者说，一旦在政治法律之外谈论权力，那么，个体就不仅仅只是被政治和法律的目光所紧紧地盯住，进而成为一个法律主体；相反，他还受制于各种各样的遍布于社会毛细血管中的权力的铸造。个体不仅仅被法律塑形，而且被权力塑形。因此，福柯的政治理论，绝对不会在国家和社会的二分法传统中出没。实际上，福柯认为政治理论长期以来高估了国家的功能。国家，尤其是现代国家，实际上是并不那么重要的一种神秘抽象。在他这里，只有充斥着各种权力配置的具体细微的社会机制——他的历史视野中，几乎没有统治性的国家和政府，只有无穷无尽的规训和治理；几乎没有中心化的自上而下的权力的巨大压迫，只有遍布在社会中的无所不在的权力矫正；几乎没有两个阶级你死我活抗争的宏大叙事，只有四处涌现的权力及其如影随形的抵抗。无计其数的细微的权力关系，取代了国家和市民社会之间普遍性的抽象政治配方。对这些微末的而又无处不在的权力关系的耐心解剖，毫无疑问构成了福柯最引人注目的篇章。

这是福柯对十七八世纪以来的现代社会的分析。这些分析占据了他学术生涯的大部分时间。同时，这也是福柯整个谱系学构造中的两个部分。《词与物》和《临床医学的诞生》讨论的是知识对人的建构，《规训与惩罚》和《古典时代的疯癫史》关注的是权力对人的建构。不过，对于福柯来说，他的谱系研究不只是这两个领域，"谱系研究有三个领域。第一，我们自身的历史本体论与真理相关，通过它，我们将自己建构为知识主体；第二，我们自身的历史本体论与权力相关，通过它，我们将自己建构为作用于他人的行动主体；我们自身的历史本体论与伦理相关，通过它，我们将自己建构为道德代理人。"显然，到此为止，福柯还没有探讨道德主体，怎样建构为道德主体？什么是伦理？"你与自身应该保持的那种关系，即自我关系，我称之为伦理学，它决定了个人应该如何把自己构建成为自身行动的道德主体。"[1]这种伦理学，正是福柯最后几年要探讨的主题。

在最后不到10年的时间里，福柯转向了伦理问题，转向了

---

[1] 见《论伦理学的谱系学：研究进展一览》一文，载《自我技术：福柯文选 Ⅲ》第 139 页。

基督教和古代。为什么转向古代？福柯的一切研究只是为了探讨现在——这一点，他从康德关于启蒙的论述中找到了共鸣——他对过去的强烈兴趣，只是因为过去是现在的源头。他试图从现在一点点地往前逆推：现在的这些经验是怎样从过去转化而来？这就是他的谱系学方法论：从现在往前逆向回溯。在对17世纪以来的现代社会作了分析后，他发现，今天的历史，今天的主体经验，或许并不仅仅是现代社会的产物，而是一个更加久远的历史的产物。因此，他不能将自己限定在对十七八世纪以来的现代社会的探讨中。对现代社会的这些分析，毫无疑问只是今天经验的一部分解释。它并不能说明一切。这正是他和法兰克福学派的差异所在。事实上，十七八世纪的现代社会，以及现代社会涌现出来的如此之多的权力机制，到底来自何方？他抱着巨大的好奇心以他所特有的谱系学方式一直往前逆推，事实上，越到后来，他越推到了历史的深处，直至晚年抵达了希腊和希伯来文化这两大源头。

这两大源头，已经被反复穷尽了。福柯在这里能够说出什么新意？不像尼采和海德格尔那样，他并不以语文学见长。但是，他有他明确的问题框架，将这个问题框架套到古代身上的时候，古代就以完全的不同的面貌出现——几乎同所有的既定的哲学面貌迥异。福柯要讨论的是主体的构型，因此，希腊罗马文化、基督教文化之所以受到关注，只是因为它们各自以自己的方式在塑造主体。只不过是，这种主体塑形在现代和古代判然有别。我们看到了，17世纪以来的现代主体，主要是受到权力的支配和塑造。但是，在古代和基督教文化中，权力所寄生的机制并没有大量产生，只是从17世纪以来，福柯笔下的学校、医院、军营、工厂以及它们的集大成者监狱才会大规模地涌现，所有这些都是现代社会的发明和配置（这也是福柯在《规训与惩罚》中的探讨）。同样，也只是在文艺复兴之后的现代社会，语文学、生物学、政治经济学等关于人的科学，才在两个多世纪的漫长历程中逐渐形成。在古代，并不存在这如此之繁多而精巧的权力机制的锻造，也不存在现代社会如此之烦琐的知识型和人文科学的建构，那么，主体的塑形应该从什么地方着手？正是在古代，福柯发现了道德主体的建构模式——这也是他的整个谱系学构造中的第三种主体建构模式。这种模式的基础是自我技术：在古代，既然没有过多的外在的权力机制来改变自己，那么，更加显而易见的是自我来改变自我。这就是福柯意义上的自我技术："个体能够通过自己的力量，或者他人的帮助，进行一系列对他们自身的身体及灵魂、思想、行为、存在方式的操控，以此达成自我的转变，以求获得某种幸福、纯洁、智慧、完美或不朽的状态。"[1]通过这样的自我技术，一种道德主体也因此而成形。

这就是古代社会塑造主体的方式。在古代社会，人们自己来改造自己，虽然这并不意味着不存在外在权力的支配技术（事实上，城邦有它的法律）；同样，现代社会充斥着权力支配技术，但并不意味不存在自我技术（波德莱尔笔下的浪荡子就保有一种狂热的自我崇拜）。这两种技术经常结合在一起，相互应用。有时候，权力的支配技术只有借助于自我技术才能发挥作用。不仅如此，这两种技术也同时贯穿在古代社会和现代社会，并在不断地改变自己的面孔。古代的自我技术在现代社会有什么样的表现方式？反过来也可以问，现代的支配技术，是如何在古代酝酿的？重要的是，权

---

[1] 见《自我技术》一文，载《自我技术：福柯文选 Ⅲ》第1页。

力的支配技术和自我的支配技术是否有一个结合？这些问题非常复杂，但是，我们还是可以非常图式化地说，如果在70年代，福柯探讨的是现代社会怎样通过权力机制来塑造主体，那么，在这之后，他着力探讨的是古代社会是通过怎样的自我技术来塑造主体，即人们是怎样自我改变自我的？自我改变自我的目的何在？技术何在？影响何在？也就是说，在古代存在一种怎样的自我文化？从希腊到基督教时期，这种自我技术和自我文化经历了怎样的变迁？这就是福柯晚年要探讨的问题。

事实上，福柯从两个方面讨论了古代的自我文化和自我技术。一个方面是，福柯将自我技术限定在性的领域。即古代人在性的领域是怎样自我支配的。这就是他的《性史》第二卷《快感的运用》和第三卷《关注自我》要讨论的问题。对于苏格拉底和柏拉图时代的希腊人而言，性并没有受到严厉的压制，并没有什么外在的律法和制度来强制性地控制人们的欲望，但是，人们正是在这里表现出一种对快感的主动控制，人们并没有放纵自己。为什么在一个性自由的环境中会主动控制自己的欲望和快感？对希腊人而言，这是为了获得一种美的名声，创造出个人的美学风格，赋予自己以一种特殊的生命之辉光:一种生存美学处在这种自我控制的目标核心。同时,这也是一种自由的践行:人们对自己欲望的控制是完全自主的,在这种自我控制中,人们获得了自由:对欲望和快感的自由,自我没有成为欲望和快感的奴隶,而是相反地成为它们的主人。因此,希腊人的自我控制恰好是一种自由实践。这种希腊人的生存美学,是在运用和控制快感的过程中来实现的,这种运用快感的技术,得益于希腊人勤勉的自我训练。我们看到,希腊人在性的领域所表现出来的自我技术,首先表现为一种生活艺术。或者也可以反过来说,希腊人的自我技术,是以生活艺术为目标的。但是,在此后,这种自我技术的场域、目的、手段和强度都发生了变化,经过了罗马时期的过渡之后,在基督教那里已经变得面目全非。在基督教文化中,性的控制变得越来越严厉了,但是,这种控制不是自我的主动选择,而是受到圣律的胁迫;自我技术实施的性领域不再是快感,而是欲望;不是创造了自我,而是摒弃了自我;其目标不是现世的美学和光辉,而是来世的不朽和纯洁。虽然一种主动的禁欲变成了一种被迫的禁欲,但是,希腊人这种控制自我的禁欲实践却被基督教借用了;也就是说,虽然伦理学的实体和目标发生了变化,但是，从希腊文化到基督教文化，一直存在着一种禁欲苦行的自我技术：并非是一个宽容的希腊文化和禁欲的基督教文化的断裂，相反，希腊的自我技术的苦行通过斯多葛派的中介，延伸到了基督教的自我技术之中。基督教的禁欲律条，在希腊罗马文化中已经萌芽了。

在另外一个方面，自我技术表现为自我关注。它不只限定在性的领域。希腊人有强烈的关注自我的愿望。这种强烈的愿望导致的结果自然就是要认识自我：关注自我，所以要认识自我。希腊人的这种关注自我，其重心、目标和原则也在不断地发生变化：在苏格拉底那里，关注自我同关注政治、关注城邦相关；但是在希腊文明晚期和罗马帝政时代，关注自己从政治和城邦中抽身出来，仅仅因为自己而关注自己，与政治无关；在苏格拉底那里，关注自己是年轻人的责任，也是年轻人的自我教育；在罗马时期，它变成了一个普遍原则，所有的人都应当关注自己，并终其一生。最重要的是，在苏格拉底那里，关注自己是要发现自己的秘密，是要认识自己；但在后来的斯多葛派那里，各种各样的关注自己的技术（书写、自我审察和自我修炼等），都旨在通过对过去经验的回忆和辨识，让既定真理进入主体之中，被主体消化和吸收，使之为再次进入现实做好准备——这决不是去发现和探讨主体的秘密，而是去改造和优化主体。而在基督教这里，关注自己的技术，通过对罪的忏悔、暴露、坦承和诉说，把自己倾空，从而放弃现世、婚姻和肉体，最终放弃自己。也就是说，基督教的关注自己却不无悖论地变成了弃绝自己，这种弃绝不是为了进入此世的现实，而是为了进入另一个来世现实。同"性"领域中的自我技术的历史一样，关注自我的历史，从苏格拉底到基督教时代，经过斯多葛派的过渡发生了一个巨大的变化：我们正是在这里看到了，西方文化经历了一个从认识自己到弃绝自己的漫长阶段。到了现代，基督教的忏悔所采纳的言词诉说的形式保留下来，不过，这不再是为了倾空自我和摒弃自我，而是为了建构一个新的自我。这就是福柯连续三年（1980、1981、1982）在法兰西学院的系列讲座《对活人的治理》《主体性和真理》以及《主体的解释学》所讨论的问题。

不过，在西方文化中，除了关注自我外，还存在大量的关注他人的现象。福柯所谓的自我技术，不仅指的是个体改变自我，而且还指的是个体在他人的帮助下来改变自我——牧师就是这样一个帮助他人、关注他人的代表。他关心他人，并且还针对着具体的个人。它确保、维持和改善每个个体的生活。这种针对个体并且关心他人的牧师权力又来自哪里？显然，它不是来自希腊世界，希腊发明了城邦－公民游戏，它衍生的是在法律统一框架中的政治权力，这种权力形成抽象的制度，针对着普遍民众；而牧师权力是具体的、特定的，它针对着个体和个体的灵魂。正是在此，福柯进入了希伯来文化中。他在希伯来文献中发现了大量的牧人和羊群的隐喻。牧人对于羊群细心照料，无微不至，了如指掌。他为羊群献身，他所做的每一件事情都有益于羊群。这种与城邦－公民游戏相对的牧人－羊群游戏被基督教接纳了，并且也做了相当大的改变：牧人－羊群的关系变成了上帝－人民的关系。在责任、服从、认知和行为实践方面，基督教对希伯来文化中的牧师权力都进行了大量的修改：现在，牧人对羊的一切都要负责；牧人和羊是一种彻底的个人服从关系；牧人对每只羊有彻底的了解；在牧人和羊的行为实践中贯穿着审察、忏悔、指引和顺从。这一切都是对希伯来文化中的牧人－羊群关系的修改，它是要让个体在世上以苦行的方式生存，这就构成了基督教的自我认同。不过，这种从希伯来文化发展而来，在基督教中得到延续和修正的牧师权力，同希腊文化中发展而成的政治—法律权力相互补充。前者针对着个体，后者针对着全体；前者是拯救性的，后者是压抑性的；前者是伦理的和宗教性的，后者是法律和制度性的；前者针对着灵魂，后者针对着行为。但是，在18世纪，它们巧妙地结为一体，形成了一个福柯称之为的被权力控制得天衣无缝的恶魔国家。因此，要获得解放，就不仅仅是要对抗总体性的权力，还要对抗那种个体化的权力。

显然，这种牧师权力的功能既不同于法律权力的压制和震慑，也不同于规训权力的改造和生产，它的目标是救赎。不过，基督教发展出来的一套拯救式的神学体制，并没有随着基督教的式微而销声匿迹，而是在十七八世纪以来逐渐世俗化的现代社会中以慈善和救护机构的名义扩散开来：拯救不是在来世，而是在现世；救助者不是牧师，而变成了世俗世界的国家、警察、慈善家、家庭和医院等机构；救助的技术不再是布道和忏悔，而是福利和安全。最终，救赎式的牧师权力变成了现代社会的生命权力；政治也由此变成了福柯反复讲到的生命政治：政治将人口和生命作为对象，力图让整个人口，让生命和生活都获得幸福，力图提高人口的生活和生命质量，力图让社会变得安全。就此，救赎式的牧师权力成为对生命进行投资的生命权力的一个重要来源。

以人口—生命为对象，对人口进行积极的调节、干预和管理，以提高生命质量为目标的生命政治，是福柯在70年代中期的重要主题。在《性史》的第一卷《求知意志》（1976），在法兰西学院讲座《必须保卫社会》（1976）、《安全、领土、人口》（1978）、《生命政治的诞生》（1979）中，他从各个方面探究生命政治的起源和特点。我们已经看到了，它是久远的牧师权力技术在西方的现代回声；同时，它也是马基雅维利以来治理术的逻辑变化：在马基雅维利那里是对领土的治理，在16世纪末至17世纪初变成了对人的治理，对交织在一起的人和事的治理，也即是福柯所说的国家理性的治理：它将国家看成一个自然客体，看成是一套力量的综合体，它以国家本身、国家力量强大作为治理目标。这种国家理性是一种既不同于基督教也不同于马基雅维利的政治合理性，它要将国家内的一切纳入到其治理范围之内（并为此而发展出统计学），它无所不管。显然，要使国家强大，就势必要将个体整合进国家的力量中；要使国家强大，人口，它的规律、它的循环、它的寿命和质量，或许是最活跃最重大的因素。人口的质量，在某种意义上就是国家的质量。人口和国家相互强化。不仅如此，同这样的促进自己强大的国家理性相关，国家总是处在同另外国家的对抗中，正是在这种对抗和战争中，人口作为一个重要的要素而存在，国家为了战争的必要而将人口纳入到考量中。所有这些，都使得人口在18世纪逐渐成为国家理性的治安目标。国家理性的治理艺术是要优化人口，改善生活，促进幸福。

最后，国家理性在18世纪中期出现了一个新的方向：自由主义的治理艺术开始了。自由主义倡导的简朴治理同包揽一切的国家理性是如此不同，以至于它看上去像是同国家理性的决裂。自由主义针对"管得太多"的国家理性，它的要求是尽可能少的管理。它的质疑是，为什么要治理？治理的必要性何在？因为自由主义的暗示是，"管得过多"虽然可能促进人们的福祉，但也可能剥夺人们的权利和安全，可以损害人们的利益，进而使人们置身于危险的生活——在整个19世纪，一种关于危险的想象和文化爆发出来。而自由主义正是消除各种危险（疾病的危险、犯罪的危险、经济的危险、人性堕落的危险等）的方法，它是对人们安全的维护和保障。如果说，17世纪开始发展出来的国家理性是确保生活和人口的质量，那么，18世纪发展起来的自由主义则是确保生活的安全。"自由与安全性的游戏，就位居新治理理性（即自由主义）的核心地位，而这种新治理理性的一般特征，正是我试图向大家描述的。自由主义所独有的东西，也就是我称为权力的经济的问题，实际上从内部维系着自由与安全性的互动关系……自由主义就是通过对安全性/自由之间互动关系的处理，来确保诸个体与群体遭遇危机的风险被控制在最低限度。"[1]正是在这个意义上，福柯将自由主义同样置放在生命政治的范畴之内。

就此，十七八世纪以来，政治的目标逐渐地转向了投资生命：生命开始被各种各样的权力技术所包围、所保护。福柯法兰西学院讲座的标题是：社会必须保护！生命政治，是各种治理技术、政治技术和权力技术在18世纪的一个大汇

---

[1] 见《自由主义的治理艺术》一文，载本书第247页。

聚。由此，社会实践、观念和学科知识重新得以组织——福柯用一种隐喻的方式说——以血为象征的社会进入到以性为象征的社会，置死的社会变成了放生的社会，寻求惩罚的社会变成了寻求安全的社会，排斥和区分的社会变成了人道和救赎的社会，全面管理的社会变成了自由放任的社会。与此相呼应，对国家要总体了解的统计学和政治经济学也开始出现。除此之外，福柯还围绕生命政治，从各个不同的角度来谈论18世纪发生的观念和机制的转变：他以令人炫目的历史目光谈到了医学和疾病的变化、城市和空间的变化、环境和自然的变化。他在《认知意志》中精彩绝伦的（或许是他所有著作中最精彩的）最后一章中，基于保护生命和保护社会的角度，提出了战争、屠杀和死亡的问题——也即是，以保护生命为宗旨的生命政治，为什么导致屠杀？这是生命政治和死亡政治的吊诡关系。正是在这里，他对历史上的各种杀人游戏作了独具一格的精辟分析。这些分析毫无疑问击中了今天的历史，使得生命政治成为福柯在今天最有启发性的话题。

在这里，我们看到了福柯的塑造主体的模式：一种是真理的塑造（人文科学将人同时建构为主体和客体）；一种是权力的塑造（排斥权力塑造出疯癫，规训权力塑造出犯人）；一种是伦理的塑造（也可以称为自我塑造，它既表现为古代社会的自我关注，也在古代的性快感的领域中得以实践）。后两种塑造都可以称为支配技术，一种是支配他人的技术，一种是支配自我的技术，"这种支配他人的技术与支配自我的技术之间的接触，我称之为治理术"[1]。它的最早雏形无疑是牧师权力，经过基督教的过渡后转化为国家理性和自由主义，最终形成了现代社会的权力结构。这就是福柯对现代主体谱系的考究。

这种考究非常复杂。其起源既不稳定也不单一。它们的线索贯穿于整个西方历史，在不同的时期，相互分叉，也相互交织；相互冲突，也相互调配。这也是谱系学的一个核心原则：起源本身充满着竞争。正是这种来自开端的竞技，使得历史本身充满着盘旋、回复、争执和喧哗。历史，在谱系学的意义上，并不是一个一泻千里、酣畅淋漓的故事。

显然，在主体的谱系这一点上，福柯对任何的单一叙

---

[1] 见《自我技术》一文，载《自我技术：福柯文选 Ⅲ》第1页。

事充满了警觉。马克思将主体置于经济关系中,韦伯和法兰克福学派将主体置于理性关系中,尼采将主体置入道德关系中。针对这三种最重要的叙事,福柯将主体置于权力关系中。这种权力关系,既同法兰克福学派的理性相关,也同尼采的道德相关。尽管他认为法兰克福学派从理性出发所探讨的主题跟他从权力出发探讨的主题非常接近,他的监狱群岛概念同韦伯的铁笼概念也非常接近,并因此对后者十分尊重,但他还是对法兰克福学派单一的理性批判持有保留态度。他探讨的历史更加久远,绝不限于启蒙理性之中;他的自我支配的观点同法兰克福学派的单纯的制度支配观点相抗衡;他并不将现代社会的个体看做是单面之人和抽象之人(这恰恰是人们对他的误解),同样,尽管他的伦理视野接续的是尼采,他的惩罚思想也来自尼采,但是,他丰富和补充了尼采所欠缺的制度维度,这是个充满了细节和具体性的尼采;尽管他对权力的理解同尼采也脱不了干系,但是,权力最终被他运用到不同的领域。正如德勒兹所说的,他把尼采射出来的箭拣起来,射向另一个孤独的方向。

事实上,福柯的独创性总是表现在对既定的观念的批判和质疑上面。针对希腊思想所发展的普遍性的政治—法律权力，福柯提出了缘自希伯来文明中针对个体的牧师权力；针对国家对民众的一般统治技术，福柯提出了个体内部的自我技术；针对权力技术对个体的压制，福柯提出了权力技术对个体的救助；针对着对事的治理，福柯也提出了对人口的治理；针对着否定性的权力，福柯提出了肯定性的权力；针对着普遍理性，福柯提出了到处分叉的特定理性；针对着总是要澄清思想本身的思想史，福柯提出了没有思想内容的完全是形式化的思想史；针对着要去索取意义的解释学，福柯提出了摈弃意义的考古学；针对着往后按照因果逻辑顺势推演的历史学，福柯提出了往前逆推的谱系学。针对自我和他人的交往关系，福柯提出了自我同自我的关系；针对着认知自己，福柯提出了关注自己。他总是发现了历史的另外一面，并且以其渊博、敏感和洞见将这一面和盘托出，划破了历史的长久而顽固的沉默。

福柯雄心勃勃地试图对整个西方文化作出一种全景式的勾勒：从希腊思想到20世纪的自由主义，从哲学到文学，从宗教到法律，从政治到历史，他无所不谈。这也是他在各个学科被广为推崇的原因。或许，在整个20世纪，没有一个人像福柯这样影响了如此之多的学科。关键是，福柯文化历史的勾勒绝非一般所谓的哲学史或者思想史那样的泛泛而谈，不是围绕着几个伟大的哲学家姓名作一番提纲挈领式的勾勒和回顾。这是福柯同黑格尔的不同之处。同大多数历史学家完全不一样，福柯也不是罗列一些围绕着帝王和政权而发生的重大历史事件，在这些历史事件之间编织穿梭，从而将它们贯穿成一部所谓的通史。在这个意义上，福柯既非传统意义上的哲学家，也非传统意义上的历史学家。他也不是历史和哲学的一个奇怪的杂交。他讨论的是哲学和思想，但这种哲学和思想是在历史和政治中出没；对于他来说，哲学就是历史和政治的诡异交织。不过，福柯出没其中的历史，是历史学无暇光顾的领域，是从未被人赋予意义的历史。福柯怎样描述他的历史？在他这里，性的历史，没有性；监狱的历史，没有监狱；疯癫的历史，没有疯子；知识的历史，没有知识内容。用他的说法，他的历史，是无源之水、无本之木的历史——这是他的考古学视角下的历史。他也不是像通常的历史学家那样试图通过历史的叙述来描写出一种理论模式。福柯的历史，用他自己的说法，是真理游戏的历史。这个真理游戏，是一种主体、知识、经验和权力之间的复杂游戏：主体正是借助真理游戏在这个历史中建构和塑造了自身。

他晚年进入的希腊同之前的海德格尔的希腊完全是两个世界，希腊不是以一种哲学起源的形象出现。在福柯这里，并没有一个所谓的柏拉图主义，而柏拉图主义无论如何是尼采、海德格尔、德里达和德勒兹都共同面对的问题。在希腊世界中，福柯并不关注一和多这样的形而上学问题，甚至也不关注城邦组织的政治问题；尽管在希腊世界，他也发现了尼采式的生存美学，但是这种美学同尼采的基于酒神游戏的美学并不相同，这是希腊人的自由实践——福柯闯入了古代，但决不在前人穷尽的领域中斡旋，而是自己新挖了一个地盘。他的基督教研究的著述虽然还没有完全面世（他临终前叮嘱，他已经写完的关于基督教的《肉欲的告白》不能出版，现在看到他讨论基督教的只有几篇零星文章），但毫无疑问同任何的神学旨趣毫无关联。他不讨论上帝和信仰。基督教被讨论，只是在信徒的生活技术的层面上，在自我关注和自我认知的层面上被讨论。他谈到过文艺复兴，但几乎不涉及人的发现，而是涉及一个独特的名为"相似"的知识型,涉及大街上谈笑风生的疯子。他谈及他所谓的古典时期（17世纪到18世纪末），他谈论这个时期的理性,但几乎没有专门谈论笛卡尔（只是在和德里达围绕着有关笛卡尔的一个细节展开过争论）和莱布尼兹,他津津乐道的是画家委拉斯贵支。作为法兰西学院的思想系统史教授,他对法国的启蒙运动几乎是保持着令人惊讶的沉默——即便他有专门的论述启蒙和批判的专文,他极少提及卢梭、伏尔泰和狄德罗。而到了所谓的现代时期,他故意避免提及法国大革命（尽管法国大革命在他的内心深处无所不在,大革命是他最重要的历史分期）。他谈到了19世纪的现代性,但这个概念同主导性的韦伯的理性概念无关。他的19世纪似乎也不存在黑格尔和马克思。他几乎不专门谈论哲学和哲学家（除了谈论过尼采）,他也不讨论通常意义上的思想家,不在那些被奉为经典的著述的字里行间反复地去爬梳。福柯的历史主角,偏爱的是一些无名者,即便是被历史镌刻过名字,也往往是些声名狼藉者。不过,相对于传统上的伟大的欧洲姓名,福柯倒是对同时代人毫不吝惜地献出他的致敬：不管是布朗肖还是巴塔耶,不管是克罗索夫斯基还是德勒兹。

在某种意义上，福柯写出的是完美之书：每一本书都是一个全新的世界，无论是领域还是材料；无论是对象还是构造本身。他参阅了大量的文献——但是这些文献如此地陌生，似乎从来没有进入过学院的视野中。他将这些陌生的文献点燃，使之光彩夺目，从而成为思考的重锤。有一些书是如此地抽象，没有引文，犹如一个空中楼阁在无穷无尽地盘旋和缠绕（如《知识考古学》）；有一些书如此地具体，全是真实的布满尘土的档案，但是，从这些垂死的档案的字里行间，一种充满激情的思想腾空而起（《规训与惩罚》）；有一些书是如此地奇诡和迥异，仿佛在一个无人经过的荒漠中发出狄奥尼索斯式的被压抑的浪漫呐喊（《古典时代的疯癫史》）；有一些书如此地条分缕析，但又是如此艰深晦涩，这两种对峙的决不妥协的风格引诱出一种甜蜜的折磨（《词与物》）；有一些书如此地平静和庄重，但又如此地充满着内在紧张，犹如波澜在平静的大海底下涌动（《快感的运用》）。福柯溢出了学术机制的范畴。除了尼采之外，人们甚至在这里看不到什么来源。但是，从形式上来说，他的书同尼采的书完全迥异。因此，他的书看起来好像是从天而降，似乎不活在任何的学术体制和学术传统中。他仿佛是自己生出了自己。在这方面，他如同一个创造性的艺术家一样写作。确实，相较于传承，他更像是在创作和发明——无论是主题还是风格。我们只能说，他创造出一种独一无二的风格：几乎找不到什么历史类似物，找不到类似于他的同道（就这一点而言，他和尼采有着惊人的相似），尽管在他写作之际，他的主题完全溢出了学院的范畴，但是，在今天，他开拓的这些主题和思想几乎全面征服了学院，变成了学院内部的时尚。他的思想闪电劈开了一道深渊般的沟壑：在他之后，思想再也不能一成不变地像原先那样思想了。尽管他的主题征服了学院，并有如此之多的追随者，但是，他的风格则是学院无法效仿的——这是他的神秘印记：这也是玄妙和典雅、繁复和简洁、疾奔和舒缓、大声呐喊和喃喃低语的多重变奏，这既是批判的诗篇，也是布道的神曲。

论历史书写的方式

编者按

　　本文是雷蒙德·贝卢尔（Raymond Bellour）对福柯的访谈，曾经发表在 *Les Lettres francaises* 1187（15-21 June 1967, pp. 6-9.）。罗伯特·赫尔利（Robert Hurley）英译。1966年，福柯出版了他的重要著作《词与物》，引发了极大的争论。这篇访谈是福柯对这本书以及它所引起的争论的一个回应。

雷蒙德·贝卢尔：您这部著作遭遇的双重接受——批判的和普遍的、热情洋溢的和谨慎的接受——使得再次访谈成为必要。在一年前关于本书的访谈中，您解释了您的研究的本质和范围。人们对《词与物》（《事物的秩序》）的反应不一，最触动您的是哪一种？

福柯：以下事实让我深感震惊：职业史学家把它当作一部史学作品，而许多死守陈旧历史观念的史学家则声称，历史学正在遭到谋杀。

雷蒙德·贝卢尔：难道您不觉得，这本作品的形式——我是指书里缺少同类著作中常见的广博的注释、参考书目和大量公认的引用文献，也是指《宫女》（*Las Meninas*）所建构的镜像之趣——和您的创作风格或许掩盖了它的特性？

福柯：这本作品的呈现方式无疑与它有关，不过，我认为主要原因在于，许多人没有意识到历史知识的重要转变，早在二十多年前，这种转变就开始了。大家都知道，乔治·杜梅泽尔、克劳德·列维-斯特劳斯和雅克·拉康的书属于我们时代的重要著作；那么，他们是否也很清楚，在那些促使一项新的知识事业成为可能的作品中，我们还得列入费尔南·布罗代尔、弗朗索瓦·傅勒、丹尼斯·里歇、勒华拉杜里的作品,以及剑桥历史学派和苏维埃学派(the Soviet school)的研究成果呢?

雷蒙德·贝卢尔:那么,您有意将自己定位为史学家。您认为误解是怎么出现的呢?

福柯:我认为,历史已经成为一种奇怪的神圣化的对象。对许多知识分子来说,对历史表现出一种冷漠的、无知的和保守的尊重,是将他们的政治意识与他们的研究或写作活动协调起来的最简单方式。在历史的十字架之下,所有话语都是向主持正义事业的上帝的祷告。还有一个更技术性的原因。事实上,人们必须承认,在语言学、人种学、宗教史以及社会学领域,19世纪形成的一些概念(可以归于辩证概念之列),很大程度上已经弃而不用了。现在,一些人认为,历史学科成了辩证秩序的最后避难所;经由它,人们可以拯救理性矛盾(the rational contradiction)的统治地位……因此,许多知识分子(支持这两种原因,反对其他一切可能性)坚持一种历史概念,即它是以事件(发生在由众多决断构成的等级秩序之中)的伟大序列这种叙事模式为基础组织起来的:个人淹没在超越他们以及轻视他们的整体性之中，与此同时，他们或许也是这种整体性的不知情的作者。因此，对一些人来说，这种历史学——既是一种个人事业，也是一种整体性——变得不可捉摸：拒绝那种形式的历史主张〔可怕的〕就意味着抨击伟大的革命事业。

雷蒙德·贝卢尔：您使用的历史作品的新奇性体现在哪里呢？

福柯：我简单地将它们概述如下：

1. 这些史学家提出了历史分期这个棘手的问题。人们发现，被政治革命频频打断的明显的分期，从方法论上来说，并非总是最有可能的划分形式。

2. 每一种分期都从历史中抽出特定级别的事件，反过来，每个层次的事件都要求有自身的分期。这是一套微妙的问题，如果一个人依靠他挑选出来的级别，那么，他就不得不划定不同分期，在依靠他提供的分期时，他就会触及不同的级别。这样，他最终获得的，是关于非连续性的复杂方法论。

3. 人文科学和历史学（前者研究共时和不发展，后者分析的是巨大的持续变化）之间古老而传统的对立消失了：变化能够成为结构分析的对象，历史话语充斥着借自人种学、社会学和人文科学的分析。

4. 史学家的历史分析融合了各种关系和联系模式,它们在数量上远远超出人们用来界定历史方法的普遍因果关系。

因此,我们或许有可能第一次分析在时间长河中沉淀下来的一套材料,它们呈现为符号、痕迹、制度、实践、作品等等。所有这些变化有两个基本表现:

1. 就史学家而言,是布罗代尔、剑桥学派、苏维埃学派以及其他人或学派的作品。

2. 对路易·阿尔都塞在《读〈资本论〉》开始部分阐发的历史概念做出的非凡批判和分析。[1]

雷蒙德·贝卢尔:您是在指出您的作品和阿尔都塞的作品之间存在密切联系吗?

福柯:我是他的学生,从他那里获益良多,我倾向于将一种成就归功于他的影响,当然,他或许不会同意,因此,我无法替他做出回答。但是,我还是要说:打开阿尔都塞的书,看看他都说了些什么。

---

[1] Louis Althusser, "Du Capital a la philosophie de Marx," in Althusser, P. Macherey, and J. Raniere, *Lire Le Capital* (Paris: Maspero, 1965), vol. 1, pp. 9-89 ["From Capital to Marx's Philosophy", in Althusser and Etienne Balibar, *Reading Capital*, trans. Ben Brewster (New York: Pantheon, 1970), pp. 11-69].

不过，阿尔都塞和我之间确实存在一个明显差异：他使用与马克思联系在一起的表述，即"认识论断裂"说，相反，我认为，马克思并不代表一种认识论断裂。

雷蒙德·贝卢尔：您对19世纪知识的结构变化做出的分析，似乎受到了质疑，那么，这种与马克思有关的分歧，是否就是这种质疑的最明显标记呢？

福柯：我对马克思的讨论，涉及政治经济学这个具体领域。不管马克思对李嘉图的分析做出的修正多么重要，我也不认为他的经济分析跳出了李嘉图所建立的认识论范畴。另一方面，我们可以假定，马克思在人民的历史和政治意识中嵌入了一种激进的断裂，马克思主义的社会理论确实开辟了一个全新的认识论领域。

我的著作的副标题是《人文科学考古学》。它也暗示着另一个标题，即《16世纪以来西方的知识和历史意识分析》。甚至在我这本著作展开深入论述之前，我认为，这一次，巨大的断裂似乎应该定位在马克思的级别。我们又回到了我早先的论述：知识领域的分期无法完全按照某个个人所属的级别来进行。人们会碰到某种层层相叠的砖块，有趣、奇怪而又令人好奇的事情，在于找出生命、经济和语言科学的认识论断裂如何以及为何发生在19世纪初,而历史学和政治理论的认识论断裂却出现在19世纪中期。

雷蒙德·贝卢尔:但是,这是有意否认历史学作为和谐的整体性科学的特权——马克思主义传统向我们展示出来的特权。

福柯:据我所知,那个观念——很普遍——事实上并不是在马克思那里发现的。不过,我想强调的是,在这个领域,我们只是刚刚开始勾勒出可能的原则,讨论这些层级的互惠性决定还为时尚早。并非不可能的是,我们或许会找到一些决定的形式,以至于所有的级别会在历史发展的桥梁上步伐一致地前进。但是,那些只是假定而已。

雷蒙德·贝卢尔:在那些批评您这部著作的文章中,大家会留意到"冻结历史"之类的字眼,它就像一个主旨一样重复出现,似乎表达了最重要的指控,旨在质疑您的概念框架及其包含的叙事技巧——事实上,是在质疑阐述一种转变逻辑(这正是您所做的)的可能性。您对此有何看法?

福柯:在所谓的"观念史"中,人们通常以两种权宜之计(它们让事情变得更简单)来描述变化:

1. 人们使用一些在我看来不可思议的概念，比如影响、危机、突然的领会（觉悟）、对一个问题的兴趣等等，我觉得，这些便利的概念并不起作用。

2. 当人们遇到困难时，他就会从分析的层面（对语句本身的分析）转向分析之外的层面。因此，当面临一种变化、一种矛盾、一种非连贯性时，人们通过社会环境、心理、世界观等等来做出解释。

通过玩一种系统的游戏，我打算抛弃这两种便捷方法，因此，我努力去描述语句、所有的语句组，同时提炼出有可能将它们联系在一起的暗示、反对和排斥关系。

比如，有人对我说，我早就承认在18世纪末和19世纪初之间存在一种绝对的断裂，或者我本人创造了这种断裂。事实上，当人们仔细考察18世纪末的科学话语时，就会注意到一种非常快速的、实际上也十分令人困惑的变化。我想精确地描述那次变化，确定一系列必不可少的、充分的转变——从科学话语的最初形式（18世纪的形式）向最终形式（即19世纪的形式）的转变。我所确定的这些转变保留了一些特定的理论要素，置换了其他一些要素，同时也见证了陈旧要素的消失和新要素的出现。所有这些使得我们有可能界定我所思考的领域的变迁原则。因此，这完全与我想要建立的非连续性背道而驰,因为我展示出来的,正好是从一个状态向另一个状态的过渡。

雷蒙德·贝卢尔:那么,误解是否并不来自如下困境:即一方面要对"变化"和"过渡"这种术语进行概念分析,另一方面又要分析"桌子"和"描述"。

福柯:都一样,早在50年前,人们就认识到,对于历史学、人种学和语言学之类的领域而言,描述工作是必不可少的。毕竟,伽利略和牛顿以来的数学语言所起的作用,不像是对本质的一种解释,而是像对进程的一种描述。我不明白,为何有人会质疑一些不拘形式的学科(比如历史学)也以描述作为自己基本任务的要求。

雷蒙德·贝卢尔:您如何从方法上来构想这些基本任务?

福柯:(1)如果我所说的没错,那么,人们就可以依据相同的计划,同时运用一些辅助性变化,来解释和分析我没有谈到的文本。(2)我谈论过的文本,还有讨论过的素材,很容易在以下这种描述中继续:它将采取不同的分期,也将在不同的层级进行。比如,当从事历史知识的考古时,显然有必要再次使用论述语言的文本,也有必要将它们与解释学和资料考证的技巧，以及一切跟圣经和历史传统相关的知识联系起来。因而，它们的描述会不一样。如果它们是精确的，那么，人们就可以用这些描述来界定一些变化（它们使得从一种状态过渡到另一种状态成为可能）。

因此，从某种意义上而言，描述是无限的；从另一种意义来说，它又是封闭的，因为它倾向于建立理论模式来解释被研究的话语之间的关系。

雷蒙德·贝卢尔：描述的这种双重特征似乎往往会引起沉默或困惑，因为历史由此直接与历史档案的无限性直接联系在一起——因此，也与所有无限所具有的无意义联系在一起——同时，也困在一些模式之中，这些模式的形式特征及其逻辑，揭示了所有内部的和圆形的封闭物的无意义。由此产生的效果更强烈，因为您这本著作远离了所谓的"活泼的历史"，在这种历史中，实践活动——不管它被提及的理论层面，也不管人们可以将历史的无穷多样性纳入其中的模式——将无意义转变为行为和制度世界中的某种熟悉性。您如何理解《事物的秩序》基于其上的那种断裂？

福柯：我尝试玩这么一个游戏，即对语句本身进行严格的描述，我很清楚，语句领域确实遵循一些正式规则，比如，人们可以找到一种适用于不同认识论领域的理论模式；在这个意义上，他们就可以断定，话语的自主性是存在的。但是，如果人们没有将话语的自主层面与其他层面、实践、社会关系以及政治关系等等联系起来的话，那么，对这种自主层面的描述将一无所获。我始终感兴趣的，正是那种关系，在《疯癫与文明》和《临床医学的诞生》中，我尝试确定这些不同领域之间的关系。比如，我考察医学以及压迫、就诊、失业救济和公共医疗卫生管理等各种制度的认识论领域。我最终发现，事情比我在这两本著作中所想的要更复杂，话语领域并非始终符合它们与那些和它们相关的实践和制度领域共有的结构，更确切而言，它们遵守的是它们与其他认识论领域共享的结构——也就是说，在特定时期，它们内部存在一种话语的同形性（isomorphism）。由此可见，人们会面临两条互相垂直的描述轴线：一种是几种话语共有的理论模式；另一种是话语领域和非话语领域之间的关系。在《事物的秩序》中，我使用了水平轴线，在《疯癫与文明》中，则利用了同一幅图形的垂直线。

就第一种来说，先得有人以文本向我证明，话语之间不存在这种理论连贯性，这样，才能够开始一场真正的讨论。至于尽量缩小实践领域这个问题，我早先的著作表明，我并没有做这类事情，我将通过比较提及一个很不错的例子。当杜梅泽尔证明罗马宗教与斯堪的纳维亚或凯尔特传奇或某种伊朗仪式具有同形性关系时，他并不是说罗马宗教在罗马历史中没有自身的地位，也不是说罗马历史根本不存在，而是指人们无法描述罗马宗教的历史以及它与各种制度、社会阶级和经济状况的关系，除非他们考虑到这种内在的形态学。同样，证明一个时代的科学话语处于一种共同的理论模式之中，并不等于说这些话语摆脱了历史，像不具形体的、孤独的实体那样飘浮在空中，而是说，如果人们不考虑那些同形性所具有的力量和连贯性，那么，他们就无法研究历史，无法分析历史知识的功能、它的角色、为它规定的各种条件以及它植根于社会的方式。

雷蒙德·贝卢尔：您赋予理论模式（为了对历史学科展开广泛的分析）以及描述性逻辑（用来建构这些理论模式）的这种客观性，让人不禁想知道那种描述的出发点，或者说它的来源——以您所写的那类个人化作品来说，这意味着努力去理解作者与他的文本之间的关系，确切而言，去理解作者渴望在文本中占据的位置，以及他能够和必须占据的位置。

福柯：回答这个问题的唯一方式，就是进入这本著作本身。如果我试图在作品中表达的分析风格是可接纳的，那么，我们就有可能确定那种理论模式——不但我的这本作品、而且其他属于相同的知识结构的作品也可以归入其中。毫无疑问，这种模式允许我们将历史当作一套事实上相互连接的语句，将语言当作描述的对象和各种关系（它们与话语、与作为阐释对象的语句联系在一起）的集合。我们的时代足以让所有那些文本（它们讨论语法、自然史或政治经济学等众多对象）的出现成为可能。

因此，在那方面，也只有在那方面，作者是在建构他正在谈论的事物。我的作品完全是一种虚构：它是一部小说，但不是我创作的，它是我们时代及其认识论结构与整个语句之间的关系。因此，主体事实上呈现在整部作品之中，不过，它是匿名的"主体"，他今天所谈论的，都是被说过的。

雷蒙德·贝卢尔：您如何理解这种匿名"主体"的地位呢？

福柯：人们或许逐渐地、但并非很轻易地摆脱了一种巨大的寓言式怀疑。就一个文本而言，我是指一个简单观念，它在于不断自我询问：文本在其表面的表达背后究竟在说什么。毫无疑问，这是古老的解释学传统的遗产：在关注那些被说出来的事情时，我们怀疑还有其他某些事情正在被表述。这种寓意式怀疑的世俗版本为每一位评论家指定了一项任务，即从各处找出作者的真实思想，他没有说而说出来的，打算说而未能说的，意在隐藏却被允许显现的。很显然，现在有许多其他可能的方式来讨论语言。因此，当代批评理论——正是这种批评将它（语言）与最近受到研究的对象区分开来——正在阐释一种新的组合方案，这种方案与当代批评所研究的各种文本（它的文本对象）相关。当代批评并没有重构内在的秘密，而是将文本当作一套要素（词语、隐喻、文学形式以及叙事组），人们可以从中找出全新的关系，只要他们没有受制于作家的设计，当然，他们只有经由作品本身才能做到这一点。人们以这种方式发现的形式关系并不存在于任何人的头脑中；它们并不是语句的潜在内容，以及它们的不慎重的秘密。这些关系是一种建构，然而是一种准确的建构，只要被描述的关系确实能够赋予被讨论的材料。我们学着将人们的言语置于那些依然没有得到阐释、由我们第一次表述、然而客观准确的关系之中。

因此，当代批评理论正在抛弃重要的内在性神话

(*Intimior intimio ejus*)。它完全偏离了嵌套式盒子以及从书柜后面寻找宝库的古老主题。通过置身于文本之外，它为文本建构了一种全新的外在性，书写着文本的文本。

雷蒙德·贝卢尔：在我看来，正如您所描述的，现代文学批评——它具有十足的创造性，也做出了诸多贡献——在一定意义上显示了一种奇怪的衰退，这种衰退与一位确定了文学批评的基本要求的人相关。我是指莫里斯·布朗肖（Maurice Blanchot）。事实上，布朗肖替现代思想（他称之为"文学"）征服了文本的专横外在性，不过，他根本没有为自己提供一种便利来躲避作品的暴力，作为名称和传记的场所，作品的秘密正在被不可简化的、抽象的文学力量以各种方式进行详细研究。正如一种更学术化的批评所要求的，在不同情况下，布朗肖都会回顾它严格的路线，从不担心依照它的各种形式的逻辑来如实描述它。

福柯：没错，布朗肖确实让一切关于文学的话语成为可能。首先，因为他率先表明，作品通过它们的语言外观（"文学"由此出现）相互联系。因此，文学构成每一部作品的外在，它穿越所有的书面语言，在每一个文本上留下空洞的爪印。它不是一种语言模式，而是一道车辙，像一种巨大的脉冲一样贯穿所有文学语言。我认为，通过揭示文学的这种作用——作为"共同场所"、存放作品的空旷空间——他确定了当代批评当之无愧的目标，精确的和创造性文学批评作品也由此成为可能。

另外，我们也可以断定，通过在作者和作品之间建立一种从未被构想过的关系模式，布朗肖也让它成为可能。我们现在都知道，作品并不属于作者的设计，甚至也不属于他自身的存在，它与他保持一种否定、解构的关系，对他来说，它是永恒外在的流动；然而，名称的那种原始功能还是存在。正因为名称的存在，作品就显现出一种特征，这种特征无法被简化为所有其他语言的匿名的胡言乱语。毫无疑问，当代批评还没有质疑名称的这种急切需求，那是布朗肖向它提出的建议。它不得不处理这个问题，因为对作品来说，名称标志着它与其他作品的对立和差异关系，绝对体现了文学作品在一种文化和制度（比如，我们文化和制度）中的存在模式。归根结底，自匿名从文学语言及其运作中完全消失（存在少数例外）以来，已经有好几个（5个或6个）世纪了。

雷蒙德·贝卢尔：我觉得，这就解释了布朗肖的教诲在技术批评家——他与他们保持了同等的距离——之中的不同凡响,它更明显地体现在心理分析的解释类型(根据定义,这种解释在主观的空间进行)而不是语言学解释类型(通常会导致机械的抽象)之中。

由此看来,在某些科学型研究(就像您的那种研究)中,最重要、同时也是最成问题的,是某种相当新颖的熟悉性,它们似乎与那些更明显的、"主观的"文学作品共同主张这种熟悉性。

福柯:了解一部科学作品可指出的、"可命名的"特性何在,是一件很有趣的事情;比如,尼尔斯·亨利克·阿贝尔(Niels Heinrik Abel)或者约瑟夫-路易·拉格朗日(Joseph-Louis Lagrange)的作品就具有一些鲜明的写作特点,它们就像提香的画作或夏多布里昂的作品那样独具特色。哲学作品或林奈(Linnaeus)和乔治·布丰(Georges Buffon)那样的描述性作品同样如此。它们都处于所有谈论"同一件事情"的作品的网络之中,这些作品与它们属于同一时期或者晚于它们:这种将它们包含在内的网络,描绘着那些没有公民身份的伟大人物,我们称之为"数学""历史学"和"生物学"。

特性问题或名称与网络之关系问题,古已有之,不过,在过去，存在各种将文学作品、物理或数学作品以及历史作品彼此分开的方法。每种学科都在它自身合适的层面、在为它指定的领域发展，轻视所有的重叠、借鉴和相似性。现在，人们发现，所有这种切割和区分要么在消退，要么以一种完全不同的方式自我重建。因此，语言学和文学作品之间、音乐和数学之间以及史学家的话语和经济学家的话语之间的关系，不再简单地以借鉴、模仿或无意识的类似来描述，甚至也不以结构上的同形性来刻画；这些作品、这些首创性是在相互关联中形成的，是为彼此存在的。存在一种语言学文献，不受研究小说家的语法和词汇的文法家影响。同样，数学不再像17世纪末18世纪初那样用来建构音乐语言，它现在已经成为音乐作品本身的正式领域。因此，我们看到，陈旧的语言划分正在普遍而又迅速地消亡。

  人们喜欢说，我们现在感兴趣的唯有语言，它已经成为普遍性目标。不要犯错误：这种优势地位只不过是一个迁徙部落的暂时性优势。没错，我们对语言感兴趣；然而，这并不意味着我们最终会拥有它，相反，较之以往，我们现在更不理解它。它的边界正在崩塌，它那平静的宇宙开始消融；如果我们被淹没，那么，与其说原因在于它永恒的严密性，不如说在于它当前的流动潮。

雷蒙德·贝卢尔：你是如何将自己置于这种转变——它将最严格的知识作品纳入某种小说冒险事业——之中的？

福柯：我与那些被贴上"结构主义者"标签的人不同，事实上，我对语言之类的体系提供的形式上的可能性并不感兴趣。从个人角度来说，我更感兴趣的，是话语的存在，是言语被说出来这个事实。这些事件的运作与它们最初的状况有关联，它们留下痕迹，它们持续存在，它们进行演练，一些明显的或隐秘的功能，就位于历史上那种持续存在之中。

雷蒙德·贝卢尔：就这样，您屈从了史学家——他渴望对档案材料的无尽私语做出反应——富有特色的激情。

福柯：没错，因为我的对象不是语言而是档案材料，也就是说，堆积如山的话语。我认为，考古学既不同于地质学（分析下部地层），也不同于谱系学（描述起源和连续性）；它以自身的与档案相关的形式来分析话语。

自童年时代以来，我一直受这样一个噩梦的困扰：我寻找一个我无法解读的文本，或者只能够解读其中极小一部分。我假装阅读它，意识到我正在捏造；然后，文本突然变得完全混乱，我无法继续读下去，乃至无法虚构它，我喉咙紧绷，然后惊醒。

我并非漠视个人投资，这种投资可能存在于对语言——它无处不在，并且在其生存方面逃避我们——的这种迷恋之中。语言通过背离我们而幸存，它的面孔往往转向我们一无所知的黑暗。

如何证明我现在正在进行的论述话语的话语呢？可以赋予它们什么样的地位呢？人们已经开始意识到——尤其想到逻辑学家，伯纳德·罗素和路德维希·维特根斯坦的学生——语言的形式特性可以得到分析，只要考虑到它的具体功能即可。事实上，语言是一套结构，而话语则是功能单位，对语言的整体性进行分析肯定符合那种基本要求。在此背景下，我现在所做的，被放置在普遍的匿名状态（由所有以语言为中心的研究组成）之中——也就说，不仅仅语言促使我们言说事情，已经被说出的话语也同样如此。

雷蒙德·贝卢尔：您说的匿名观念的确切意思是什么？

福柯：我在想，人们现在是否会以名字与匿名的关系这种形式重逢，这种关系是古典时代古老的问题——个人与真理或个人与美之关系问题——的某种转换。出生在特定时刻的个人具有一种独特的历史和一幅独特的面孔，他如何能够独自和第一个发现一种特定真理，或许甚至发现真理本身？

这是笛卡尔的《第一哲学沉思录》回答的问题：我如何才能发现真理？[1]许多年之后，我们又在浪漫派的天才论中遇到这个问题：寄居在历史之中的个体，如何才能够发现一个时代或一种文明的真理用以表达的美的形式呢？现在，这个问题不再以这种术语提出来。我们不再内在于真理，而是内在于话语的连贯性之中，不再内在于美，而是内在于各种形式的复杂关系之中。现在，它是这么一个问题：一个个体、一个名称，如何才能成为一种要素或者一群要素的媒介，这种要素在融入话语的连贯性或形式的无限网络之中时，也就变得毫不起眼，或者至少让那个名称和那种特性（在一定时期和某些方面，它承载着它们的印记）变得空洞和毫无价值。我们必须征服匿名，证明我们的重大假定——早晚一天会变成匿名的——是合理的，这有点类似于古典时代思想家需要证明的巨大假定，即他们发现了真理以及将他们的名字与真理联系在一起。在以往，写作者面临的问题在于让自己脱离所有的匿名状态；在我们时代，作者需要抹除个

---

[1] Rene Descartes, *Meditationes de prima philosophia* (paris: Soly, 1641). *See Meditations touchant la Premiere Philosophie, dans lesqueUes l'existence de Dieu et la distinction reelle entre l'ame et le corps de l'homme sont demontrees*, in Oeuvres et lettres, ed. Andre Bridoux (Paris: Gallimard, 1953), pp. 253-547 [*Discourse on Method; and Meditations on First Philosophy*, trans. Donald A. Cross (Indianapolis: Hackett, 1993)].

人的名字,将个人的声音隐没在得到宣扬的话语的巨大喧嚣之中。

雷蒙德·贝卢尔:难道您不觉得,一旦这种冲动被推向极致,就相当于在玩声明和抹杀、言说和沉默这种双重的、彼此相反的游戏吗?当布朗肖为著作指定一种功能——即在面对大量无法忍受的言语(没有这些言语,著作就不可能存在)时,成为丰富的沉默居所——之时,他已经让这种游戏成为文学活动的本质。克劳德·列维-斯特劳斯在评论《生食和熟食》时说道:"因此,这本关于神话的书,以自身的方式成为了一种神话",当时,他所想到的,是神话至高无上的非人格性——不过,就此而言,没有几本著作像他的《神话学》[1]那般个人化。就历史学领域而言,您的情况也很相似。

福柯:这些著作旨在成为匿名的,赋予它们如此多的特性和个性标志的,并非一种风格的特权符号,或一种非凡的或个性化的解释的标志,而是对于擦除的癖好,通过

---

[1] Claude Levi-Strauss, *Mythologiques*, vol. 1: *Le Cru et le cuit* (Paris, Pion, 1964) [*Introduction to a Science of Mythology*, vol. 1: *The Raw and the Cooked*, trans. John and Doreen Weightman (Chicago: University of Chicago Press, 1983)].

这种擦除行为，人们就小心地清除一切有可能透露出写作特征的内容，擦除者位于作家〔écrivains〕和那些碰巧进行写作的人〔écrivants〕之间。

尼古拉·布尔巴基（Nicolas Bourbaki）就是一个基本的模式。[1]我们所有人都希望在自己的领域有所作为，像布尔巴基那样，数学是通过一个古怪名字的匿名状态建构起来的。或许，数学研究者与我们的活动之间不可化约的差异在于，较之于装饰性钢笔，有目的地用于匿名的擦除行为，更明确地标志着署名。也可以说，布尔巴基有它自己的风格和自身特定的方式成为匿名的。

雷蒙德·贝卢尔：就像您提及的古典时代的个性一样，这意味着，在这种研究中，作者的立场事实上可能是对哲学家的立场的复制——这是一种永远都不明确的立场，介于科学和文学之间。从那种这个意义上来说，哲学的现代地位是怎样的？

福柯：我认为，哲学不复存在——我不是说哲学已经

---

[1] 尼古拉·布尔巴基（Nicolas Bourbaki）是一群法国数学家（包括 Henri Cartan、Claude Chevalley、Jean Dieudonne、Charles Ehresmann、Andre Weyl 以及其他一些人）的集体笔名，他们在严格的公理基础上重建数学。

消失了，而是指它通过各种各样的活动传播。因此，公理家（axiomatician）、语言学家、人种学者、史学家、革命者以及政治家的活动，都有可能是哲学活动形式。在19世纪，关注客体的可能状况的反思，也是哲学意义上的；今天，为知识或实践展示一种新目标的每一种活动，都是哲学，不管这种活动来自数学、语言学、人种学还是历史学。

雷蒙德·贝卢尔：然而，在《事物的秩序》最后一章，您讨论了现在的人文科学，您赋予历史学一种超出其他学科的特权。这是一种恢复综合性立法之权力——这种权力过去是哲学思考的特权，海德格尔已经认识到，它不再是传统哲学的权力，而是"哲学史"的权力——的新方法吗？

福柯：没错，在我的探究中，历史学占据一个特权地位。事实上，在我们的文化中，至少在最近几个世纪，话语是以一种历史的方式连结起来的：我们承认，被说出来的事情来自过去，它们在这种过去中受到其他事情的承接、反对、影响、取代、威胁和叠加。"没有历史"的文化显然不是缺乏事件或发展或革命的文化，而是话语不以历史的形式积累的文化。它们并列而立；它们相互取代，它们彼此忘却；它们相互改变。另一方面，在一种像我们这样的文化中，每一种话语的出现的背景，都伴随着一种事件的消失。

这就解释了为何在研究与语言、经济学和有机生命体相关的整个理论话语时，我并不打算建立这类知识〔*connaissances*〕的先验可能性或不可能性。我努力去做一个史学家的工作，展示这些话语的共同作用，以及那些解释了它们的有形变化的转化。

不过，这并不意味着历史学必须扮演哲学之哲学的角色，也不意味着它可以宣称自己是语言之语言，那是19世纪历史主义的思维，这种历史主义将本属于哲学的立法和批判功能赋予历史学。如果历史学拥有一种特权，那么，它就会拥有，只要它愿意扮演与我们的文化和我们的理性相关的内在人种学的角色，从而体现出一切人种学的可能性。

雷蒙德·贝卢尔：在绕了一大圈之后，我想回到这本作品本身，我想问的是，当人们从您对17世纪和18世纪的分析转向19世纪和20世纪分析时，为何他们会在您的阐释中感觉到了一种差距，一些与您的作品相关的强烈保留意见，正是因为这种差距的存在。

福柯：在这本书的分类中，一些事情在19世纪似乎确实发生了变化。《疯癫与文明》同样如此，人们认为，我意在抨击现代精神病学,在《事物的秩序》中,我是在利用19世纪思想进行论战。事实上,在这两种分析中,有一个明显的差异。实际上,我可以通过使用双重差异来界定古典时代的独特结构:一方面,将它与16世纪对比,另一方面,将它与19世纪对比。但是,在界定现代的独特性时,我只能一方面将它与17世纪对比,另一方面与我们自己时代对比;这样,为了实现这种变迁,就有必要从我们的所有语句中提炼出那种将我们与它区分开的差异。这是将自身从现代(大约开始于1790年到1810年,一直持续到大约1950年)解放出来的问题,然而,对古典时代来说,这仅仅是对它进行描述的问题。

因此,表面上的论战特征要归因于这么一个事实,即人们要深入研究我们脚下堆积起来的大量话语。通过温和的挖掘,人们就能够揭示出古老而潜在的结构,但是,当最终需要决定我们依然赖以为生的话语体系时,一旦我们必须质疑依旧在我们耳边回响、并且与我们试图说出来的言语混合在一起的言语时,考古学——就像尼采哲学那样——就被迫以锤击来工作。

雷蒙德·贝卢尔:您赋予尼采的这种独特的、热情洋溢的地位,是不是最明显地体现了那种无法逾越的差距呢?

福柯:如果我必须重新写作这本两年前完成的作品,那么,我尽量不向尼采提供那种含糊的、完全具有特权的、元历史的身份(我过去倾向于赋予尼采这种地位)。毫无疑问,正是由于这种事实,我的考古学更多地受惠于尼采的系谱学而不是所谓的结构主义。

雷蒙德·贝卢尔:但是,在那种情况下,人们如何能够让尼采重新回到考古学领域而又不至于两头失败呢?在那个事实中,似乎存在一个无法克服的矛盾。在你的作品中,我在比喻性形式——即尼采和《宫女》之间的基本冲突——中注意到了这种矛盾。您喜欢空间比喻,不诉诸简单的游戏,很显然,桌子变成你的作品的一个特权场所,就好像它在某种意义上是所有结构主义的特权场所那样;在我看来,桌子解释了您在当前的匿名性与17世纪匿名性之间进行比较的方式,您支持这么一种阅读观念,它不但能够在一张桌子上规划历史,也能够从论述中国百科全书的博尔赫斯文本(the Borges text)中找到历史,那是您的作品的"诞生地"。这就是19世纪——当时,历史以符号与人之间的不和谐之形式被创造出来——成为争论之对象的原因,通过努力将历史主体带回到桌子上,通过一种新的匿名状态,我们时代有希望达成一种新的决议。

难道尼采不正是这么一个场所,在那里,所有符号在主体——它凭借自己的力量成为匿名的,通过把那些以零散的话语形式存在的声音整合起来而成为匿名的——不可化约的维度上汇聚起来?这样的话,难道它不是思想和所有表达的极端的、典型的形式(就像自传)吗,没有任何遗漏或遗留,它总是缺席桌子空间——就好像它在历史时间上缺席一样,它存在于历史中,又不在其中,因为一个人只有在疯癫的意义上才能够说明它,同时不用诉诸外在法则?可以说,尼采以及某种文学真理在您的作品(它亏欠尼采许多,也为尼采带去许多)中消失了,难道这个事实没有证明在同一个层面讨论所有话语是不可能的吗?难道您在书中的存在这件事,不正好对应你梦寐以求的不可能的匿名状态——据说,这种匿名只意味着一个没有书面语言的世界或(就达到疯癫程度而言)尼采的循环文学——吗?

福柯:我很难回答,因为你所有的问题基本上都来自那个问题,因此,我们整个对话也一样。那个问题支持着你那种充满热情的、有点遥远的兴趣,即对我们周围正在发生之事的兴趣,对你之前之世代的兴趣。你的写作和质疑的欲望,来自那个问题。因此,现在就有了米歇尔·福柯与雷蒙德·贝卢尔的访谈,这种访谈已经持续好几年,某一天,《法国文学》杂志可能会发表其中一个片段。

(刘耀辉 译)

论科学的考古学

编者按

　　巴黎认识论小组的这篇答复最早刊于《分析手册》（*Cahiers pour l'analyse*）第九辑（1968年夏）。在这篇答复中，福柯就《词与物》中引人注目的"知识型"概念和"认识论断裂"概念作了解释。这两个概念跟他特有的考古学方法有关。实际上，福柯在此对他的考古学方法作了一般解释。考古学对起源、总体性、再现、主体、连续性和统一体提出了质疑，也就是说，对知识的条件和可能性作出了置疑。文章中的观点，在他的《知识考古学》中有更详尽的论证。这是福柯70年代前所尊奉的一些理论原则。之后，逐渐放弃了这些方法，而转向了谱系学。

我们向《疯癫与文明》《临床医学的诞生》和《词与物》的作者提出这些问题的唯一意图是，使他对其理论的可能性和他方法的可能推论建立于其上的批判性命题进行陈述。小组[1]希望福柯在科学的地位、历史和概念的关系中确定他的这些答复，并向他提出了要求。

有关知识型和认识论断裂

加斯东·巴什拉的著作发表以来，认识论断裂的提法已经被用来指称那种非连续性，科学史和科学哲学据称可以洞悉它，洞悉这种在每一种科学的诞生与"顽固的实证的、自圆其说的错误构成的整体"之间的非连续性，而那种错误的整体通过回顾可以被看到总是先于科学诞生的。伽利略、牛顿和拉瓦锡这些原型式的范例，而且还有爱因斯坦和门捷列夫这样的典型，他们都说明了这类断裂的横向永恒性。

《词与物》的作者发现了一个时代和下一个时代的认识

---

[1] 认识论小组由阿兰·巴丢（Alain Badiou）、雅克·博韦塞（Jacque Bouveresse）、伊夫·杜洛（Yves Duroux）、阿兰·格里斯夏尔（Alain Grosrichard）、托马斯·赫伯特（Thomas Herbert）、帕特里克·霍夏尔（Patrick Hochart）、让·马尔托瓦（Jean Malthoit）、雅克—阿兰·米勒（Jacques-Alain Miller）、让—克劳德·米尔内（Jean-Claude Milner）、让·莫斯科尼（Jean Mosconi）、雅克·纳西弗（Jacques Nassif）、博纳尔·鲍特拉（Bernard Pautrat）、弗朗索瓦·勒尼奥（Francois Regnault）和米歇尔·托尔托（Michel Torto）等人组成。

论构型之间的纵向非连续性。

我们问他：在这种横向性和纵向性之间总是有着怎样的关系？[1]

考古学分期划定了让诸学说汇集在统一系统模式中的共时性连续背景。他能同意为他提出的在彻底的历史主义（考古学将能够预言它自己再嵌入某种新话语中的二次铭写）和某种绝对知识（有一些作者摆脱了知识型的限制条件而总是呈现着这种知识）之间的二者择一的要求吗？

福柯的回答

这是一个有意思的交叉。几十年以来，现今的历史学家们更乐意把他们的注意力放在长时段之上。情况似乎是，在政治波动和它们的插曲背后，历史学家就在揭示着稳定而富

---

[1] 有关这个问题，我们从康吉莱姆论福柯的著作的那篇文章（见《批判》(Critiques)，242卷，1967年7月，第612—613页）中接引了如下的段落："就理论认识而言，在不参照任何规范的情况下在其概念的具体性当中思考这种认识是否可能的呢？在17世纪、18世纪的认识论体系中运作的许多话语，其中一些，比如自然史，被19世纪的知识型抛弃了，但还有一些却被整合到了这种知识当中。牛顿物理学并没有随着动物经济的生理学的出现而消亡，相反，前者充当了后者的一个模型。即便不是艾迪安·乔弗里·圣蒂雷尔(Etienne Geoffroy Saint-Hilaire)，也是达尔文推翻了乔治·布丰。但无论是迈克斯维尔，还是爱因斯坦，都没有推翻牛顿；达尔文却被孟德尔和摩根驳倒了。伽利略—牛顿—爱因斯坦的这个序列所包含的断裂与植物分类学的杜纳福尔(Tournefort)—林奈—恩格勒这个序列里的断裂毫无共同之处。"

有弹性的平衡、不可感知的过程、持续的不断调整、趋势性的现象，所有这些现象在经过了时间上的若干连续时段、积累运动和缓慢的饱和过程，经过了被驳杂的传统叙事掩藏在层层叠叠的事件背后的伟大的稳固而无声的基点，达到了其顶峰之后便开始以反方向运动。为了进行这种分析，历史学家们配置起他们的工具，这些工具有一部分是制作出来的，而有一部分则是约定俗成的：经济增长的模型、对交换之流的定量分析、人口增长和衰退的综合分析、对气候变化的研究等等。这些工具使他们能够在历史领域中对各种沉积层进行区分；直到那时一直都是研究对象的线性连续被更深层的一套非耦合体所取代了。从政治的不稳定性到"物质文明"所特有的凝滞性，分析的层面成倍地增多了；每个层面都有着它自己的断裂；每个层面都包含着它自己所专属的分期。单位变得更宽了，进而我们也就更进一步地深入到更深的层面当中。历史学的老问题（不连续的事件之间应建立起何种联系）自此被一系列困难的疑问所取代：在这些层面中哪些层面应被析出？它们每一个所能适用的分期类型和标准是什么？它们之间应建立起何种关系体系（等级制、统治关系、二级配置、意义明确的决定关系、循环因果性）。

目前，就在大约同一个时期里，在被称为观念史、科学史、哲学史、思想史，还有文学史的那些学科当中（它们各自的特性在这里暂且不论），在整体上已放弃了历史学家的工作及其方法的这些学科——尽管这些学科的名目各不相同——当中，注意力已经从建构"时代"或"世纪"的大单元上转移开来了。有人已经开始努力去发现在思想的伟大连续性背后、在心灵的集体性和同质性表现背后，在从一开始就为自身存在和自身完善而斗争的科学的不懈发展背后存在的断层。加斯东·巴什拉已经测知了中止了认识[connaissances]的无限积累的那些认识论意义上的起点；马尔夏·热鲁（Martial Geroult）对切分了哲学话语空间的那些封闭体系、那些封闭的概念建筑术进行了描述；乔治·康吉莱姆则分析了概念运用的有效性和规则领域中的突变、移置和转化。至于文学分析，它所考察的就是写作的——以及更小规模的文本的——内部结构。

但这种交叉不能让我们抱任何幻想。我们不应不加深究地就接受这样一种表象，即某些历史学科已经从连续性转向了非连续性，而其另一些历史学科——史学就是这样——正在从大量的非连续性转向范围宽广的、无断裂的那些单元。实际上，已经发生的事情是，非连续性的概念已经在作用上发生了改变。就拿经典形态的历史学来说，非连续性既是给定的也是无法被思考的：它既是在众多分散事件、意向、观念或实践中呈现自身的东西，又是必须通过历史学家的话语规避、化约和抹除从而揭示串联式连续性的东西。非连续性是时间性离散的耻辱，历史学家的职责就是通过历史学压抑它。

它现在已经成了历史分析的基本要素之一。它以三重角色出现在这种分析之中。首先，它支撑起了历史学家审慎精确的操作（而不再是他从面对的材料中任意拿来就用的东西）——因为他必须，至少作为一种系统假设，在他的分析的可能的层面进行区分，并且建立起适合于这些层面的分期模式。它还是他的描述的结果（而不再是他的分析活动所必须清除的东西）——因为他致力于揭示的东西正是某个过程的范围、曲线的拐点、常规运动的奇变、震荡过程的界标、某功能的开端、某机制的出现，以及某种循环因果性得以反转的那个契机。最后，它还是这样一个观念，即他的工作总是具体的。它不再是横亘于两个实证模式间的空白里的纯然、统一的空无；它成了一种不同的形式和功能，随着分配给它的领地和层面而变化。一个必然特别悖论的观念：它既是研究的对象，也是其工具，因而它在划定了分析领域的同时，它自身又是这个领域所呈现出的一种效果；它使众多领地各自分片成了可能，但却只能通过事先比较这些领地才能够建立它们；它打散一些单元，为的只是建立起另一些新的单元；它既对众多序列进行分节，又对众多层面进行着复制，并且归根到底，它不仅是历史学家话语中呈现出来的一种概念，而且是他们秘密地奉为前提的一种概念。要是没有为他提供着作为对象的历史——以及断裂本身的历史——的这种断裂作为基础，他还能在什么基础上言说呢？

我们可以图示化地说，历史，亦即一般意义上的诸历史学科已经不再是对序列表面背后的串联关系的建构了；它们现在所实践的是系统化地引入非连续性。在我们的时代为它们赋予了典型特征的巨变，不是它们的领地向它们早就非常熟悉了的经济机制的扩展，也不是对意识形态现象、思想形式或心理类型的整合；所有这些都在19世纪得到了分析。毋宁说这种巨变就是对非连续性的改造：是把它从障碍转变为实践的一种改造；是非连续性进入历史学家话语之中的一种内化——这意味着非连续性不一定是必须化约得出的外在事实，而毋宁是被运用的一个操作性概念；是对各种征象的一种倒转——多亏了这种倒转，非连续性对历史阅读（历史阅读的底部、它的失败、它的权力的范围）来说不再是消极性的东西，而成了决定着历史阅读的对象并赋予其分析有效性的积极因素。我们必须习惯于理解在历史学家的实际工作中成为历史的东西：为了对诸时间序列进行分析而对非连续性做的某种有控制的使用。

显而易见，这个事实还有许多方面不为人知，我们是这个事实的同时代人，而历史学认识在将近半个世纪的时间里已经见证了这个事实。实际上，如果历史可以保持不曾断裂的连续性的链条，如果它未曾须臾中断地把除非抽象否则无法被分析打开的诸多连续体联系在一起，如果它把那些隐蔽的合成物永久地织入以人、他们的词语和他们的行为为中心形成的重组过程，那么历史就是意识的绝佳避难所：它在体制和事物的沉默中揭示出物质性的决定因素、惰性的实践、无意识的过程和被遗忘的意向，进而从那种重组过程中抽掉了的东西将以一种自发的合成体的形式再次回来；或者毋宁说，它将允许那种重组过程再次把从中抽掉的所有线索悉数捡起，使死去的活动再行复苏，它将允许那种重组过程再次成为新的、被恢复了的追光之下的主权主体。连续的历史就是意识的串联：是使从其中逃逸的东西得以再次复归的担保；是这样一种许诺，它终有一天将能把包围着它、压迫着它的全部事物统统占有，从而复辟对它们的统治，并且在它们当中找到真正必被称为它自己的家——让我们把这个词所承载的一切过度含义从它上面拿开——的所在。使历史分析成为连续性话语，并且使人类意识成为一切知识以及一切实践的本源性主体的愿望，乃是同一种思想系统的一纸两面。着眼于总体化，时间被构想出来，而革命被构想成无非是意识的获得。

然而，自20世纪初以来，精神分析研究、语言学研究，继而还有民族学研究，已经吊销了历史的欲望法则的、它的言说形式的、它的行动规则的、它的神话话语系统的主体。可在法国，那些把握十足的人总是不断这样答复："是的，嗯历史……历史，它并非一种结构，而是形成的过程，并不是同时性，而是连续性；并非一种系统而是一种实践；并非一种形式，而是意识永无休止的一种努力，意识总是返回自身，并试图重获对自身的控制权，甚至是对自身条件的基本前提的控制权；历史，它不是非连续性，而是长期的，无断裂的实践。"

为了把这个已然引发争议的连祷文不断地念诵下去，就必须这么做：调转眼睛不去注意历史学家的工作，也就是对他们的实践和话语当中已经发生的东西置若罔闻；对他们的学科的剧变闭目塞听；坚决无视这一事实——历史并非意识的主权的理想避难所，它比神话、语言或性更脆弱；总之，为了得到拯救,就必须重构一种不再是完成形态的历史。如果这种历史不能提供足够的安全,不能形成认识,知识和思想的发展,不能形成永远自我复归且在任何阶段都永恒地绑定于其过去和现在的那么一种意识的发展,那么就一定要拯救那必须得到拯救的东西——有谁敢褫夺它近代历史的主体?每当非连续性的使用在某种历史分析中变得过于显眼(特别是非连续性的使用涉及知识的时候),便会出现一声呐喊:你谋杀了历史!不要在这里产生误解——这里如此大声的哀悼指向的并非历史的被抹除,而是历史形式的消失,而那种形式曾被以秘密的方式,并且完全自在地植入主体的综合活动性当中。过去的所有财富都在这种历史的古老城堡中被囤积着。据信这座城堡固若金汤——因为它圣洁,它是人类学思想的最后堡垒。但历史学家们在其他方向上早已走得很远了。再也不能指望他们去对特权实施保护或去再次强调——但在目前的麻烦中这么做是必要的——历史至少还活着,并且是连续的。

话语事件的领域

如果我们想将非连续性这个概念系统地运用于(也就是

说为了对其加以界定起见,就是说以尽可能一般性的方式使用它并验证它)被称为观念史、思想史、科学史和认识史等等领域——这些领域的边界是如此不确定,因而它们的内容也还是悬而未决的——之上,那么有一些难题马上就会应运而生。

首先就是一些否定工作。必须摆脱与连续性假设相联系的一系列观念。无疑,它们没有真正严格的结构,但其作用却是显而易见的。比如传统这个观念,使得这两种情况成为可能,一方面让人根据某种坐标体系铭记所有的创新,另一方面是给一组恒定现象指派某种地位。又如影响这个观念,与其说它实质性地不如说是神秘地支撑着过渡和交流的种种现象。又如发展这个观念,它使人们能把一系列事件描述为同一种组织性原则的实现。又如目的论或相对于规范阶段的革命的这种相反成成的观念,又如时代精神或时代心理这个观念,它使人能在共时和连续之间建立起意义的连续性,象征纽带的连续性,或某种相似性和镜像映射的游戏。必须抛弃这些既成的合成物、这些综合体,它们往往未经检验便被认可,它们之间联系的有效性往往被立即接受;必须驱逐这些隐蔽的形式和力量,人们往往借着它们习惯性地把人的思想和它们的话语联系在一起;必须承认首先要做的事情无非是和全部那些被压抑的事件打交道。

再无必要视我们所熟知的学科或团体之间的分界线是有效的划分了。由于横亘着这些分界线，我们就既不能接受范围广大的话语类型之间的差异，也不能了解体裁形式（科学文献、哲学、宗教、法律、小说等等）之间的差异。原因是明摆着的。我们在自己的话语世界中运用着这些差异，却对此一无所知。当我们专注于对广为流传、散布并以完全不同的方式普遍地特征化了的一组陈述进行分析的时候，情况 a fortiori[更是]确乎如此；毕竟，"文学"和"政治"是这样的晚近范畴，它们只能被以回溯性的方式和新的类比或语义相似的游戏运用于中世纪甚或古典文化。文学和哲学，因而还有哲学和科学，在十七八世纪话语领域内并不是以它们在19世纪里相联结的方式那样联结在一起的。总之，显而易见的是必须意识到，那些分界——我们今天通常接受的，或与被研究的那些话语同时代的那些划分——本身都总是一些反思范畴、分类原则、规范性规则和体制化的类型；它们，就其本身而言，又是与其他事实共存的由话语造成的事实，而那些其他事实与它们之间固然有着复杂的关系，但却不具有自治的和可被普遍认识的内在特性。

最重要的是，必须受到质疑的应是这样一些统一体，它们以最直接的形式现身——这些单位就是书籍和作品全集。乍一看上去，若无极端的工序，这些统一体根本无法被拆除；它们是以极其确定的方式被给予的，是既由物质性的个性化（一本书是占据着明确空间的、有其经济价值，并且以数字标识着它的开端和结尾的东西），又由话语和使之呈现出来的那个个体之间分配关系所给定的。但是，只要我们更切近地观察它们，麻烦就来了。这些麻烦并不比语言学家试图界定一个句子的统一性时所遇到的那些麻烦小，也不比历史学家试图界定某种文学或科学的统一性时所遇到的麻烦小。一本书的统一性并不是匀质的统一性：不同数学著作之间存在的关系不同于不同哲学文本之间存在的关系。司汤达的小说和陀思妥耶夫斯基的小说之间的差异不可能与使《人间喜剧》中两部小说相互有别的差异相重叠；而后者，就其本身而言，又不可能和使《尤利西斯》区别于《一位青年艺术家的肖像》的那些差异相重合。进一步说，一本书的边界既非确定的也非严格划定的。没有只靠自己就能存在的书籍，它总是在与其他书籍并立的支撑关系和依赖关系之中的；它是网络中的一个节点——这个网络包含了这个点或隐或显地指向其他书籍、其他文本或其他句子的整个指涉系统。如果我们对一本物理学书籍，或一部政治演说集，或一本科幻小说感兴趣，那么这种指涉系统，因而还有自治和他治的复杂关系，都将是不同的。尽管书籍大多是作为我们可以拿在手头的一个客体而得到规定的，尽管书籍是在封闭着它的这个小小规则平行六面体当中受到限定的，但它的统一性仍旧是可变的和相对的；如果不通过话语领域，这个小小的规则平行六面体就无法得到解释和指涉，进而就不可能得到描述。

说到作品全集，它所带来的难题仍然是非常棘手的。表面上来看，作品全集是可由某专名标记指定的文本的总和。指定（即便我们把归属问题放到一边）并不是一种同质化工作：一个作家的名字不能对在他名下由他本人发表的文本进行指定，不能对他用假名发表的另一些文本进行指定，不能对在他死后也许被以原始面目发现的另一些文本进行指定，而且也不能对那些无非是同样原始的草稿、随手写来的笔记、"纸头"等其他一些文本进行指定。对全部文本或作品全集的建构必将以某些不能轻易证明甚至也不能表述的理论选择为其前提。有一种文本，它是作家所写，他原来也打算付印但却仅仅由于他的死这一事实便永远保留其未完成状态，把这样的作品算进来就足以是构成全集吗？我们是不是得再算上放弃了的那些大纲呢？而我们又将把书信、笔记、报道的对话、由编辑者记录下来的评论放在什么位置上呢？这个个体在他死亡的那一刻才离开包围着他的这些多得数不清的踪迹，它们在无限多的交叉点说着如此不同的语言，它们将在几个世纪甚至上千年的时间里弥散着，直到最后被彻底抹除——我们将把它们放在什么位置上呢？无论如何，"马拉美"的名字对一个文本所进行的指定——如果文本涉及英国主题，或他对埃德加·爱伦坡的翻译，或诗歌，或对询问的答复——的类型是各不相同的。而尼采的名字和作品之间就没有这样的关系，那些作品包括年轻时的自传、其学术论文、哲学文章、《查拉图斯特拉如是说》、《看哪，这人》、书信、最后签署着"狄俄尼索斯"或"恺撒尼采"字样的明信片、格言警句草稿间夹杂着洗衣店账单的笔记本。

　　实际上，能被在某作家的"作品全集"中识别的唯一统一性就是某种表现的作用。可以这样来设想，一定存在着这样的层面（它存在于深层，要多深就有多深），作品全集在这个层面上通过它自己的一切片段——即使它们极其微小，极其无关紧要——把自身揭示为作者的，或俘获了他的历史决定的思想之表达，或其经验，或想象，或无意识之表达。但我们很快会看到，绝非直接被给定的作品的统一性是通过某种操作被建构起来的；这种操作是阐释的（这就是说，它在文本中对既潜藏而又显白的东西进行解码或转译）；最终，这种操作——它决定着作品，具有整体性的作品，因而决定着作为这一操作之结果的作品全集本身——在《残酷戏剧——剧场及其重影》的作者那里与在《神学政治论》的作者那里是不会相同的。作品全集不可能既被构想为直接的统一性，或确定的统一性，也不能被构想为同质的统一性。

最后，要终止这些未经反思的统一体——我们力图分析的话语就是靠它们而被半隐秘地事先组织起来——的继续流转的最后一招，就是放弃两个相对而立的、绑定在一起的假设。其中一种假设认为，在话语秩序中不可能找到真实事件的闯入；在每种表面的开端之外，总是存在着一种隐秘的起源——它是如此隐秘，如此地具有始源性，因而它不可能完全按其自身得到把握。结果是，我们注定通过编年学的天真而被引向无限远点，永远不肯能在任何历史中得到呈现的无限远点。这个点本身只能是自身的空无；从这一点发出的所有开端仅仅只能是涌现或隐匿（严格地讲，应该同时是这两者，在这完全同一个动作中的二者同时实现）。与这个假设相联系的另外一个论点是，所有显白话语都隐秘地取决于"已道出"的东西；而且这个"已道出"的东西又不是已经表达出来的句子、已经写下的文本，而是那"尚未说出"

的东西——它是某种不可具体化的话语,是像气息一样无声的声音,是仅仅在行文之中所留出的空白的那种写作。进而还可以假设,话语中恰好变成词语的所有言说总被发现是在先行于话语的、固执地在话语之下运行着但又由话语揭示并渲染其静默的那种半沉默之中被联结着的。归根结底,显白话语只能是它未说出的东西的压抑性表现;而未言说的东西则是由内部为已言说的东西灌注生气的空无。第一个假设的主题注定使话语的历史分析成为对规避一切起源测定的那种起源的追问和重复。而第二个假设的主题则注定使它成为对同时是未被说出的已道出的东西的阐释和监控。这两个主题的作用就是担保话语的无限连续性及其在缺席的运动之中——因为缺席总是更先行的一个阶段——隐秘的自我在场。我们必须放弃这两个假设。话语的每个阶段都向作为事件的它的断裂敞开着;事件存在于断续之间;存在于转瞬即逝的偏离之中,这断续和偏离使话语被继续、被知道、被遗忘、被改造、被抹除为它最细小的痕迹,并从每双眼睛前移开埋入如微尘的书籍之中。不必将话语追根穷底地回溯到它起源的原始在场;而必须在它的直接性游戏中观照它。

连续性的这些基本形式、话语的这些未被审察的综合体一旦被弃置一旁,那么整个领域就显豁了。这是个巨大的但又是能被界定的领域；这个领域是由一整套陈述（口头的或书面的陈述）建构而成的，这些陈述通过它们作为事件的偏离和它们每个都专有的直接性而全部起着作用。在它被当作科学、小说、政治议论，或某作家的作品，甚或一本书得到讨论之前，应在其原初中性性质中加以把握的东西就是"话语一般"所构成的空间中事件的全部。于是就有了对话语事实进行纯粹描述的这种规划。显而易见，这种描述有别于语言分析。当然，只消运用那些陈述的全部，运用那些话语性行动，我们就能建构起一种语言体系（如果说我们不是以刻意人工的方式建构它的话）。进而这就成了一个根据某种具有典范价值的集合，根据使不同陈述的事件性构成成为可能的那些法则去进行界定的问题。即便一种语言早已消失，即便没人在言说着它，即便它只在零星的碎片之中得以重构，但它仍旧总是作为可能的陈述之条件的一种语言。它是规则的一套有限集合，正是这些规则为无限的表征颁定其有效性。相反，话语是仅已被表述出的那些陈述的永远有限且暂时性的集合。那些陈述可以多得不可计数；它们也许，就它们的驳杂繁多而言，超出了任何铭写的限度；但它们只是构成了一个有限的集合。当涉及一种话语行动时，语言分析所提出的问题总是：这一个陈述是根据何种规则而建构起来的，并且其他相似的陈述是根据何种规则被建构的？而话语描述则提出不同的问题：这一个陈述——而不是已经各就其位的其他陈述——究竟是怎么出现的？

与此相同，这种话语描述之所以有别于思想分析的原因也是显而易见的。而且在这儿，某种思想体系也只能通过某有限的话语集合被建构起来。只能以如下方式去发现这种集合，我们要透过那些陈述本身对言说主体的意向，他的意识活动，他的意谓，甚至还有以与他意愿相左的方式在他所言之物中，在潜藏于其清晰表达内几难辨别的裂隙之处浮现的无意识模式加以辨认。不管怎么说，这就是对另一种话语的重构，这种话语揭示了从内部激活了能被听到的话语的那种几难察觉而无休止的喃喃细语，重现了浮现于已写下的字里行间并常常就挤在字里行间的那个纤细而不可见的文本。思想分析涉及思想所使用的话语的时候总是比喻性的。其问题总是：在已被说出的东西中可能意谓什么？而话语分析所指向的则是其他目的：它所注重的是把握处身于话语事件狭隘性和唯一性之中的那个陈述；测定它的存在条件，尽可能确定它的边界，确立它与其他陈述之间的关联——它在其中与其他陈述联系起来的那种关联，并说明它所排除的其他联结方式是什么。它并非是在显白的东西之下去竭力谛听其他话语的喃喃私语。必须证明话语何以不能是其他形式而只能是它所是，为什么它排除了其他话语，它作为众多话语中的一种并在与它们的关系之中为什么只占据了这个位置而不可占据其他位置。话语分析的真正问题因而可以表述为：在被说出的东西中——而不是别处——显露于前台的固定存在是什么？可能有人会问，对一切公认的统一单位的这种质疑，固执地对非连续性的这种追求，如果其重点所在无非是让大量话语事件得以呈现，无非是搜集它们并保持其绝对的离散性，那么这种做法的最终目的何在？实际上，对纯粹既有的统一单位的系统清除，首先使之成为可能的就是让某陈述的唯一性即事件性重新回归该陈述。陈述不再被视为语言的一种介入，也不是其字面更深的意指过程的经验性偶然显现，它将在历史断裂的层面被观照；对之加以观照的努力是这样一种尝试，这种尝试的注意力聚焦的是该陈述所建构起来的切口，这种不可化约的——往往也是极其隐微的——呈现。一个陈述无论它是怎样的陈词滥调，无论它的推论看上去多么微不足道，无论它出现后多么迅速地被人遗忘，无论它在多大程度上不为人所理解或仅仅是人们按照自己的想法对它进行曲解，它总是一个事件，不可能被语言或意指所穷尽的一个事件。一种奇特的事件，当然，因为，一方面，它是和一种写作行动或语言的联结联系在一起的，另一方面，它为自己在记忆的领域中或者在手稿、书籍和其他记录形式的物质性中打开了一种剩余存在；进而是因为，它和其他每个事件一样都是唯一的，但又向重复、改造和复活敞开着；最终因为，它既与创造了它的那些条件相联系，与它所引发的那些结果相联系，又在同时但却是在完全不同的模态之中与先在于它的和继它而起的那些陈述相联系。

然而形成陈述的事件所处的层面被从语言和思想中抽离出来，但却不是为了在其自身之中去把握它，仿佛它是独立的、孤立的和主权性的似的。相反，目的是要把握那些陈述，那些作为事件的并具有如此独特的特殊性的陈述，是以何种方式与在性质上非话语的其他实践——也许是技术的、实践的、经济的、社会的、政治的，等等此类的实践——相联结的。在其纯粹性之中对话语事件在其中得以撒播开来的那个空间进行揭示，并不是要把这个空间确立在由虚无所穿过的裂隙之中；并不是要让它锁闭于自身之内；a fortiori [更加]不是要将其向某种超验的东西开放；相反，这么做是要赢得对它与外在于它的其他系统之间的一系列关系进行描述的自由。这是些必须在话语领域内得到确认——在无法求助于一般语言形式或言说主体的个体意识的情况下得到确认——的关系。

对话语行动的这样一种描述方式的第三个优势是，它让它们摆脱了自己把自己呈现为自然而然的、直接而普遍的统一体的所有那些群集，从而使描述——此时，这种描述是通过一套必需的决断而进行的描述——另类统一体成为可能。如果诸条件被明确地确定了，那么，以正确地被描述的关系为依据，对那些不可能是新的且永远不可见的集合进行建构就是合法的。这些集合不可能是新的，因为它们总是由已被表达出的陈述组成的，而就是在这些陈述之间，就有若干特别固定的关系可以被辨认出来。但这些关系并不是通过这里所说的那些陈述自行被表达出来的（比如说，这些关系与那些清晰的关系不同，后者由话语自身——当其采取了小说形式时，或通过一系列数学定理而被铭写出来时——呈现和道出）。这些不可见的关系绝不构成由其内部激活着显白话语的某种秘密话语；它们构成的并非是让那些话语变得显白的一种阐释，而毋宁说构成了对它们的共生性、它们的连续性、它们的相互依赖性、它们的互相决定性、它们的独立性和相对转化的分析。总之（尽管它们不可能得到穷尽性的分析），它们构成了也许可以被称为无意识的东西，在这里且玩一下文字游戏，这个"无意识"，并非言说主体的"无意识",而是已被说出的事物的"未被意识"——因为意识永远不可能在这种描述中在场。

最后,在所有这些研究的视野基础上应该托出一个范围更广的论题——那就是文化中话语事件的存在模式的论题。必将得出的东西是这样一套条件,这些条件,在一定时间内,在一定的社会中,决定着某些陈述的出现,决定着它们是否能得以为继,决定着它们之间所建立起来的联系,决定着它们在法定建制中得以被归类为某些群集的方式,决定着它们所起的作用,决定着对它们产生着影响的价值活动或仪式活动,决定着它们被转化为实践或态度的方式,决定着它们进入流通、被压抑、被遗忘、被破坏或被重新激活所依据的原则。总而言之,这是个处在其自身不断被体制化的系统内的话语的问题。我想起了档案(archives)这个词,这不是指某种文明或使这种文明免于湮灭无闻的遗迹所保存下来的文本的总体,而是一系列规则,它们在文化中决定着某些陈述是出现还是消失,决定着它们的持存和它们的解体,决定着它们作为事件和事物的悖论性存在。在档案的一般要素中分析话语事实,就不能把这些话语事实看成是(某种隐蔽的意指过程或建构规则的)记录,而要把它们视为遗迹[1]；在档案的一般要素中分析话语事实——把所有地质学隐喻放在一边，不要指派任何起源，不要对某个archē[希腊文"基始"]的开端做出丝毫暗示——就是去做词源学规则允许我们称之为考古学（archéologie）的事情。

《疯癫与文明》《临床医学的诞生》和《词与物》的问题性多少就是这样的。所有这些文本都不是自治和自足的；就它们每个都只涉及有限领域的局部勘探而言，它们是相互依赖的。它们应该被理解为一套尚在基础草创阶段的描述性实验。然而，即便不必为它们在那么大的程度上保持着局部性并充满了裂隙而道歉，它们所遵从的那些选择也必须得到说明。因为，如果说话语事件的普遍领域根本不允许apriori[先验]划定的话，那么，如下问题也不可能适用于它：具有档案特性的一切关系也许可以一揽子地被描述。然而，作为一个最基本的概算，某种暂时性的划定则必定是被允许的；这个最初的区域——分析将颠覆它并再次辨认它——总是能够限定一套关系集合的。如何划定这个区域？一方面，必须选定这样一个领地，在其中诸关系恰好是众多的、密集的，并且是相对易于辨识的。就其中包含的诸话语

---

[1] 对这个词做这种意义上的使用，我要感谢乔治·康吉莱姆。

事件最紧密地相互联接——并且是在各种解译关系中相互联接——而言,还有什么区域能比得上一般被"科学"所指称的那个区域呢?但另一方面,除非投身于几乎未被形式化的话语群集之中——在那里,诸陈述并不依据纯粹句法而显现——又怎样能做到以最大的把握在一个陈述中准确捕捉到它的实存及其显现规则的契机,而不是其形式结构和构成法则的契机?最后,如何确定我们将不会沦为指涉着言说主体、话语主体、某文本的作者的所有那些非反思性的统一体或综合体——简言之,那些人类学范畴——的牺牲品呢?而若非细致地思考那些范畴由之而得以建构的陈述集合——陈述的这种集合已经把话语的主体[sujet](它们各自专有的主题[sujet])当作了"对象",已经把这个对象变成了一个认识领域——又如何可能确定我们不会沦为那些范畴的牺牲品呢?

进而就出现了这么一种特权,它de facto[事实上]被授予了据说——这种说法非常笼统——被界定为"人文科学"的那套话语机制。然而这种特权仅仅是一个起点。我们必须在心中牢记两个事实:话语事件分析和档案描述限于同一领地;对该领地本身的分解绝不是最终的也不是实在的。这只是第一步的概算,这个步骤只是让各种关系得以显露,并保留着擦除初步勾勒的边界的机会。现在，我实际上必须承认，我目前试图加以解释的这种描述计划本身就被我以一种原初步骤的方式试图对之进行分析的区域所困扰，并且这个计划又有着在那种分析效果之下被分解的危险。我正在对我本人的话语就紧缚其上的人文科学的奇特而又相当成问题的配置进行调查。我听任那个空间，那个把我话语的最初标记向我展露的空间，向分解和重组开放。我试图消解这个空间的可见坐标并动摇它的表面的流动性。因而，我处在这样的危险之中：在我决断的每一刻，在我的每个决断作出之后，都有可能冒出凭什么做出此决断的这样的疑问，因为我所说的每句话都有着让我从道说此话的位置上偏离的效果。所以尽管我——希望从这样一种高度并且从如此之远的距离对其他话语进行描述的我——说我相信自己与那些其他的话语都在相同的位置上一直在言说着，就凭这一点或许便已经对我凭什么能断定我可以言说的那个问题作出了回应，可我现在还必须承认，我再也不可能在这个位置上——它也是我证明其他话语在其上言说的位置——言说而不说明这个位置本身，但我的说明也只能是从我自己的话语已经置身于其觉醒之中的那种差异、那种无穷小的非连续性出发所做的说明。

话语的配置和话语的实效范畴

因而我所从事的是对诸陈述的共在关系的描述。我不紧盯着那些自命的、或由传统给予我的统一体中的任何一种——无论它是作者的作品,是时代的连续性,还是科学的进展。我不会超出与我自己的话语密切相关——也的确与某个连贯系统密切相关,前提条件是当我要设法描述它们之间的关系系统时——的那些事件之在场。

首先,在我看来,某些陈述就它们指向同一个对象而言应当可以组成一套系统。但毕竟涉及同一对象,比方说,涉及疯狂的诸陈述并不在同一个层面(它们绝非同样地都服从于科学陈述所必备的标准)——它们并不同样地都属于同一个语义领域(有些来自医学语义,一些来自管理学语义,而另一些则使用着文学语汇),但是它们却同样地都关涉着那个可以被指定为疯狂但却是以不同方式在个体经验或社会经验中被划定的对象的。然而,显而易见的是,围绕该对象形成的这个统一体却并不允许这一套陈述各自为政,也不会允许在这些陈述之间建立起描述性的、固定的关系。其原因有两条。第一,尽管可以把一套陈述归属于某种关系,但这个对象却绝不在这个关系之中,它毋宁说是由那些陈述的表述活动建构起来的；在"心理疾病"中寻找精神病理学或精神病学的话语统一体是错误的做法；探寻这种疾病的真正本质，仅在它之上探寻它背后隐藏的内容、它的真相、它的沉默和自我封闭，探寻在任何特定阶段都能当作这种心理疾病而被谈论的所有现象，当然都是错误的做法；相反，心理疾病总是被一套陈述集合的表述机制建构起来的，这些陈述都命名着这种疾病，划定了它的轮廓，描述并解释着它，说明了它的各种发展现象，标明了它形形色色的相关现象，并最终允许它通过使各个将被视为它的语言的话语在它的名下得到联结的方式而言说。还有一个原因：指涉疯狂并且实际地构成着它的陈述集合绝不指涉着某个唯一对象，该集合构成对象的方式不是一劳永逸的，也不可能把这个对象以同一性方式保藏为该集合的永不枯竭的理想性视域。17世纪或18世纪由医学陈述呈现出来的这个对象并不等同于通过法律判决或警方措施而获得其形式的这个对象。所以，从菲利普·皮内尔或艾蒂安·埃斯基罗尔到尤根·布洛拉[1]所建构的精神病理学话语中的各种对象也都是不同的。同一种疾病对前

---

[1] 菲利普·皮奈尔（Phillipe Pinel, 1745—1826），法国精神病医生；艾蒂安·埃斯基罗尔（Etienne Esquirol, 1772—1840），皮奈尔的继承者，是第一批把统计方法用于精神病临床研究的学者之一；尤根·布洛拉（Eugen Bleuler, 1857—1939），瑞士精神病学家，首次提出了"精神分裂症"概念。——译注

者和后者来说都不是一个问题——因为认知规则和描述技术都发生了变化，因为对疯狂的指认及其一般的分配方式并不适用于同一个标准，并且因为医学话语的功能和作用，它所认可的并且是它被投入其中的那些实践，以及它置放病人的距离，都深刻地发生了改变。

我们可以——也许是必须——就对象的这种多元性作出结论：再也不可能将"指涉着疯狂的话语"界定为将会以实在方式使陈述集合得以构成的一种统一体。也许有必要让我们只关注于那些有着同一个对象——比如抑郁症的话语，或神经症的话语——的群集。但我们很快就会意识到，每种话语，就其自身而言，又建构着它自己的对象，并且把这个建构对象的过程推进到完全改变这一对象的极点。进而甚至出现了这样一个难题：是否可以这样理解——某话语的统一体并非是由对象的永恒性和独特性所造就的，而是由众多对象显露于其中的并持续地在其中得到改造的共有空间所造就的。指涉疯狂的诸陈述所构成的某个一般统一体由于内含着特征性关系而能够获得其个性，这种特征性关系就是在它之中得到命名、描述、分析、赋值或判断的不同对象同时出现或相继出现的规则；是这些对象的排除或相互蕴含的法则；是支配着它们之改造的系统。相关于疯狂的诸话语的统一体并不建立在"疯狂"这个对象的实存的基础之上,也不是建立在对某个对象性的唯一范围的建构基础之上;它是一系列规则,正是这些规则,在一定时期,使(有着各自对象的)医学描述的出现,(有着它们独特对象的)一系列辨别方式和压抑方式的出现,以及(有着它们特有对象的)处方或医学治疗中被规范化的一系列实践的出现成为了可能。因而它是这样一套法则,它所涉及的是对象与自身的非同步性、它的永恒的差异、它的偏移和离散性,而非那种自在于其同一性之中的对象。这些规则的某种模式高踞于有关疯狂的话语的统一体之上并支配着它,这种规则模式也限定了那些差异的对象的改造方式、它们在时间中的非同一性、通过它们而产生出的断裂,以及勾销了它们永恒性的内在非连续性。悖论是,对一套陈述的特性所进行的规定,却不必求助于对其对象的特殊化,不必确定其同一性,也不必描述它永远保持的特性;相反,要做的却是,描述这些对象的离散性,洞悉一切使它们分离的裂隙,测量在它们之间起支配作用的距离——换言之,弄清它们的分布法则。我不会把这分布法则称为这些对象构成的"版图"体系(因为这个词暗示了统一体、封闭体、毗邻,而不是弥散和离散)。我将多少有些武断地称之为"指涉";我要说,比如,"疯狂"并非某陈述群集所共有的对象（或所指），而毋宁说，它是由陈述集合调动起来的不同对象或所指间的指涉或它们的离散法则，而此陈述集合又是由这一法则所明确限定的。

用来解释话语装置的第二个准则是惯用的展现类型。在我看来，比如说，19世纪初期，医学科学的典型特征与其说是被其对象或概念（前者一直保留了下来，而后者在晚些时候却得到了彻底的改造），不如说是由某种风格，由某种固定的展现形式所决定的：我们能够看到一种描述性科学是怎么变为现实的。医学第一次不再由一套惯例、一套观察方法，一套驳杂的秘方组成，而是由知识的实体组成。这种知识认为，对待同一类事物只有一种观看方式，对这个固定领域只有一种测绘方式，只有一种以可见的身体空间为依据的病理学现象分析方式，只有一种将所见转译为所说的制度（一种词汇，一套隐喻）。简言之，医学似乎被形式化成了一系列的描述性陈述。但也是在这里，抛弃这一最初的假设已被证明是非常必要的。我必须承认，临床医学同样也是一套政治规定、经济决定、制度决策和教育模式，就像它是一套描述一样；而且，无论如何都必须说，后者不可能从前者抽离出来，描述性展现仅仅是作为整体的临床医学话语中呈现的各种表述中的一种。必须意识到，这种描述从未停止过变换场所：无论是因为从扎维尔·比夏（Xavier Bichat）[1]的时代到细胞病理学的时代——这时同一些事物已经不再是描述性的了；还是因为从望闻问切到显微镜和生物测试的使用——这时信息系统已经发生了变化；还是因为从简单的解剖临床医学相关性到生理病理机制的细微分析——这时症状及其解译的词汇库已经被彻底重构了；最后，还是因为医生渐渐地停止了他充当记录和阐释的承担者的功能——这时，在他近旁，在他之外，大量档案、相关工具以及分析技术被建构起来，他当然必须利用这些东西，但这些东西也彻底改变了他曾经相对于病人的监控主体的位置。

所有这些改变——它们或许让今天的我们远离了临床医学——在19世纪的进程中，缓慢地在临床医学话语的内部、在它所勾勒出来的空间中得到落实。要是我们想通过一套被编码的展现形式（比方说，对一定数量的某些特定的，被医生的眼睛、耳朵和指头所审查的体表部分的描述；对描述性单位和病灶症状的辨识；对这些病灶症状可能的意指关系的评估；对症治疗的处方开具方式，等等）来确定临床医学话语，那么我们就不得不承认，临床医学刚刚出现便告消失，

---

[1] 扎维尔·比夏（Xavier Bichat, 1771—1802），法国医生，著有《普通解剖学》。——译注

若不通过比夏和勒内·雷内克[1],临床医学话语就根本无法得到表述。实际上,临床话语统一体并非一种确定的陈述形式,而是这样一套规则,它们不仅使纯粹感觉性的描述也使以工具为中介的观察的同时或相继出现成为可能,而且也使实验室试验规程、统计学计算、流行病学或人口统计学观察、制度性规定和政治决策的同时或相继出现成为可能。这个整体装置并不属于一种唯一的线性串联模型。毋宁说,这里的关键是,这一组不同的展现绝不可能遵循相同的形式规则,它们绝不可能有着相同的证明需要,它们与真理并不保持固定的关系,它们也不可能有着相同的运作功能。可以判定为临床医学典型特征的是那些离散的、异质的陈述的共在关系;这种体系支配着诸陈述的分布,支配着它们的相互支撑关系,支配着它们所经历的改造,支配着它们的出现、位置和移置模式。可以允许某种话语在医学中的出现与医学中支配性展现类型的成型之间建立起一种暂时性的同步关系。但后者绝对没有构成性的或规范性的作用。紧接着这个同步现象,并围绕这个同步现象,一组不同的展现形式得以展开;正是这个展开过程的一般程序构成了临床话语及其特

---

[1] 勒内·雷内克(Rene Laennec,1781—1826),法国医生,听诊器的发明者。——译注

性。异质性的,并且不可能整合为单一句法链条的这些陈述的配置规则,就是我称之为展现性偏离(l'écart énonciatif)的东西。我要说的是,临床医学,作为特殊化了的一种话语装置,其特征就在于支配着其陈述的多样性的这种偏离或离散法则。

能借以证实陈述的一元群集的第三个准则是一系列明显的、且具有内在连贯性的概念的存在。也许可以假定,比如说,从朗斯洛(Lancelot)[1]时代直到18世纪末所形成的语言分析和事实分析,都取决于一定数量的概念,而这些概念的内容和用法都是一劳永逸地确定下来的:被规定为每个句子的普遍而规范的形式的判断概念,被一起归并到更普遍的名词范畴中的主语与表语概念,被界定为逻辑系辞对等物的动词概念,被规定为表述记号的词语概念,等等。这样,我们就可以重建古典主义语法的概念建筑术了。但也是在这里又立即出现了一些局限。我们几乎不可能用这些基本要素来对波尔-罗瓦雅尔学派作家们做出的分析进行描述。我们不得不承认出现了一些新概念,其中一些是从我已列举出来那些概念中演化而来的,而另一些则是异质的,还有一些

---

[1] 克洛德·朗斯洛(Claude Lancelot, 1615—1695),法国"保尔—罗瓦雅尔学派"语言学家,与安东尼·阿尔诺(Antoine Arnauld)合著《普遍唯理语法》。——译注

则完全与那些旧概念不相容。自然语序或颠倒语序的概念，（18世纪由博泽[1]引入的）补语概念，无疑可以整合到保尔-罗瓦雅尔的语法概念体系当中。但是，无论是声音原初地表现着价值的观点，还是词语内含原始知识并通过词语隐秘地传达着这种知识的观点，还是辅音历史进化规律性的观点，都不能从18世纪语法学家所使用的概念丛当中推导出来。更有甚者，动词仅仅只是用来指示某动作或运作的名字这种观念，还有这样一种观念，即句子不再被界定为一种属性命题，而被界定为一系列指定性元素，它们的集合能够生成表述——所有这些都与可以利用的克洛德·朗塞洛和尼古拉·博泽的概念集合彻底格格不入。难道我们必须承认，语法仅仅只在表面上构成了一种连贯的体系，而由陈述、分析、描述、原则和结果，以及推论所构成的这种装置尽管在此连贯体系的名下存活了一个多世纪但毕竟是一个虚假的统一体？

实际上，可以在所有这些或多或少异质的古典语法的概念背后勾勒出一个系统，这个系统解释的不是它们的出现，而是它们的离散，而且最终是它们的不相容性。构成这个系

---

[1] 尼古拉·博泽（Nicolas Beauzée, 1717—1789），法国语法学家，著有《普遍语法，或作为研究一切语言之必备基础的语言原理理论说明》。——译注

统的不是什么比呈现在表面并公开得到运用的那些概念更普遍和抽象的概念；而是诸概念配置规则的组织。这种组织本身分成四个子类。其中的一类专门负责支配这样一些概念，它们使得对作为单元——在该单元中元素（词）不仅是并列的而且是相互关联的——的句子的分析和描述成为可能。规则的这类组织可以被称为归属理论；这个理论不发生改变，它可以为系动词，或名字专用的动名词，或将各个表现元素联结在一起的动词纽带留出一个位置。还有一类组织专门负责支配这样一些概念，它们使对句子中的不同意指元素与这些记号所表述的不同所指元素之间的关系进行描述成为可能。这种组织就是联结理论，它通过自身的特殊统一性对各种不同概念——比如作为思想分析结果的词语概念与作为使这类分析成为可能的工具的词语概念——之间进行说明。指认理论支配概念的出现，这概念不仅是武断的、约定俗成的记号那类概念，而且也包括自发和自然的记号概念——那些自发和自然的记号充满了表现价值（因而，这类记号概念也使得重新采用语言活动解释人性生成的现实性和理想性成为可能）。最后是偏离理论，它负责对一系列离散的和异质的观念的配置构成进行解释；它负责生成这些观念：语言稳固性仅仅在外在偶然事件的促发下才发生变化的观念；语言发展与人类个体的理解能力、反思能力和意识能力发展之间的历史联系的观念；语言形式与书写形式、认识形式、科学形式、社会组织形式，以及最后还有历史进程形式之间的循环决定的观念；诗艺不仅应被理解为词汇和语法的特殊使用方式，而且也应被理解为语言在人类想象空间——就其性质而言，这个空间也就是隐喻空间——中变换的自发运动的结果。作为概念的四种配置图式的这四个"理论"在它们之间有着描述性关系：它们互为前提，它们两两相对；它们从对方中推论出自身，并且在详尽论述它们的逻辑推论的过程中，使得各个话语在同一个模式中联接在一起，尽管这些话语既非可统一的，也非可重叠的。它们构成了一个可以被称为理论网络的架构。不能认为这个术语指的是一组概念，它们能对其他概念重新归类，并让其他概念在一个演绎建筑术的统一体之中进行移置，毋宁说这个术语指诸概念之离散性、异质性、不兼容性（这些属性是同时的或相继的）的一种法则——它们不可化约的多元性的规则。

要在普遍语法中区分出可单独对待的一组陈述，必须满足这样一个条件，即此组陈述中出现的概念都是相互联结、相互交叉、相互指涉并前后相继的，它们隐藏并分布在这组陈述之中，是被完全同一个理论网络配置起来的。

最后，我们也许要试着依据诸观念的同一性而建构起一些话语单元。"人文科学"注定要成为争论的战场，它向各种偏好和旨趣的表演敞开着，哲学和伦理主题易于渗入其中，在某种程度上容易被政治利用，而且也与某些宗教教条相亲和，其程度如此之大，以至于可以首先完全合法地认定其中存在一种特定主题的东西，它可以绑定一些话语使之成为一组，可以让这组话语实现平衡，就像是有着自身需要、自身内在力量和生存能力的一种生物一样。我们难道不能将自布丰至达尔文以来的各进化论主题建构为一个单位吗？首先，这种主题与其说是科学的不如说是政治的，它更接近宇宙学，而不是生物学；该主题是从远处而不是从某个已命名的、已重组的、已被解释的结果来指导研究的；这个主题永远是以我们所不知道的事物为前提的，而且在这个根本性的主题选择的基础之上，把曾被列为假设或必然性的东西有力地转变为话语知识。我们难道不能以同样方式谈论重农主义思想吗？重农主义思想假定了三项地租的自然特征，而这些特征是超出了任何证明，并且是在分析之前得出的；这种思想进而还假设出农业资产政治和经济的至上论；它排除了对工业生产机制的任何分析；另一方面它又以暗示的方式勾勒出对货币的国内流通和货币在各个不同社会阶层中的分配的描述，以及对货币回到生产上来的各个渠道的描述；这种观点最终致使李嘉图探讨这三项地租不会出现的各种情况，探讨三项地租借以形成的条件，因而使他发现了重农主义主题的任意性。

然而，这样的设想又让我们形成了两种相对而又互补的观察。就一种观察而言，同样的主题选择可在两套截然不同的概念、两种截然不同的分析类型、两个截然不同的对象范围的基础之上联结在一起：进化论思想，就其最普遍的表述方式而言，它在贝努瓦·德·马耶（Benoit de Maillet）那里，在波尔多（Bordeau）那里，以及在狄德罗和达尔文那里是完全一样的；但事实上，在上述任何一个例子里使进化论观念成为可能的和连贯的，都不是同样的东西。在18世纪，进化论观点作为一种主题选择，其共同基础是两种可能性：一方面人们同意物种的共同祖先构成了一个完整的前定的连续体，这个连续体只有在自然灾害的作用下，只有在地球的巨变历史中，只有在外在时间的动荡（就此而言，这就是制造非连续性、否定进化论的那种时间）作用下才可能被中断或变得四分五裂；另一方面则认为，时间生成了连续性，生成了迫使物种获得有别于它们祖先的特性的自然变化——以至于物种的连续图表就像是博物学家眼中时间地层的裸露矿脉。在19世纪，进化论是这样一种主题选择，它很少涉及物种的连续图表的构成，而更多地涉及生物——其组成各部分都是连贯的——与为其提供实际生活条件的环境之间的相互作用的模式。同一种思想，但却基于两种选择系统。

另一方面，就对重农主义的观察来说，我们可以说，魁奈的主题选择所依据的概念系统与那些可称为"功利主义者"所支持的相反观点的概念系统竟然是同样的。在这个时期，财产分析包含了被普遍接受但又相对略有限制的一套观念（人们以同一种方式定义货币，将货币定义为没有任何价值的纯粹记号，其价值仅存在于该记号所表现的实际必要物质性之中；人们以同一种方式解释价格，这种解释的基础便是物物交换与生产货物的必要劳动量的机制；人们以同一种方式界定一定劳动的价值，将其界定为一个工人及其家庭的维生费用以及使工作得以完成所需费用的总和）。但是以这同一个概念系统为依据，却出现了两种解释价值构成的方式，这两种解释的差异取决于其分析是以交换为基础的，还是以工作日报酬为基础的。被铭写在经济学理论及其概念系统中的这两种可能性在相同的要素基础上却产生了两种截然不同的观点。

因而若依观点的不同而去寻找某话语的独立化原则是非常错误的。比如说吧，使自然史之统一性得到界定的并非是像进化之类的一些观念的持久性；在18世纪使经济学话语之统一性得到界定的并非是重农主义者和功利主义者之间的、地产所有者和工商业支持者之间的冲突。使一种话语得以区分出来并为之赋予独立存在的，正是诸选择点构成的那个系统，这个系统为话语提供了一定对象的区域，为它确定了明确的展现规模；为它提供了一系列在内容和用途上得到界定的概念。因而，在理论选择中找出某话语的一般配置及其历史同一性的形式是不充分的；因为，相似的选项可见于两种不同的话语之中，而同一种话语也可引发好几个不同的选项。选项历久而持存的持续性，以及它们冲突的辩证法都不足以区分出一套陈述的独立性。要区分出这种独立性，我们必须弄清诸选择点的分布，并确定每个选项背后的那个策略可能性的领域。如果说重农主义者的分析乃是与功利主义者分析所共有的话语的一个组成部分，这也绝不是因为他们生活在相同的时代里，绝不是因为他们在同一个社会里相照面，绝不是因为他们的旨趣都集中于同类的经济现象，而是因为他们的两种选项是完全由一种选择点的分布所决定的，是在完全同一种策略领域中做出的。这个领域不是所有冲突元素的总和，它也不是晦暗不明的、自相纷争的、以其组成部分中的任何一个的名义而拒不承认自身的统一体；它是所有可能选项之配置和离散的法则。

总结一下。我们自此有了四个标准，使我们能够辨认话语单位，它们绝不是那些传统单位（无论是"文本"、"著作"，还是"科学"；无论话语的领地或形式是什么；无论它所使用的概念以及它所表现出的选择是什么）。这四个标准不仅并非是水火不容的，它们还相互依赖：第一个标准从一话语所有对象的配置规则方面限定该话语；第二个标准从它的所有句法类型的配置规则方面限定它；第三个标准从它所有的语义要素的配置规则方面限定它；而第四个标准则从它的所有运作可能性的配置规则方面限定它。话语的所有方面都被覆盖了。如果能够——在一个陈述群集中——标明并描述出了一种指涉，一种展现性偏离的类型，一个理论网络，一个策略可能性的领域，那么我们就可以确定，它们就属于可被称为一种话语之配置的东西。这种配置使陈述—事件形成一个整体。显而易见，无论是在其标准方面，在其界限方面，还是在其内在关系方面，它都与诸陈述被约定俗成地划归其中的那些传统、可见的统一体没有丝毫重叠。它让此前还处于黑暗之中并从未被在话语表层得到转译的那些现象得到了澄清。但它揭示的又不是一个秘密，不是有着潜藏意义的那种统一体，也非普遍的和独一无二的形式；它是差异和离散的一种控制系统。这个四层结构的系统，支配着话语的构成，并必将使话语中的各种离散、裂隙、距离——在某种意义上说就是空白，而不是话语的整个表面——而非话语中的共有因素得到解释，这个系统就是我所说的话语的实效范畴。

知　识

首要的问题不是匆忙地接受各种综合体形式，而是要确定能被合法地安置在陈述—事件这类非比例化的领地中的统一体。我试图对这个问题作出解答，这个问题可以是经验性的（和通过具体的探索而表达出来的），也可以是批判性的（当它涉及我由以提出该问题的位置，涉及使该问题得到定位的区域，涉及我能确信我言说时所凭借的自发统一体的时候）。进而才有了对话语领地的探索。这个领地上就矗立着，或据信矗立着一种关于生活、言说和劳作着的人的"科学的"认识。经过这类探索，我们已经揭示了我称之为"话语配置"的那些陈述组以及对这些陈述组加以解释的被称

"实效范畴"的系统。我没有直截了当地勾勒出人文"科学"的历史吗——或者说，只要你愿意换个说法也行，我没有勾勒出其积累尚未准备好以构成一种科学的那种不确切的知识的历史吗？我难道仍然执著于它们表面的分界，难道仍然执著于它们自命为自己构成的那个体系吗？我还没有就这些模式——还不能断言它们配享科学之名——形成一种批判的认识论吗？

实际上，我已经区分或描述出来的那些话语配置，并不与这些科学（或半科学）的定界相吻合。无疑，我的确开启了我对疯狂史的探究，而所谓疯狂就是以某种自称为精神病理学（有些人可以认为它有各种权利自称为科学）的话语的在场性存在为基础的疯狂；无疑，我进行过某种分析，分析对象是在十七八世纪以某种经济学和语言学为依据（有些人也可以很好地证明它们的科学严格性）而能够谈论财富、货币、交换、语言符号和词语的运作机制的那些学科。但是，那些实效范畴，也就在分析的结尾，在由之而实现了自身归类联接的那些话语配置的结尾将得出的那些实效范畴，并不覆盖着与这些学科相同的空间；那些实效范畴的联结方式与这些学科的联结方式也并不相同；更进一步说，它们与可以被视为我所研究的那个时期里的某种科学或话语的某种自发形式的学科并无叠加关系。因此,《疯癫与文明》之中所分析的实效范畴系统并没有以排他性的方式或被赋予了特权的方式说明那个时代医生们就心理疾病所能说出来的东西;毋宁说,这个系统限定了指涉,限定了展现规模,限定了理论网络,限定了那些选择点,进而使医学话语、机构控制、管理手段、文学表达和哲学表述的特定离散状态成为了可能。这种分析所解释和描述的话语配置远远超出了精神病理学史前史或这个概念的起源的史前史能够给出解释的范围。

在《词与物》中,情况完全颠倒了过来。描述所获得的实效范畴所析出的那些话语配置比第一个场合所划分出的科学领地要更为狭窄。自然史的体系当然可以用来解释有关生物间的相似与差异、物种和基因构成、图表一般空间上的分布关系的一定数量的陈述;但自然史的体系却并不支配着对生物不自主运动的那种分析,也不支配着物种理论,更不支配着对生物生长的化学解释。而这种话语配置的存在、自治、内在连贯性和界限,作为理由之一,可以说明一般生命科学理论何以不会出现在古典时代。同样,支配着同一时代的财富分析的实效范畴,也不会决定有关交换、商业交易和价格的每种陈述:其实效范畴排除了直到很久之后才会进入经济学领域的那种"政治算术",那时,一种新的实效范畴系统已经使得配套的话语进入经济分析成为了可能和必要的事情。普遍语法也不能为古典时代有关语言的一切可能的说法提供解释(无论这种说法是来自宗教文本的诠释者,来自哲学家,还是写作文学作品的空想家)。无论这三种情况中的哪一种,都无关于揭示人们在生物学,经济学和语言学缓慢而隐秘建构自身的那个时期对语言、财富和生命都想了些什么;都无关于找出与概念纠缠在一起并妨害了概念的表达的那些错误、偏见、混淆,甚或幻觉;也无关于对科学——或至少是自命科学的某学科——为了在如此不纯的基地上建构自身而必须付出的断裂和压抑的代价所进行的认识。相反,这三种情况都说明了"不纯性"系统的呈现——由于词语在这种分析中可能是没有意义的,所以毋宁说,它们都解释了一定数量的陈述的共时性出现,这一组陈述的科学性水平、形式和精细程度在我们的回顾式考察中也许是显得相当异质的。

《临床医学的诞生》所分析的话语配置则代表了第三种情况。它要比医学话语宽泛得多,这里所说的医学话语应在该词的严格意义上来理解(关于疾病、疾病形式、疾病的测定以及治疗方式的科学理论)——它包含了一整套政治思考，改良规划，立法措施，管理手段和伦理方面的考虑；尽管，从另外一方面来看，它不包括在所研究的这段时期内就人体、其运作机制、其与解剖生理学的对应关系所可能认识到的一切，就身体中会发生的种种紊乱所可能认识到的一切。临床医学话语统一体绝不是某种科学的统一体或试图确证其科学地位的一套知识的统一体。它是复杂的统一体：我们借以能够——或自认为可以——将一种科学区别于另一种科学（比如，将生理学区别于病理学），将一种更发达的科学区别于并不那么发达的科学（比如将生物化学区别于神经病学），将一种真正的科学话语（比如内分泌学）区别于单纯的经验解释（比如符号学），将一种真正的科学（比如微生物学）区别于非科学性的科学（比如骨相学）的那些标准，对它则是不适用的。临床医学既不建构假的科学，也不建构真的科学，尽管我们以当今标准衡量可以认为自己有权判定此话语中一定数量的陈述为真，而判定其中另一些陈述为假。临床医学话语是一个展现性整体，它既是理论的，又是实践的；既是描述性的，优势制度性的；既是分析的，又是规定的。这个整体既是由各种推论又是由各种决断，既是由各种主张又是由各种等级所组成的。

那些话语配置既不是目前酝酿中的科学，也不是由于我们标准的新条件出现而告废弃或遭遗弃的以往公认的那些科学。它们作为一些统一体是与今天所谓的（或曾经所谓的）"科学"的种类完全不同的，二者也根本不在同一个层面。科学和非科学之间的区分，对说明这些话语配置的特性来说，是无济于事的——它们在认识论上都是中性的。就担保着一元化分类的那些实效范畴系统而言，它们既不是合理化结构，也不是合理化与非理性限制条件之间的力量、平衡、对抗或辩证法；合理及其反面之间的区分在区分这些统一体的过程当中是无济于事的；这些统一体并非可理解性的法则，而是被投入习俗、技术、集体和个体行为、政治操作、科学活动、文学虚构和理论思辨之中的对象、表述类型、概念、理论选项的整套配置法则。这个因而是通过实效范畴系统而得以成形并且在某种话语配置的统一体之中得以呈现的配置机制，才是能被称为知识的东西。知识不是科学认识的总和，因为在任何时候判断后者是真是假、是精确还是不精确、是近似的还是确定的、是矛盾的还是连贯的，都总是可能的；所有这些区分对划分知识来说都是无济于事的，知识乃是通过实效范畴——这个实效范畴与一元化话语配置的某个领域中的实效范畴完全一致——而被建构起来的一套元素（对象、表述类型、概念和理论选择）。

我们现在接触到了一个复杂的模式。它可以并且必须既被分析为诸陈述的一种配置（当着眼点为作为该配置组成部分的话语事件的总量的时候）；也被分析为一种实效范畴（当着眼点为对在陈述中起着作用的那些对象、表述类型、概念和选项具有支配作用的系统的时候）；也被分析为一种知识（当着眼点为实际被投入到某科学、某技术方式、某制度、某虚构性叙事、某法律和政治实践等等领域当中的那些对象、表述类型、概念和选项的时候）。知识不能从各类知识的角度得到分析；而实效范畴也不能从合理性角度得到分析。我们不能提出这样的要求，即对它们的描述应该等同于知识的历史、理性的起源或某种科学的认识论。

但无论如何仍旧确定的是，在（有着其合理化结构的，并且形成了它们知识的总体的）各类科学和（有着它们的实效范畴系统和知识领域的）各种话语配置之间区分出一定数量的关系，还是可能的。因为仍旧正确的是，存在着唯一的形式标准可以判定某种科学的科学性，也就是说，可以判定使之可能成为科学的那些条件；但是，这些条件却无法解释它的实际存在，即它的历史出现、事件、插曲、障碍、预期、延宕以及深刻地决定着它的实际命运的那些促进因素。如果说——比方说吧——必须等到18世纪末，生命概念才成为了生物分析中的基础性概念,如果说拉丁语与梵语之间的相似性有目共睹的事实在弗朗茨·葆朴[1]之前却没有能促生比较历史语法学,或再如果说肠道病变的事实在"发热"病中得到了确证但在19世纪初却不可能促生一种解剖病理学,那么这些现象的原因既不能在一般生物学或语法科学或医学科学的认识论结构当中去寻找,更不能在如此长久地支配着人们的盲视的那些错误之中去寻找。相反,其原因存在于知识形态学之中,存在于实效范畴的系统之中,存在于话语配置的内在构成之中。此外,恰恰是在知识这个要素之中,一种科学——或至少是要求并宣称其科学性模式的一种话语集合——出现的诸条件才得到了决定。即使,到了19世纪初,我们看到了以政治经济学名义,以给予自己科学性符号并利用了一定数量的形式法则的一种话语的名义而出现的那种配置;即使,大致同一个时期,一定的话语在医学话语、临床医学的话语、符号学的话语的模型基础上被组织起来,从而被建构为精神病理学,这些"科学"的原因也不能被回溯性地要求——既不能要求原因出于它们之间的实际平

---

[1] 弗朗茨·葆朴(Franz Bopp,1791—1867),德国语言学家,历史比较语言学的创立者之一,代表著作有《梵语语法》《梵语词汇表》和《梵语、古波斯语、希腊语、拉丁语、立陶宛语、哥特语和德语的比较语法》。——译注

衡，也不能要求原因出于被推定是它们的目标的某种理念。更不能要求原因出于某种合理化规划——这种规划在当时出现在人们的心灵当中，但却还不能全盘控制这些话语以独特性方式所保持的东西。对这些出现条件的分析必须在知识的领域中——在话语集合的层面，在诸实效范畴间的作用层面——做出。

在一种科学的"可能性条件"这个一般性提法之下，我们必须区别两个形态截然不同的系统。第一种系统将科学诸条件限定为一门科学，它涉及这门科学的对象领地，涉及这门科学所使用的语言类型，它涉及这门科学所掌握的或正寻求建立的那些概念；它限定了一种陈述要归属于科学所必备的形式法则和符号法则；它经由两方面而被制度化，一方面是它所涉及的科学——只要它形成了自己的规范，另一方面，是通过其他科学——只要它能让其他科学充当自己的形式化模型；不管怎么说，科学性条件是内在于科学话语一般之中的，除此之外就再也没有什么可以限定它；另一个系统涉及有其历史实在的那种科学的可能性。这一系统独立于前一系统，两个系统不可能重叠。后一个系统是通过诸多这样一些话语丛的领域而建构的，它们与它们所构成的那些科学在地位、单元、组织以及运作方式方面毫无共同之处。这些话语丛不能被视为伪科学、古代论题以及非理性比喻组成的狂想曲——科学已经在自己的主权范围内明确地把这种狂想曲投入到了史前史的沉沉黑夜之中。这些话语丛也不能被视为仍然在混乱中摸索着它们的前路的、在萌芽期的半梦半醒之间浑浑噩噩的未来科学之雏形。最后，这些话语丛也不应该被设想为那些所谓的错误、半科学、伪科学、人文科学最易沉浸其中的那种认识论体系。实际上，这个系统涉及有着自己的一贯性、配置法则和自动适配法则的那些模式。对话语配置、实效范畴以及与之相适应的知识进行分析，并不是指认科学性形式，而毋宁说是穷尽式地遍览历史实在决定的这个领域，只有这个领域才能对话语的出现、持存、改造，以及最后消失进行解释——这些话语中有一些在今天仍被认为是科学的，有一些则已失去了它们原有的科学地位，有一些永远没能争取来这种地位，而还有一些则根本没有试图争取过科学地位。

几点说明

在知识这个要素中对话语配置及其实效范畴系统所进行的分析涉及的就是话语事件的某些决定作用。这里的问题不可能是建构一种一元化学科,取代其他所有话语描述,并使它们en bloc[全部]失效。毋宁说,关键在于让完全不同的、但总是熟悉的、长期以来已经被运用着的那种分析类型发挥作用;确定那些话语描述运作及其效能的层面;限定话语描述的适用点,并避免它们所引发的那些幻想。使作为特殊维度的知识维度得以成立,并不意味着拒绝对科学做各种分析,而是意味着尽可能广阔地展开使这些分析能居于其中的空间。首先,就是要让起着对称而颠倒的还原作用的两种推断模式——认识论推断和发生学推断——获得解脱。

认识论推断不能混同于对决定着某科学话语之特征的形式结构所进行的(总是合法的和可能的)分析。但这的确意味着,这些结构足以为某科学决定其出现和展开的历史法则。发生学推断不能混同于对语境——无论是话语语境、技术语境、经济语境,还是制度语境——所进行的(总是合法的和可能的)描述。但这的确意味着,某科学的内在组织方式及其形式规范可以依据其外在条件得到描述。在一种情况下,科学被赋予解释自身历史实在性的责任;而在另一种情况下,则必须用历史决定因素来对某种科学性进行说明。但这么做忽视了一个事实,即某科学在其中出现并展开的地方,既非以目的论因果顺序而被分配开来的这种科学本身,也非一整套无声的实践或外在的决定因素，而是有着一整套关系横穿于其中的知识的领域。那种错误理解，实际上，可以通过被授予两种类型的科学的特权而得到澄清——这两类科学被当作普遍模型，尽管它们只是两种极限情况。事实上，有这么一类科学，它们的历史发展的每个插曲，都被再次吸纳入它们的演绎体系内部；它们的历史实际上可以被描述为横向扩展的运动，进而可以被描述为在更高层面上的重复和归纳，从而每个阶段都表现为某个特殊区域、某种特定程度的形式化；顺序不复存在，从而凸显了不可能形成前后顺序的那些亲和点；日期也被抹除，为的是揭示不考虑任何时间表的那些共时现象。显然，这就是数学当中发生的情况，数学当中，被约瑟夫·路易斯·拉格朗日、尼尔斯·亨利克·阿贝尔、艾瓦里斯特·伽罗华[1]所概括的那个领域里的特殊区域却是由笛卡尔代数所限定的；在数学当中，希腊的穷举法似乎又可以和定积分的算法相类比。另一方面，还有这么一些科学，它们在时间之中通过对自身历史的解释或批判性重复而保卫了它们的统一性——如果说，从古斯塔

---

[1] 约瑟夫—路易斯·拉格朗日（Joseph-Louis Lagrange, 1735—1813），法国数学家、物理学家，著有《解析函数论》和《解析力学》等著作。尼尔斯·亨利克·阿贝尔（Niels Henrik Abel, 1802—1829），挪威数学家，近代数学发展的先驱。艾瓦里斯特·伽罗华（Evariste Galois, 1811—1832），法国数学家，著有《置换与代数方程论》。——译注

夫·费希纳[1]以来就一直存在着一种并且是唯一一种心理学；如果说，自奥古斯特·孔德，甚或爱弥儿·涂尔干以来就一直存在着唯一一种社会学，这个说法绝不是说可以把一种独一无二的认识论结构（要它多坚固它就有多坚固）分配给如此之多而形态各异的话语，这么说的意思是，社会学或精神病学在每个阶段都以确证和证伪的批判模式把它们的话语放置在它们自身横穿于其中的历史领域之中。总是在跨越了认识论描述的界限的时候，才会有数学的历史；而总是在发生学描述的边缘，才能有心理学或社会学之类"科学"的认识论。

因此，不能用建构特权例证的方式来分析所有其他科学领地，这两种极端情况的确有着导致错误的危险：它们将无法揭示认识论结构层面和知识的决定因素层面——既无法揭示这两个层面的特殊性，也无法揭示它们之间的关系。实际情况是，所有科学（即使是像数学一样高度形式化的科学）都以历史实在性空间为前提，而这种历史实在性并不与它的各种具体形式之间的互动表现相一致，而且，所有科学（即

---

[1] 古斯塔夫·泰奥多·费希纳（Gustav Theodor Fechner，1801—1887），德国物理学家，实验心理学家，心理物理学、实验美学的创始人，著有《心理物理学纲要》。——译注

使是像心理学一样极具经验性，且离构成科学所必备的规范尚远的科学）又都存在于一种知识的领域之中，这个领域不仅决定了这些科学的所有插曲的顺序，而且也决定了它们以某种可被描述的系统为依据的配置法则。另一方面，有一些理应成为模型的"中间型"科学——比如生物学、生理学、政治经济学、语言学、语文学；因为，在它们那里，不可能将知识的诉求与科学的形式熔合为一种虚假统一体，或者说不可能取消知识的契机。

据此，不仅可能确定对科学话语进行一定数量的合法描述的可能性，而且可能限定它们的界限。这些描述所指向的并非是作为某种配置情况的知识，而是这些描述本身所造成的对象、展现形式、概念，最后还有见解；这些描述仅在它们不自认为发现了某事物的存在条件乃是一种科学话语的条件下才是合法的。这样一来，对浮现于某科学和半科学之中的一系列主张和理论选择进行描述也完全是可能的：我们将能够为一定的历史时期或特定的领地确定其中的选择原则是什么，确定这些原则以何种方式（以何种修辞学和辩证法）得到展现、隐藏和辩护，确定该论争的领域以何种方式被组织起来并得到制度化，确定也许使众多个体都具有同类特征的那些动机是什么；总之，这里为一种光荣经

（doxology）——对见解的实际情况所作的（社会学的或语言学的、静态的或阐释性的）描述——留出了余地。但只要你把这类描述确定为科学存在条件的分析，这里也会出现光荣经幻觉。这种幻觉有两个方面。它承认，见解的现实性——而非概念游戏受策略可能性支配的被决定性——与个体之间旨趣或心理习惯的差异有关；见解可能是特定科学领地中非科学的（心理学的、政治学的、社会的，或宗教的）东西的涌入。但是另一方面，它认为，见解构成了中心性的核心、支点，从它出发，科学陈述的整个集合被展布开来；见解将表明基础性（形而上学的、宗教的、政治的）选择的作用，而这些基础性选择之下的形形色色的生物学概念、经济学概念，或语言学概念，仅仅只是基础性选择的实证的、表面的展现，只是转化为确定词汇的一种转写，只是对自身视而不见的面具。光荣经幻觉是取消作为诸理论见解之配置法则和场所的知识模式领域的一种方式。

同样，完全可能合法地对既有的某种科学中的某些概念或其概念集合进行描述，而这些概念集合就是指：被为它们而设定的定义，它们所形成的用法，在其中作出使它们有效的努力的领域，它们所服从的改造，它们借以得到归纳或从一个领地调动到另一个领地的领域。同样，对如下方面进行描述也是可能的：与某科学相联系的由该科学组织并进而成为有效的命题之形式，该科学所依赖的参照系之类型，该科学为了将诸陈述相互联结或使诸陈述等价而采用的那些规则，该科学为了支配这些陈述的改造及其替代而订立的那些法则所进行的描述。总之，我们总是可以确定一种科学话语的语义和句法。但是，我们必须避免可以称之为形式主义幻觉的那种幻象。也就是说，必须要避免这样一种想象，即起建构作用的这些法则同时并且有完全相同的资格成为对实存的建构；那些有效的概念和命题无非是给一种未被适应的经验赋予形式，或是对已经固定的概念和命题进行再加工的结果。我们必须避免认为，科学是在概念化达到一定程度的情况下，在命题的建构和串联的某种方式出现的情况下一下子变为现实的；在描述话语领域中某科学的出现的过程中，只需关注语言层面就可以把握这种科学的典型特征。形式主义幻觉取消了作为概念和命题之配置法则和场所的知识（理论网络和展现性分配）。

最后，通过局部分析，而对科学本身所面向的那些对象所构成的领地加以确定，也是可能的和合法的。而且既在科学（借助抽象的编码、通过操作规则、通过呈现和可能的再现系统）所建构的理想范围之中，又在这些对象所关涉的事物构成的世界之中对一种科学加以分析也是可能和合法的。因为，即使生物学的对象和政治经济学的对象实际上的确是由这两种科学所特有的特殊理想结构所决定的，即使这些对象不纯粹只是人类个体所分有的生命，或他们所创造的工业化，毕竟这些对象不管怎样还是关涉着资本主义发展的经验或特定阶段的。但是，如果相信有一些由事物构成的区域和领地，它们自发地向理想化工作和科学语言的运作呈现自身；如果相信历史、技术、发现、制度和人类工具努力建构这些事物或使这些事物呈现在光天化日之下的顺序就是这些事物的展现顺序；如果相信一切科学建构，都只是有关在自然经验（因而也是普遍的有效经验）或在文化经验（因而也是相对的和历史的经验）中被给定之物的某种阅读方式、解码方式、抽象方式、解析方式、重构方式，那就错了（就陷入到了一种经验幻觉之中）。还有一种幻觉制造着这样一种想象，即科学是由大量具体的过去经验所奠定的；几何学建构了一个可理解的空间；生物学为生命的内在经验赋予了形式；或者，政治经济学将工业化过程在理论话语层面进行了转译；还有，所指本身就构成了科学对象的法则。而且，同属幻觉的是想象性地认为，科学是由一种断裂和决断的行动所构成的，科学通过由其自我主张所奠基的理性之强力

（稳健的或好战的强力）摆脱了想象性质的领域及其一切喃喃呓语——也就是说科学仅仅通过自身统一性便创造了它自己的对象。如果说对生命的分析和对身体、痛苦、疾病与死亡的了解之间既存在关系，也存在断裂；如果说政治经济学和生产的某种特殊形式之间既存在着各种联系，也有这样和那样的差异；如果普遍地说，科学既关涉着经验，又抽身于经验之外，那么这里根本没有什么单义的决定，也不存在什么支配一切的、连贯的、明确的断裂。实际上，这些关涉和分离的关系，是每种科学话语所特有的，并且也是，在历史中变化着的科学话语形式所特有的。因此之故，这些关系本身也是由知识的特殊诉求所决定的。后者决定了科学对象的配置法则，并且通过同一种行动具体指定了科学与经验之间的联合或对抗。它们的极端亲和性以及它们之间可桥接的距离从来不是在一开始就给定的；它在指涉的形态学之中发现它的原则；正是这一点构成了所指和对象之间的相互配置关系——它们的对峙、对立以及它们的相互交往系统。在科学与经验之间存在着知识，而这知识又不再是居于二者之间——要使它们既得到调停又相互分离是如此困难——的不可见的中介，或隐秘而含蓄的中间人。实际上，知识决定着科学与经验在其中得以分离并以对方为参照地得到定位的空间。

知识考古学将之置于界外的因而不是科学话语所可能引发的形形色色的描述的可能性；毋宁说是"认识"这个普遍主题。认识是科学与经验的串联，是它们的可分离的相互关联，是它们的无限可逆性。在形式使一切内容成为可能的范围内而言，形式的作用先行于一切内容。但又是基源性内容领域沉默地划定了那些形式，尽管只有通过这些形式，那些内容才能成为可读的。认识就是形式的东西在连续性秩序中所得到的确立，就是心理发生和历史发生的确立；认识也是经验的东西借助形式而实现的秩序化——该形式的目的论被强加于经验的东西之上。认识把负责解释科学的有效存在的权柄交给经验；认识同时又把负责解释它所遵从的形式和系统的历史性出现的权柄交给科学性。而认识主题恰恰就是对知识的否定。

还有其他几个主题和这个主要主题相关。构成活动主题就是其中之一，它将——借助先行于一切可见运作、先行于一切具体操作、先行于一切给定内容的一系列奠基性操作——担保由形式要件系统所限定的科学和被当作一切可能经验范围而确定的世界的统一性。另一个是，主体主题，它将——通过它的反射性统一性——担保被赋予同一性之物的前后相继的多样性综合体，其中的这个被赋予了同一性之物在时间过程之中通过这种同一性而展现自身。最后，但最重要的是，历史超验主题，这个主题贯穿于整个19世纪，而且在如下这两个问题的无休止重复中至今仍未耗竭。一个问题是：历史会是什么，它的运转必须以之为轴心的那个绝对远古的规划是什么，它向前发展的第一步开始（或者说从使它的第一步成为可能的开端开始）就建构着它，并将它导向一个终结的奠基性目的是什么——这个终结尚未到来，惟其如此，真理才可能看到光明，或者说，正因为这样，真理才能在总是变得遥远的光明之中辨认出它的起源已经遮蔽了的东西的复归？另一种问题紧接着出现了：要使历史只有在覆盖这真理、遮蔽它、将它投入遗忘——正是靠着这种遗忘的重复，靠着对它的回忆、因而也是靠着它永不完满的记忆，历史才能够被标记——的情况下才能得以展开，这个真理，或者说这个比基源性开端更多的东西必将是什么？只要您愿意，您可以尽可能激进地提出这两类问题。但这些问题仍然——尽管它们作出了努力想要决裂——与主体的分析论和认识的问题性联系在一起。

　　与所有这些主题截然相反，应该这么说，知识，作为科学出现于其中的历史实在的领域，无涉于任何构成活动，无关于指向一个起源或历史超验目的论的任何指涉,丝毫不依赖于奠基性的主体性。在不连续的话语事件借以可望得到整合的前述所有那些综合形式当中,稍后列举出来的那些形式一个多世纪来表现得最为顽固和强烈;它们激活了历史连续性的主题——这种历史连续性在感知上被联结成一体,并被无限地投入到复现和总体化的任务之中。历史必须是连续性的,为的是保证主体的主权;而相应的是,一种连续的主体性和一种超验的目的论则必须贯穿于历史之中,惟其如此,后者才能在其统一体之中被思考。于是,知识的匿名的非连续性便从话语中被排除了,并被驱逐到了无法被思考的领域。

(赵文 译)

法兰西学院候选陈述

编者按

　　这是福柯1969年为申请法兰西学院院士所作的候选陈述。福柯申请的是"思想系统史"教授。这一陈述要提交给现任的法兰西学院院士，以供投票参考。福柯在这个陈述中回顾了从《古典时代的疯癫史》到《知识考古学》的研究工作和思路。也提出了他当选后的教学计划（不过，福柯当选后并没有执行这个教学计划，后来的研究也没有涉及遗传知识的问题）。福柯最终以25票当选（有46人投票）。

以前的工作

在《古典时代的疯癫史》[1]中，我努力想探明，就一个特定时代的精神疾病而言，我们能够知道些什么。毫无疑问，这类知识体现在医学理论中，这些理论为不同的疾病类型命名分类，并且力图解释它们；人们也发现它表现在各种舆论现象（phenomena of opinion）中——出现在疯子引起的古老恐惧、他们周围的轻信行为以及戏剧或文学作品对它们的描述之中。在很多方面，史学家的分析能够为我提供指南。不过，有一个维度似乎还没有得到探究：我需要设法探明疯子是如何被识别、隔离、排斥在社会之外、遭到监禁以及受到处置的；何种机构被指定用来接受和控制（有时候照顾）他们；何种权威就他们的疯癫作出决断，依据何种标准；何种方法被用来约束、惩罚或者治疗他们；简而言之，疯子在一套怎样的机构和实践体系中受到约束和界定。现在，当我们考虑这套体系的机能以及它在当时所获得的正当性时，它显得连贯一致，并且非常适合自身的目的：它包含一整套精确明晰的知识。我的探究对象由此得以形

---

[1]《疯癫与文明：理性时代的疯癫史》（trans. Richard Howard, New York: Vintage, 1973）是《古典时代的疯癫史》的节译本。

成,即渗透到各种复杂的制度体系之中的知识。一种方法自有其存在的必要——人们通常所做的,就是匆匆跑遍科学文献图书馆,并且在那里停留,我并没有如此,我需要做的,就是考察由官方命令、法令、医院或监狱记录以及法庭记录等等组成的大量档案材料。正是在阿塞纳尔图书馆(Arsenal)和国家档案馆,我开始了对一种知识的分析,它的形体(visible body)既不是理论或科学论文,也不是文学作品,而是一种有条理的日常活动。然而,在我看来,疯癫事例不足以成为主题;在17和18世纪,精神病理学依然很不成熟,因而,人们无法把它与传统观点的详细阐述区分开来;在我看来,处于诞生时期的临床医学以更加精确的术语提出了这个问题;事实上,在19世纪初期,它与合法的(constituted)科学或者正在被合法化的科学——如生物学、生理学以及病理解剖学——联系在一起;不过,它也与医院、福利机构、教学门诊等一系列机构以及行政调查之类的活动联系在一起。我想知道的是,在这两个参照点之间,一种知识是如何形成、自我改变以及得以发展的,如何为科学理论提供到那时为止依然未被察觉到的新的观察领域、新的问题以及对象;另一方面,科学知识是如何被纳入到科学理论当中、如何具有一种规范性价值以及如何成为伦理标准的一个来源的。医学实践不仅仅局限于把一门精确的科学与一种不确定的传统结合起来,以便形成一种不稳定的混合;人们把它建构成一种具有自身平衡性和一致性的知识体系。

因而,我们可以承认知识领域的存在,这些领域既不完全等同于各门科学,也并非各种心智习惯。因此,在《事物的秩序》[1]中,我做了一个相反的实验:不考虑整个实践和制度层面(不过并没有放弃有朝一日重新讨论它的念头);而是考虑特定时期这些知识领域中的少数几个(17和18世纪的自然分类、普通语法以及财富分析),依次考察它们,以便界定它们所提出的问题和使用的概念的类型,以及界定它们所检测的理论的类型。人们不但可以依次界定所有这些领域的内在"考古学",而且也得辨别它们之间可识别的特征、类似性以及差异。一个总体结构得以出现。当然,它远非从总体上来描述古典精神,不过,它以一种连贯的方式整理了整个经验知识领域。

因此,我面对两组完全不同的结论:一方面,我确立了"既定知识"明确的、相对自治的存在;另一方面,我指出了建筑学当中的系统关系,这种关系是每一种既定知

---

[1]《事物的秩序:人文科学考古学》(New York: Vintage, 1973)。

识所特有的。我们有必要做出清晰的阐释。我在《知识考古学》[1]中指出了这一点：在意见和科学之间，人们能够认识到一个特殊层次的存在，我们可以称之为知识（savoir）层次。这种知识不但体现在理论文本或者经验方法之中，也体现在一整套实践活动和制度之中；然而，它不是这些事物简单明了的结果，也不是对它们的模糊表达。事实上，它包含的规则完全属于自身，并且对它的存在、活动和历史做出描述。其中一些规则专属于某个领域；其他规则为少数领域共享；还有一些规则可能属于一个时代。最后，这种知识（savoir）的发展及其演变涉及复杂的因果关系。

教学计划

下面的工作遵循两条规则：始终牢记要参考具体事例，它有可能是检验分析的一个根据；提出我以前碰到过或者以后必定会碰到的问题。

1. 被选作特例的是遗传知识，我会关注它一段时间。它的发展贯穿整个19世纪，从繁殖技术，经由改善物种的尝

---

[1]《知识考古学》(trans. A. M. Sheridan Smith, New York: Harper Colophon, 1972)。

试、集约耕作实验、抗击动植物传染病的努力,以遗传学的建立告终,这门科学的诞生日期可以定在20世纪初。一方面,这种知识是对特定的经济需求和历史状况做出的反应。农村地产耕作面积和耕作形式、市场平衡、盈利所需的标准以及殖民地农业体制的变化,都深刻地改变了这种知识;它们不但改变了这种知识的本质,而且也改变了它的数量和规模。另一方面,这种知识很容易接受一些科学——比如化学或动植物生理学——的新发展。(氮肥或者繁殖技术的使用就是证明,18世纪所界定的植物施肥理论使得这种使用成为可能)不过,这种双重依赖并没有剥夺它的特征及其内在规则。它不但导致了改造技术(比如,沃尔莫林提出的用于物种改善的技术),也导致了认识论上富有成效的概念(比如,诺丁详细解释过的——即便不是由他界定的——遗传特征概念)。达尔文并没有错,当他在人类的这种实践活动中发现有助于他理解物种自然进化的模式时。

2. 就那些必须解决的理论问题而言,我觉得可以把它们分成三组。

首先,我们有必要努力为这种知识确定一个地位:把它置于何处,置于什么界限之内,选择什么样的方式来描述它。(在我所举的事例中,我们发现材料非常多,从传统传承下来的几乎默默无闻的习惯,到适时记载下来的实验和规则)努力找出它的传播方式和途径也是很有必要的,看看它是否均匀地传播到所有社会群体和所有领域同样如此。最后,同样有必要的是,努力探明这种知识的不同层次、它自觉的程度以及对它作出调整和修正的可能性。因此,这里出现的,是关于一般社会知识的理论问题,它并没有把个体自觉的知识当做典范或者基础。

另一组问题与把这种知识解释为科学话语有关。在某种意义上,这些交叉、转变以及界限构成了一门科学的起源。不过,我无意探究一门科学的起源、它的基本规划以及它的根本条件的可能性(现象学的一些规划就是这么做的),我力图证明的,是这门科学不知不觉的、多重的开始。可以说,我们有时候能够重新发现决定性文本,并且确定它问世的日期,这种文本是一门科学诞生的标志和它最初的章程(在我即将列举的领域,诺丁、孟德尔、德弗里斯或者摩根的文本依次可以担任这种角色);不过,重要的事情在于确定它们之前、它们周围以及它们自身必须发生怎样的转变,从而使得一种知识能够具有一门科学的地位和功能。简而言之,当人们旨在通过历史而不是先验术语来分析它的时候,这个问题就是建构一门科学的理论问题。

第三组问题涉及知识序列的因果关系。毫无疑问，事件和发现之间，或者经济必需品和知识领域的发展之间的普遍性关系，早就得以建立（例如，我们都清楚，19世纪大量的植物传染病，对于研究品种的多样性、它们的适应能力以及它们的稳定性而言，显得非常重要）。但是，我们需要更加精确地确定，知识如何——通过什么方式以及依据什么规则——记载（并非没有选择或者修改）到那时为止还外在于它的各种现象；它如何变得乐于接受它所不熟悉的各种变化过程；最后，它的一个领域或者它的一个层次发生的改变，是如何传播到别的地方并且在那里产生影响的。

对这三组问题的分析有助于理解知识的三重表现：它对一系列实践活动和制度的描述、汇集和协调；它是各门科学建构过程中不断变换的焦点；它是复杂的因果关系的构成成分，科学的历史就处于这种关系之中。在一个特定时期，就它具有明确的形式和领域而言，我们可以把它分成几个思想体系。很显然，这绝对不是确定一个特定时代的思想体系或它的"世界观"的问题。更确切而言，这是确定不同合唱的问题，每个合唱都是一种特定知识的载体；它们把行为、行为规范、法律、习俗或规定联系在一起；因此，它们形成稳定的、同时也能够发生变化的结构。这也是界定冲突、近似或交换等关系的问题。思想体系是形式,在特定时期,各种知识在这种形式当中分别得到详述,达到一种平衡,并且进入交流之中。

就其最一般的表述而言,我碰到的这个问题或许有点类似于几十年前哲学提出的问题。在纯粹意识的反思传统与感觉经验主义之间,哲学为自己规定的任务不是寻找起源和联系,哪怕是表面上的联系,而是第三个维度,即知觉和身体维度。今天,思想的历史或许要求对同样的秩序进行调整:在合法的科学(它们的历史通常都得到撰写)和舆论现象(历史学家知道如何处理它们)之间,有必要着手研究思想体系的历史。通过以这种方式提出知识(savoir)的特征,人们不但界定了迄今为止被忽视的分析层面,他们或许也必须重新审视知识(connaissance)、它的状况以及认知主体的地位。

(刘耀辉　译)

思想系统史

编者按

  这是福柯在法兰西学院的第一年课程（1970−1971）的总结。福柯在法兰西学院每年的课程都有一个总结。实际上，第一年的课的名称是"认知意志"（The Will to Knowledge），这是对"认知意志"这门课的总结。恰当的标题应该是认知意志。英文选本的《语言，反记忆和实践》（Language, Counter-memmory, Practice）用的是"思想系统史"这个标题（中文是从这个英文版本翻译的，故题名从之），这是因为"思想系统史"是福柯在法兰西学院的教授职位（每个院士都有一个专门的教授职位）。本书后面的《生命政治的诞生》、《对活人的治理》以及《主体性和真理》都是这样的课程总结，为了标示区分，它们不再以福柯的教授职位命名，而以课程题目命名。从福柯的第一次课程中可以看出，这个讲座还是对《词与物》和《知识考古学》的呼应：福柯不是从思想本身，而是从话语实践的角度来看待思想系统的历史。这样的思想系统史，就不是思想本身的进化和演变，而是表述思想的话语实践之间的排斥和选择游戏。相关的论述，还可以见福柯法兰西学院就职演讲《话语的秩序》（中译文见《语言与翻译的政治》，中央编译出版社2001年版）。福柯的这些课程总结，因为带有说明的实用性质，其表达同他的一般性著述很不一样，没有鲜明的个人风格。

过去这一年我们的目的是从一系列单个的分析开始,逐渐形成一个"知识意志的形态学"。对于这一主题,我们不仅考察了有关的特定历史,也从它自身的理论蕴涵进行了发掘。

我们在过去这一年所尝试的,是将这一主题定位并定义它在思想系统史中的角色,以建立一个暂时可用的分析模式并检验它在一套初始的范例中的有效性。

1. 较早的研究,我们在所有那些可以分析思想系统的路径中分离出一个特出的考察层面:对话语实践的分析。这个研究背景揭示了一个成体系的组织,而非简单地出自逻辑或语言学的要求。话语实践的特征是限定一个对象的场域、为知识的动能定义一个合理的视角、并为阐明概念和理论确定规范。因而,每个话语实践都暗含着一个规则游戏:指定话语实践的排斥和选择。

进一步说,即便这些"规律性"是通过那些个体的作品来表明,或首先是通过那些作品之一来首次宣称自己的在场,这些成套的"规律性"并不与个体的作品重合;它们更具延展性并经常被用来重新组合数目巨大的个体作品。它们也不与我们通常所称的某个科学或学科重合,即便它们的边界在一些特定的场合会暂时相合。通常会有这样的情况,某个话语实践将一些不同的学科或科学召集在一起，或者跨越一定数量的学科而将许多它们个体的特征重组为一个崭新的、有时意想不到的整体。

话语实践并非生产话语的纯粹、简单的方式。它们体现在技术进程中、在机构内、在一般行为的诸多样式里，在传播与扩散的形式中，也在同时利用并维护话语实践的教育形式中体现。

最后，它们拥有特定的转化模式。这些转化不能被简化为确切、单独的发现；我们也不能将它们概括为某种心智、集体态度、或精神状态的一般改变。某一话语实践的转化与一系列常常比较复杂的更改相连，那更改可以发生在话语实践的领域之外（生产形式、社会关系、政治体系），也可以在它之内（决定其对象的技术、对其概念的调整与细化、它对事实的累积），或者在它旁边（其他的话语实践中）。而与这些更改相连的转化，并非一个简单的结果而是一种效应，这效应包含转化本身的自主性（即"proper autonomy"）及其一整套决定转化的确切功能。

这些排斥与选择的原则，其出现具有多种形式，其有效性体现在实践中，其转化也相对自主。它们并非以（历史或先验的）知识的实行者为基础——这些实行者将这些原则接连不断地发明出来或者把它们放到一个原初的立足点；相反，是这些原则指定了一个知识意志，它无名、多形态、易受常规转化的影响，并取决于各种可辨的相关性的活动。

与精神病理学、临床医学、自然史等密切相关的经验性研究，已经使我们得以分离话语实践的特出层面。它们的总体特征以及作分析的正规方法是在考古学的名头下描述的。所做的与知识意志有关的研究，现在应该能够从理论上支持这些早期的考察。目前，我们可以用一种非常笼统的方式来为这种研究指出一个前进的方向：在知识与获取知识的必要规则之间作出区分[1]、在知识意志与真理意志之间、在主体定位以及与知识意志有关的主体之间作出区分。

2. 到了我们的时代，少有概念性工具被阐述发挥以用来分析知识意志。现有的概念几乎都是不确切的："人类学"或心理学概念，譬如，求知欲、通过知识来支配或占有的需要、面对不可知物的苦恼，对无法区分的事物之威胁的反应；历史概述，譬如，一个时期的精神，其敏感性、其旨趣类型、其世界观、其价值体系和基本需求；哲学主题，譬

---

[1] 这里福柯提出的是在"savoir（知识）"与"connaissance（赏识）"中建立一种区分。可惜两个词在英语中都被译为"knowledge（知识）"。关于这两个词的讨论见《知识考古学》，第15页。——译注

如，令自身经久为人所知的理性的一个范围，等等。最后，对主体与客体在欲望与知识的语境中所处位置所作的精神分析，其阐述发挥还很初步，我们没有理由相信它可以被用于历史研究。我们所面对的是不可避免的事实，即可以对知识意志进行分析的工具，得在我们循着需求和可能性前行的过程中被构造和定义出来，而这需求和可能性来自一系列具体的研究。

哲学史提供了一些知识意志的理论模型，它的分析可以为我们呈现一些初始的协作。在那些应当被研究和检验的诸多人（柏拉图、斯宾诺沙、叔本华、亚里士多德、尼采等）中，在过去的一年，我们集中考察了后两位，因为他们构成了两个极端且相反的形式。

对亚里士多德模式的分析基本上取自对《形而上学》、《尼各马可伦理学》、《论灵魂》的研究。它在感觉层面上进行并且建立了：

  感觉与快感之间的联系；
  该联系与感觉衍生的基本生命需用无关；
  快感的强度与来自感觉的知识成正比；
  快感的真实与感觉的失真之间不相容。

视觉感知的定义是，对同时都在一定距离之外的诸多对象产生感觉。这种感觉，与身体的需要并无直接的联系。这种感觉，在其恰当行动中产生满足，它就在这满足中揭示出知识、快感、真理之间的联系。在另一个极端，这同样的关系则被转换到理论沉思的快感中。对知识的欲望，在《形而上学》的开篇被当作普遍的和自然的，这是基于感觉已经表明的最初始（对知识）的坚执；它还确保了从这种最初的知识类型顺利走到了哲学中形成的终极知识。在亚里士多德这里，对知识的内在渴望，依赖于知识、真理、快感之间的先在关系，同时也置换了这种关系。

在《快乐的科学》中，尼采定义了一套迥然不同的关系：

> 知识是一种"发明"，其后有着与其自身截然不同的东西：各种本能、冲动、欲望、恐惧，以及挪用的意愿的交互作用。正是在这些元素彼此争斗的舞台上，知识被生产出来。
>
> 它的产生并非由这些元素和谐或喜悦的平衡而实现，而是由它们的仇恨，它们可疑且短暂的妥协，它们时刻准备背叛的脆弱的休战协定来实现。它不是一个永久的机能，而是一个事件，或至少是一系列事件。

知识一直是桎梏、从属、自私[1]（不是对自己，而是对那些有能力包含某种本能或包含支配它的那些本能的事物）的。

如果它把自己当作探究真理的知识，那是因为它通过一个主要的、一再重组的证伪的活动来生产真理，在真理与谬误间树立界限。

因而，自私自利根本就是知识的前提，它像一个简单的工具从属于自己的需要；与快感和快乐分离的知识，则与争斗、仇恨、恶毒相连，并被引导着反对自己，直至厌弃那被争斗、仇恨、恶毒创造的过度放纵的自己：一旦真理变成仅仅是一种效果——一种证伪的效果，即我们所谓的真理与谬误的对立，知识与真理最初的联系也被解除了。这种根本上自私的知识的模式，作为一个事件被志愿生产，决定了真理是证伪的一种效果，它对于经典的形而上学的假设来说无疑是完全陌生的。这一整年，我们把这种模式用于各种方法，与一系列范例相关联。

3. 这个系列来自古希腊的历史与风俗；而所有的范例

---

[1] 兴趣"Interesse"在法语中也有自私的含义。——英译注

取自司法领域。我们关注的是它自公元前7至5世纪的衍变。考虑到这段时期司法的转化，我们考察了它的管理、它的观念，以及关于犯罪的社会反应。

我们考察了以下领域：

司法纠纷中的宣誓行为，以及它从起诉人拒绝宣誓将自己暴露给复仇之神，到证人坚定宣誓以证明他亲身经历或亲眼看到的某一事件之真理的衍变；

通过金钱体制寻求公正的措施（不仅是城市中的商业交换还有社会关系）；

在建立一种同时也是世界秩序的秩序中，寻求"诺摩斯"[社会规范，或约定俗成][1]，以及一个有关分配的公正的法律以保障城市内部秩序；

谋杀罪后的涤罪仪式。

在这个时期，司法的分布是那些重要政治斗争的场所。这些斗争最终产生了一种与某一知识形式相连的司法形式，假定真理是可见、可辨、可测的，假定对法律的回应与那

---

[1] 即 nomos，来自古希腊语。——译注

些对世界秩序的记载相似，也假定不仅要发现还要拥有它可以涤罪的价值。这种对真理的肯定成为西方知识史中的基本法则。

过去这一年，这门研讨课以19世纪法国刑罚制度的研究作为总体框架，关注了复辟时期监狱精神病学的早期发展；其主要材料大部分来自为埃斯基罗尔（Esquirol）的同辈以及他的弟子们所写的医学和法律的报告。

（赖立里　译）

福柯法兰西学院讲座课程纲要:1971—1973

编者按

　　本文是福柯1971—1972年法兰西学院讲座的课程纲要，发表于《法兰西学院年鉴，1972年，思想体系史，1971—1972年》，1972年，第283页至第286页。收于 Dits et écrits II（1970-1975, pp.389-393）。英译见Foucault, Michel. *Ethics: Subjectivity and Truth*. Vol. 1. New Press, 1997. pp.17-21.

一、刑罚理论与制度（1971—1972）

今年的课程只是一个前期的史料预备，为的是进一步考察19世纪法国社会的刑罚制度，以及更广义的社会控制和惩罚体系。这个研究本身又从属于一项更大的工程，对此，去年我已经做了大体介绍：追踪某些知识（savoir）的形成，探究这些知识是如何从司法一政治矩阵中产生并获得支撑的。在此暂做如下假设：权力关系（以及超越权力关系的斗争或维持权力关系的制度）并非简单地促进或妨碍知识；并非简单地鼓励、激励或者扭曲、约束；权力与知识不是被利益和意识形态捏合在一起的；因此，问题不只是要搞清楚知识如何顺从权力并为之所用，或者权力如何凌驾于知识之上，并肆意添加意识形态内容和限制。知识的形成离不开一个交流、注册、积累和替换的体系，这个体系本身就是一种权力形式，其存在和运转都与其他各种权力形式相联系。反过来说，权力的运用也离不开知识的抽取、占有、分配和限定。如此一来，就没有知识（connaissance）与社会，甚至科学与国家的对立了，有的只是"权力一知识"（pouvoir-savoir）的各种基本形式。

去年，我们探讨了度量（mesure），这一关涉希腊城邦建立的"权力—知识"形式。今年,我们以同样的方式研究调查(inquiry),它和中世纪国家的形成联系密切。明年我们将研究另一种权力知识形式——考核(examination),它涉及工业社会特有的控制、排除和惩罚体系。就其历史构成而言,度量、调查和考核既是运用权力的手段,同时又是知识得以确立的规则。具体说来:度量既是确立或重建斗争双方之间恰当秩序的手段,又是数学和物理知识的根基;调查既是确立或重建事实、事件、行动、财产、权利的手段,又是经验知识和自然科学的根基;考核既是设定和恢复标准、规则、分配、资格条件和排除范围的手段,又是所有心理学、社会学、精神病学,即所谓"人文科学"(human sciences,关于人本身的科学)的根基。事实上,在诸多科学实践中,度量、调查和考核往往同时起作用,就像其他纯粹单一的手段或者严格受控的工具一样。在这里,它们真正摆脱了与各种权力形式的关系。在既定的认识论范畴内,它们远离了政治权力,以一种清晰的形式连为一体;它们是效果也是手段,在度量那里承担秩序功能,在调查那里是集中功能,在考核那里则是筛选排除功能。

据此,1971—1972年的课程可以分为两部分。

前一部分主要研究调查及其在中世纪的发展。尤其关注了调查在刑罚实践领域内的出现。该领域内发生了一系列的转变：报复体系转变为惩罚体系；指控实践转向了审讯实践；损害（名誉、利益）引起的诉讼转变为违犯（法律、法规）导致的检举；根据考验做判断转变为依照证据做裁决；依胜负定正当与否的私斗转变为按证据讲事实的官方报告。这一整套的转变与国家的诞生密切相关。国家对刑罚司法的管控日趋严格，以至于维持秩序的功能逐渐集中在国家手中，而封建体系下司法财政化（fiscalization）也已融入大规模财富流通中的司法实践。调查这一司法形式，或许借自卡洛琳王朝残留的行政形式，但更有可能源于禁欲主义的管控模式。这一整套的实践包括：调查特有的提问方式（谁干了什么？罪行公然若揭吗？谁看见了，谁又能作证？有什么证据？招没招？）；调查的各个阶段（认定事实的阶段，有罪推定的阶段，确立构成要件的阶段）；调查的角色构成（检举人，起诉人，被告，法官）。调查这个司法模式建立在一套完整的权力体系之上。这个体系恰恰决定了知识的构成，决定了知识如何、缘何以及被何人抽取，决定了知识位移和传输的方式，决定了知识何时积累、何时给出裁决或判断。

这一"审讯"（inquisitorial）模式被逐渐替代并改造了。从14世纪开始，它转而成了构造经验科学的一大因素。

调查，不管与实验或航海有没有关系，都强烈反对传统权威，坚决抵制符号文本的决断。它被用在各种科学实践中（比如磁学或自然史中），被用在反思方法论的理论建设中（如培根），它演变为各种话语类型（与随笔、沉思和专著不同）。我们所处的文明，就是一种审讯文明。数个世纪以来，文明实践的形式复杂多变，但都源自同一种模式，即知识的抽取、替换和积累。审讯（inquisition），对当今社会而言，是一种必要的权力—知识形式。如果说正义（Dike）是度量和比例的真理之母，那么实验所得真理就是审讯的女儿了。而审讯，意味着政治、行政、司法权力提出问题、抽取答案、搜集证据、核实论断，认定事实。经验主义过早地遗忘了其开端。那个无耻之极的起源（Pudenda Origo）。它让宁静的调查与残酷的审讯相对立，使得客观无私的学问与激情四射的审讯体系相对立；它打着经验之真理的旗号，却在备受折磨中生出了出恶魔——这些它本该驱赶的家伙，为此它受尽责难；但审讯只是审讯体系的一种形式，尽管长久以来都是最好的一种。而审讯体系可以说是我们的知识最重要的政治根基之一。

后续的课程专门研究了16世纪法国内部新社会控制形式的出现。大规模的监禁实践，治安机制的发展，对人口的监管，所有这些都预示着一种新权力—知识类型的构建，即考核。在1972—1973年的课程中，我们将继续研究考核，研究它在19世纪的功能和形式。

在每周一的研讨课上，我们继续探讨19世纪法医学（medico-legal）的各种实践和概念。我们选了一个案例做具体分析，相关材料随后也会出版。

皮埃尔·里维耶是19世纪一个鲜为人知的谋杀犯。20岁时，他杀了自己的母亲和兄弟姐妹；被捕之后，他写了一份自传，交给了法官和医生。医生据此撰写了一份精神病学鉴定。报告的部分内容曾于1836年刊发在某一医学杂志上。不久前让-皮埃尔·彼得（Jean-Pierre Peter）发现了文件的全本和大量相关卷宗。我们准备刊发这一整套材料，罗伯特·卡斯特（Robert Castel），吉尔·德勒兹（Gilles Deleuze），亚历山大·丰塔纳（Alexandre Fontana），让—皮埃尔·彼得，菲利普·莱特（Phillippe Riot）和玛丽冯·赛容（Maryvonne Saison）都参与其中。

这个案例之所以能从我们手头众多的刑罚精神病学材料中突显出来，引起我们的注意，原因很多。当然，首先是因为有一份谋杀犯亲手写就的材料，作者是一位年轻的诺曼农民，周围人眼中的低能儿。其次是因为材料的内容：材料的

第一部分极其细致地描述了家庭内部成员之间的离合纷争、许诺背叛——是一份重要的农民民族志;第二部分就是里维耶在解释他的行为。还有就是村子里人们提供的证据,所有人都觉得里维耶"怪异"。另外还因为其中一系列的精神病学鉴定,这些鉴定清晰地勾勒了医学知识的层级:一份出自某个乡村医生,一份出自卡昂的内科医生,其他都出自当时巴黎有名的精神病医生(像埃斯奎洛和奥尔菲拉等)之手。最后,还因为事件发生的时间。此时发生的事情包括:犯罪学的精神病学开始了,精神病学家与法学家对偏执狂概念广泛公开的争论,司法实践中减罪细节范围的扩大,拉斯纳尔回忆录的出版以及大量犯罪文学的出现。

二、惩罚的社会(1972—1973)

古典时期的刑罚体系中,我们遇到四种相互交织的惩罚策略,它们各有各的历史来源,各有各的功能角色。

第一种,就是流放,逐出,放逐,驱逐,划定边界、禁区,抄家毁土,没收财物。

第二种,就是实施补偿,强制偿还,变损害为偿债,变犯罪为债务。

第三种，就是示众、殴打、烙印、断肢，造成终身伤害，甚至用酷刑，总之就是蹂躏身体，铭刻权力。

第四种，监禁。

按主要惩罚形式的不同，我们可以划分四种社会：流放社会（希腊社会）、偿债社会（日耳曼社会）、烙印社会（中世纪末的西方社会）和监禁社会（是不是我们的社会？）。

就算监禁社会是指我们的社会，那也要从18世纪末之后算起。这一点要搞清楚，因为在1780—1820年的大改革之前，欧洲的刑罚体系中几乎没有拘留和关押。18世纪的法学家们众口一词："根据民法，监狱不能算刑罚……尽管君主有时候会用此打击敌人，那也是出于国家利益，民事法庭不能随便用。"（弗朗索瓦·塞尔皮庸[F. Serpillon]《刑法典》，1767）[1] 不过我们也可以这么说：这个坚决主张的背后，其实是与日俱增的动摇。总的看来，十七八世纪的刑罚体系中，监禁极为边缘，尽管日后状况有所改善。

★担保性监禁（surety confinement）。刑事案件调查中法

---

[1] F. Serpillon, *Code criminel, ou commentaire sur l'ordonnance de 1670* (Lyon: Perisse, 1767), vol. 2, title 35: Des sentences, jugements et arrêts, art. 13, §33, p. 1095.

庭会用此方式，债务清偿之前债权人会用此方式，面对恐怖敌人时王权会用此方式。这种惩罚不只针对罪行，更针对个人。

　　★替代性监禁（substitute confinement）。施用在那些不属于刑事司法的罪犯身上。之所以采用替代性监禁，或是因为罪行本质上只是道德或行为上的；或是因为罪犯特殊的社会地位。如：自1629年以来，教会法庭就无权判处监禁，最多将罪犯送至修道院；特权阶层往往借国王手谕（lettre de cachet）免除刑事司法；同样的罪行，妇女往往被送至拘留所，而男人就会被送到苦役船上。

　　应该注意到，除了最后这个例子外，一般而言，替代性监禁有如下特点：它不是由司法机关决定的，监禁期限也长短不一，但它有一个理想目标——矫正。它是惩罚（punishment），不是刑罚（penalty）。

　　古典刑法（塞尔皮庸的也好，儒斯[D. Jousse][1]也好，穆雅·巫琅[Muyart de Vouglans][2]也罢）勃兴不过50

---

[1] D. Jousse, *Traité de la justice criminelle de France* (Paris: Debure, 1771), 4 vols.
[2] P. Muyart de Vouglans, *Institutes au droit criminel, ou Principes generaur en ces matieres* (Paris: Breton, 1757).

载，监狱就成了普遍的处罚形式。

到了1831年，查尔斯·雷谬扎（Charles de Rémusat）在议会演讲中这样说道："新法律所接受的刑罚体系是什么呢？是各种形式的监禁。事实上可以将之与刑法典中保留的四种主要刑罚做个比较。强制劳动是一种监禁。苦役船就是露天监狱。拘留、劳役、劳教只不过是同一种惩罚行为的不同名称罢了。"[1]在布鲁塞尔第三次监狱改革会议上，冯·米农（Van Meenen)致了开幕词，忆起少年时光——彼时各种刑具遍地，枯骨散落其间。[2]似乎在18世纪末，监狱这种类刑罚式惩罚（parapenal punishment），已经入侵了刑罚实践随即占据了整个惩罚领域。监狱大获全胜最明显的证据，就是约瑟夫二世治下起草的奥地利刑法典。

监禁这一刑罚体系不是晚近之物，它的形成神秘莫测。

刚开始的时候，它遭到猛烈的批判。人们不仅批判它的基本原则，而且认为它的功能障碍有可能造成刑罚体系甚至整个社会的混乱。

---

[1] C. Rémusat, "Discussion du projet de loi relatif à des réformes dans la législation pénale"(Chambre des deputés, December I, 1831), *Archives pariementaires*, 2d ser. (Paris: Dupont, 1889), p. 185.

[2] Van Meenen (Presiding Judge of the Supreme Court of Appeals of Brussels), "Discours d'ouverture du.IIc congrès international pénitentiaire" (September 20-23,1847, Brussels), *Débats du Congrès pénitentiare de Bruxelles* (Deltombe, 1847), p. 20.

1. 监狱有碍司法机关监督核查处罚的进展状况。法律无法深入监狱,德卡兹在1818年如此说到。

2. 监狱让各种孤立各异的罪犯混在一起,很容易形成一个同类的犯罪共同体。罪犯在监狱里成了伴,出来也会结伙。监狱造出来的,是名副其实的内敌。

3. 监狱为罪犯提供衣食住和工作,条件很好,有时甚至好过工人。这么一来,别说劝阻犯罪了,反倒可能鼓励过失犯罪。

4. 之前的恶行早已注定罪犯的命运,即使出狱了,这罪行的印记仍将伴随他们一生。

于是,监狱立刻就遭到了谴责——它不过是这样一种工具:处在司法的边缘,为司法不停地制造累犯和惯犯。对监狱循环(carceral circle)的公开谴责可以追溯到1815—1830年。对上述谴责,依次有三个回应:

★想象一个监狱的代替品,它保留了监狱的正面效果(将罪犯排除在社会流通之外,又使得罪犯相互隔离),同时又排除了监狱的不良影响(累犯和惯犯)。或许能想到古老的流放体系,独立战争期间英国暂停了这一体系,1790年之后又恢复了,澳大利亚成了流放地。或许会想到1824—1830年期间法国内部有关博特尼湾的争论。事实上，放逐—殖民绝不会取代监禁；在争夺殖民地时期，在过失罪犯的可控循环过程中，监狱的作用十分复杂。或多或少自愿的殖民团体、殖民兵团、非洲的殖民队、法国外籍兵团等构成了一个整体，在19世纪内，它与其他刑罚实践一道起作用。

*改革监狱的内部体系，防止其制造内敌。这就是遍及欧洲的"监狱改革"妄图达到的目的。我们可以设两个节点，一是朱利叶斯（Julius）的《监狱的教训》（1828）[1]，一是1847年的布鲁塞尔会议。这一改革主要涉及以下三个方面：监狱内部实施全部或部分隔离（有关奥本体系和宾夕法尼亚体系的争论）；通过劳动、教育、宗教、奖励以及减刑等手段对罪犯进行道德改造；建立类刑罚的预防、遴选、监管体制。1848年革命的爆发为这些改革画上了句号。现在看来，这些改革对之前所谓监狱的功能障碍几乎没有任何影响。

*最后，将监狱循环归入人类学；用"罪犯科学"

---

[1] N. H. Julius, *Vorselungen über die Gefängnisskunde* (Berlin: Stuhr, 1828): Leçons sur les prisons, présentées en forme de cours au public de Berlin en l'année 1827, trans. Lagarmitte (Paris: Levrault, 1831), 2 vols.

（science of criminals）代替"监狱科学"（science of prisons）。前者以特定方式描绘罪犯，然后据此设定社会应对的模式。后者则是朱利叶斯和查尔斯·卢卡斯[1]的陈旧计划，试图为"矫正"体制提供建筑上、管理上以及教学法上的指导原则。在整个监狱循环中，过失犯阶层既是自治的，又是孤立的、封闭的，其出现是源于心理社会的偏差。这个偏差属于"科学"话语（其中夹杂着精神病理学、精神病学、精神分析和社会分析）。监狱，或许正是对这一偏差的回应和治疗。

19世纪初，监狱备受谴责，因为它制造出了"罪犯"这类"边缘"人群。如今人们则视为必然：监狱必然会制造出"罪犯"这类"边缘"人群。这不仅成了事实，还被当做了基本假设。之前"过失犯罪"的后果是监狱造成的，如今监狱则不得不恰当解决过失犯罪这一难题。监狱循环发生了犯罪学转向。

可问题是，这个转向如何可能？备受批评谴责的后果如

---

[1] C. Lucas, *De la Réforme des prisons, ou de la théorie de l'emprisonnement, de ses principes, de ses moyens et de ses conditions pratiques* (Paris: Legrand and Bergouiniowx, 1836-1838), 3 vols.

何转而成了犯罪学分析的基本材料？不稳定又备受争议的监狱本是晚近才出现的机构，它是如何深入到机构内部，它的后果又如何在人类学上成了恒常？监狱存在的根本原因是什么？它能满足何种功能需求？

更有必要提问了，不过，答案也就更难找了，因为我们很难弄清楚机构的"意识形态"起源。事实上，有人可能觉得，因为监狱的实践后果，一开始它的确备受谴责，可监狱和新刑罚理论（19世纪刑罚典是在该理论指导下起草的）密不可分，人们接受后者，就必须顺带着接受前者。而且一旦要彻底修订监狱政策，刑罚理论就得从头到尾重写。

如此看来，检视18世纪下半页的刑罚理论，我们所获惊人。根本没有一位改革者建议把监狱作为普遍甚至主要的刑罚，不管是理论家如贝卡利亚（Beccaria），法学家如塞尔万（Servan），立法家如勒佩尔蒂埃（Le Peletier）还是一身二职的布里索（Brissot）。概言之，所有改革构想中，罪犯都被界定为社会的敌人。这么看来，改革者只是承接着自中世纪以来政治机构的变迁，做了改变：公诉取代了（民事）诉讼和解。罪犯不只损害个人及个人利益，更是对国王统治权（sovereignty）的攻击，因此，国王的公诉人必须介入。在《英国法释义》中，作者布莱克斯通写到，公诉人既要保护国王的统治权,又要保障社会的利益。[1] 总之,贝卡利亚以来的大部分改革者,都试图从共利益或保护公共利益的需要出发,界定犯罪的概念、公众的功能以及惩罚的必要性。罪犯破坏契约,侵害社会,把自己变成了社会的内敌。这是普遍原理,由此产生了以下后果:

1. 社会要按需量刑。处罚不针对罪行,而是针对罪犯对社会的损害或危害,因此社会越弱,就应该越注意自身安全,同时处罚就应该相应加强。故而,没有一贯的刑罚实践模式,需要的是刑罚的相对性。

2. 如果处罚是为了补偿,那再严酷也没关系;反正难以确保罪罚等量。可如果处罚是为了保护社会,要保证其正常功能,就要准确量刑:处罚过严就是滥用权力。刑罚的正义就寓于刑罚的经济学中。

3. 处罚的功能完全面向外部,朝向未来:就是要防止犯罪的再次发生。从逻辑上讲,确定犯罪是最后一次的话,就不需要再处罚了。因此,处罚就是要剥夺罪犯的再犯罪的能力,同时警示他人。在此,处罚效果的实现,靠的不再是处

---

[1] Sir W. Blackstone, *Commentaries on the Law of England* (Oxford: Clarendon, 1758): *Commentaire sur le code criminel d'Angleterre*, trans. abbé Goyer (Paris: Knapen, 1776).

罚的严酷，而是处罚的确定性、必然性。

但这几个原则并不能推出刑罚实践中真正发生的情况——监狱成了普遍的惩罚形式。恰恰相反，我们倒是看到了非常不同的几种惩罚模式：

＊一种与舆论影响相关，将惩罚等同于羞辱（dishonor）。羞辱是最好的惩罚，因为它是社会自身及时自发的反应；它随社会差异、罪行轻重而变化；名誉恢复了，惩罚也就随即撤销了；最后一点，它只影响罪犯本人。这类惩罚不靠法典就能依罪而定，没有法庭照样可以执行，这就消除了政治权力被滥用的危险。它恰恰与上述刑罚实践诸原则相一致。"舆论强大到可以自行惩罚罪犯之时，就是法律胜利之日。……人民有幸能笼罩在唯一的法——荣誉感之下。这时，不需要法律。羞辱，就是刑法典。"[1]

＊改革方案中采用的另一种惩罚模式是报复（retaliation）。对罪犯本人施以与罪行同种类、同程度之惩罚，如此就确定了处罚的等级和比例。处罚就是

---

[1] J. Brissot de Warville, *Théorie des lois criminelles* (Berlin), ch. 2, sec. 2, p. 187.

反击。而且，如果反击迅速有效，就能自动消除罪犯的优势地位，让罪行失效。犯罪立刻就无利可图了。报复模式可能从未具体实施；不过却可以依此对惩罚进行分类。如贝卡利亚所主张的："人身攻击应该处以肉刑"；"人格伤害应该课以罚款"。甚至在"道德报复"中也能看到它的影子：惩罚罪犯不是要消除罪行的不良影响，而是要直接消除罪行的根源，消除引发犯罪的恶。[1]（1791年5月21日）：穷凶极恶之徒，施以肉刑；懒散无能之辈，处以强役；无耻下贱之灵魂，惩之以羞辱。[2]

★第三种模式是奴役（enslavement），以便保护社会利益。根据罪行对共同体造成的伤害，进而确定该种惩罚的强度和持续时间。损害利益就是违法犯罪。贝卡利亚论及盗贼："限期劳役让罪犯为社会服务，罪犯身陷囹圄，以此补偿他对社会契约的肆意破坏。"[3] 布

---

[1] C. de Beccaria, *Dei Delitti e delle Pene* (Milan, 1764): *Traité des délits edes peines*, trans. Collin de Plancy (Paris: Flammarion, 1979), ch. 27, p. 118; ch. 28, p. 121; ch. 30, p. 125.

[2] Le Peletier de Saint-Fargeau, "Rapport sur Ie projet de Code pénal" (Assemblée nationale, 23 mai 1791), *Archives parlementaires de 1787 à 1860: recueil complet des débats législatifs et politiques des Chambres françaises* (Paris: Dupont, 1887), 1st ser., vol. 26, p. 322.

[3] Beccaria, *Traité des délits*, p. 125.

里索说:"用什么取代死刑呢?用奴役,这样罪犯就不能危害社会了;用劳动,这样罪犯就有用了;用连续长期的折磨,这样想以身试法的人就被吓住了。"[1]

当然,作为一种处罚形式,监狱在上述诸方案中也时常出现:或者作为强制劳动的条件;或者作为报复的手段,惩罚那些干涉别人自由的人。但它终究不是处罚的普遍形式,也不是罪犯心理道德转变的条件。

直到19世纪初,理论家们才赋予监狱以心理道德功能。"监禁是公民社会最好的惩罚形式。当它和义务劳动结合起来后,它能改良道德。"(P.罗斯,1829)[2]但在此时期内,监狱早就成了惩罚的主要手段。监狱大规模发展之后,又强调监狱的改良(improvement)功能,这是对监禁实践的重新阐释。

因此,监狱实践并非隐含在刑罚理论中。它来自别处,形成原因也归于别处。可以说,它是从外部加诸刑罚理论的,可随后刑罚理论又不得不为之辩护。李文思顿

---

[1] Brissot de Warville, *Théories des lois*, p. 147.
[2] P. L. Rossi, *Traité de droit pénal*, bk. 3, ch. 8, "De l'emprisonnemcnt" (Paris: Sautelet, 1829), p.169.

（Livingston）的所作所为就是很好的例子。1820年，他曾宣称监狱处罚依罪量刑；预防再犯；施行矫正；足够温和又不失震慑力；当然，其优点远不只此。[1]

在表面的功能障碍下，监狱是如何运转的？在表面的失败下，监狱又是如何的成功？要弄清这些问题，我们就必须回过头来，看看17世纪，特别是18世纪的那些类刑罚控制机构。

在这些事例中，监禁所发挥的功能有以下三个特点：

★通过临时关押乞丐和流浪汉，它干预个体的空间分配。无疑，依照17世纪末直到18世纪的法令，这些人，至少那些累犯，会被送上苦役船；但事实上，监禁还是最常见的惩罚。监禁这些人，不是为了就地关押，而是为了遣送：禁止他们进入城市，把他们遣送到乡下，或者禁止他们随处游荡，送他们去劳动。虽然不比农场和工厂，这至少能把他们控制在一个固定的地方，还能根据生产和劳动市场的需要控制人口流动。

★监禁也干预个体行为。在次刑罚（infrapenal）层

---

[1] F. Livingston, *Introductory Report to the System of Penal Law Prepared for the State of Louisiana* (New Orleans, 1820): *Rapport fait à l'Assemblée générale de l'Etat de Louisiane sur le projet d'un code pénal* (New Orleans: Levy, 1822).

面，它处罚各类生活方式、话语、政治规划或预谋、性行为、反抗当局权威、异见和暴力行动等等。总之，它之所以干预，不是出于法律，而是为了秩序和常规。凡是不正规的、不稳定的、危险的以及不名誉的，都是监禁的对象；一般刑罚惩罚犯法，它则惩罚无序。

*最后，尽管确实属于政治权力，尽管不时地逃脱常规司法的控制（在法国，通常被是国王、宰相、行政人员和代表所控制），监禁却绝非独裁专制的工具。我们可以分析一下国王手谕（lettre de cachet）的功能和动机。提请国王手谕的多数是一家之主，还有少量名流，地区性、宗教性和专业性共同体，针对的则是他们认为会导致骚乱无序的个体。国王手谕是自下而上的（以一种请愿的形式），盖上国王的封印之后，又以命令的形式降回权力机构之中。可以说，它是地区性的、深入毛细血管的控制工具。

对17世纪以来英国的行会，我们能做类似的分析。这些机构通常都被"异见人士"占领，旨在谴责、排挤、打击罪犯、失业流氓和捣乱分子。这种控制方式与上述国王密令的控制方式极为不同。举其中一著者足矣：英国的行会（至少在18世纪的前半叶）独立于任何国家机器；在成员招募中，它们通常直指权贵，大肆抨击他们的罪恶；还有，它们严格监视内部成员，无疑也是帮他们逃脱更严酷的刑罚司法（英国的刑法是"一团血腥"，死刑案多过其他任何一部欧洲法典）。相比之下，法国的控制形式则与国家机器联系密切，成立了欧洲首个庞大的警察机关，又被奥地利的约瑟夫二世、英国相继效仿。至于英国，事实上，在18世纪末（特别是"戈登动乱"之后，与法国大革命同时出现了各种群众运动），新的道德改革协会勃兴，招募的多是贵族上层（有些还有军事武装）：它们要求国王的干预，要求颁布一整套新法并建立警察机关。这一进程的核心是科洪（Colquhoun）本人及其著作。

在世纪之交，司法系统调整为监视控制机制，导致了刑罚的转变。二者整合成中央集权国家机器，而且促进了一整套（类刑罚有时甚至是非刑罚）救助机构的建立和发展。一个监视监禁的普遍体系渗透到了社会的各个层面。它的形式多样——从全景敞视的监狱到慈善社区，应用对象广泛——除了过失犯之外，还包括弃儿、孤儿、学徒、高中生、工人等等。在《监狱的教训》中，朱利叶斯对比了景观文明（civilizations of the spectacle）和监管文明（civilizaitions of supervision）。他认为，前者是牺牲和仪式的文明，从建筑结构看就像一个剧院，给每个人提供独特的事件景观；而后者要保证少数人对多数人不间断的控制，在建筑建构上更像是一个监狱。他还认为，欧洲社会用国家取代了宗教，开创了监管文明的先例。[1]

19世纪是一个全景敞视（panopticism）的时代。

这一转变满足了何种需求呢？

似乎出现了非法实践的新形式、新规则。总之，新威胁出现了。

法国大革命（包括18世纪最后20年间发生的各种运动）表明，在民众反叛面前，国家的政治机器脆弱不堪。粮食暴乱、抗租、抗税、抗兵役，不再是局部、有限的运动——只触及政治权力所有者（甚至只是身体层面的），而不涉及权力结构和权力分配。它们开始挑战权力的所有权及其使用了。或许最重要的是，工业发展之后，生产机器掌握在操纵机器的劳动者手中。在地区市场内，手工业作坊规模小，工厂设备简陋，仓库容量有限，大规模的破坏行动不太可能发生。但是随着大量原材料的积累、全球市场的开拓以及商品交易中心的出现，机械化和大工厂组织化程度逐渐提高，财

---

[1] Julius, *Leçons sur les prisons*, vol. I , pp. 384-386.

富就被置于无尽的攻击之下了。这类攻击不是从外部来的，而是源自内部。发起攻击的不是那些衣衫褴褛的乞丐和流浪汉，不是贫穷异类的个体，而是那些操纵机器进行生产的劳动工人。生产机器遭受着持续的威胁，从日常的小偷小摸到机器操作工的大规模集体破坏。例子有很多，比如，从18世纪末到19世纪初，伦敦实施了一整套措施以保护港口、码头和工厂，斩断黑市交易网。

在乡村，看似相反的情况却产生了类似的结果。乡村财产大量集中，平民几乎完全消失，休耕地复垦，这巩固了占有权，同时却使得乡村社会无法容忍一丁点的非法行为。以前在未开化地区，不管乐意与否，人们都必须接受某些非法行为。如今边缘地区消失了，容忍和忽略没有了，穷人和流浪汉无法利用忘却的规程和既定的事实，根本无处安身。财产关系的紧缩，或者说，新的土地所有状况及其大量开垦，使得许多既定非法行为成了犯罪。在督政府治下的法国，乡村犯罪的政治影响远大于经济影响（犯罪往往牵扯内战或起义）；而在19世纪初的欧洲，反对森林法的政治意义也远大于经济意义。

但或许新非法行为最重要的形式在别处。它不怎么关注生产设备结构或土地所有权结构，反而与工人的身体及其操作生产设备的方式紧密相关。低工资、工伤、过量工时、地区危机频发、工会被禁、负债累累——所有这些都可能导致工人怠工、毁约、迁移和生活"不规律"。要紧的是让工人牢牢依附在生产机器之上，哪儿需要就让他们去哪儿，让他们适应机器的节奏，保持机器所需的忠诚和规律——总之，把他们当作劳动力。于是应对新罪行的一套新法令诞生了（如按时存款、禁酒、禁赌等）；于是一整套划分好坏工人的措施出现了，力图矫正工人的行为（如储蓄银行、鼓励婚姻以及随后的工人安居工程等）；于是实施压制或控制的组织大量出现了（如慈善团体、康复协会等）；于是，最终，一场声势浩大的工人教化运动应运而生。这场运动旨在破除"浪费"，确立"常规"：劳动身体应该是全神贯注的、勤快的、适应生产速度的、体力充沛的。借此，被边缘化的后果在心理、道德层面变得越发严重了，而这种边缘化正是由控制机制造成的。

据此，我们可以得出以下结论：

1. 在1760年到1840年之间出现的各种刑罚形式与道德观念的革新无关。法典对犯罪本质的规定几乎没变（然而，应该注意宗教罪逐渐或突然的消失），只是出现了若干经济罪或职业罪；而且尽管刑罚制度大大温和了，罪行本身却基本保持同一。开启新纪元的是身体和物质性问题，是一个物理问题：生产设备获得了新的物质形式，机器及其操作者之间建立了新的联系；作为生产力的个体面临着新的要求。19世纪初的刑罚史根本不属于道德观念史；它是身体历史的一章。换句话说：道德的演化史首先是身体史，或者说，身体（复数）的历史。既然如此，以下两点就很容易理解了：

★监狱代替酷刑，成了惩罚的普遍形式。加在身体上的不再是烙印；身体必须被不断训练；时间必须被规划、被充分利用；体力必须在劳动中消耗殆尽。监狱之于刑罚正如工资之于劳动。

★医学，这一有关身体常态（normality）的科学，进入了刑罚实践的核心（刑罚必须以治愈为目的）。

2. 刑罚的转变不能简单归于身体的历史，它更应该属于政治权力和身体的关系变迁史。通过考察，我们发现，变迁的根源就在于对身体的压制、控制和主体化，就在于权力直接或间接作用于身体的方式，就在于身体被改造、安置和使用的方式。需要构造一种权力的物理学，以便展现物理学的变迁。在19世纪初国家结构发展之时，物理学有了很大改进，与其早期形式极为不同。

首先是一套新的光学（optics）：一个普遍持续的监管机构；一切都该被观察、注视、穿透：警察机关的成立，个人档案记录系统的设立，全景敞视主义的确立。

一套全新的力学（mechanics）：对个体的隔离与重组；对身体的限定；对体力的有效使用；对产量的监督和增加；总之，实施了一整套对生命、时间和能量的规训（discipline）。

一套全新的生理学（physiology）：制定规格，排除并抛弃一切不合格的，通过矫正干预（既是治疗性的又是惩罚性的）来重建规格。

3. 在这套"物理学"中，过失犯罪（delinquency）意义重大。但是对过失犯罪这个词，不该有任何误解。它不针对过失犯（delinquents）——这类心理社会变体是刑罚压制的对象。应该把它理解为耦合的刑罚—过失体系。以监狱为核心的刑罚制度制造了一类个体，他们在监狱系统内循环：监狱无法彻底改造他们，只能不断地关了放，放了再关；逐渐就构建出一个边缘化的群体，借此向那些无法忍受的"不规律"（irregularities）或"非法"（illegalities）施压。经由"过失犯罪"向"非法"施压的方式有以下三种：通过完整的排除和类刑罚制裁过程，逐渐将不规律或非法行为引向犯罪（可以称之为"无纪律通向绞刑架"机制）；利用过失犯监督非法行为（需要各种奸细、告密者、侦探，可以称此机制为"小偷能变警察"）；将过失犯罪导向最该被监视的人群（此时的原则是："越穷越容易犯罪"）。

因此，回到一开始的那个问题——"为什么是监狱这个奇怪的机构？为什么刑罚做出了这种选择？监狱的功能障碍不是早就被谴责过了吗？"——也许答案就在这里：监狱能制造过失犯罪，能控制打压非法行为；它既是权力作用于身体的重要基础，又是权力物理学催生主体心理学的必要条件。

今年的研讨课主要致力于皮埃尔·里维耶卷宗出版前的准备工作。

（郭峰　译）

18世纪的健康政治

编者按

　　这篇文章发表于1976年。最早的英文版收录在《知识/权力：1972-1977访谈和文选》，后在福柯的各种英文版选本中出现。福柯在这篇文章中开始关注生命政治（biopolitics）的问题。生命政治是福柯从70年代中期开始关注的一个主要问题（也是今天备受关注的一个福柯遗产）。它大概指的是，政治和权力将生命，尤其是与集体性人口有关的生命，纳入到自己的考量之中。在这里，福柯勾勒了18世纪的疾病分类政治学的特征：正是从18世纪开始，整体国民的健康和疾病作为一个问题出现了。社会从疾病和安全的角度重新得到界定。因此，权力的功能就发生了变化，变成了预防疾病，从而保障人口安全的"治安"，这也是所谓的生命权力（biopower）。关于生命政治，还可以见福柯的《性史》第一卷《知识意志》的最后一章"死亡的权利和治理生命的权力"（中文版见杜小真编《福柯集》，上海远东出版社1998年版），福柯1976、1978、1979年连续三年（1977年学术休假）在法兰西学院讲座《必须保卫社会》（中文版见上海人民出版社1999年版）、《安全，领土和人口》、《生命政治的诞生》都与生命政治和生命权力有关。在这几年中，福柯还有多篇论文和演讲讨论这个主题。

一开始先做两点基本说明：

第一，一方面是服从于个人主动性，并且服从于市场法则的、私人的、"自由主义的"医学，另一方面是在权力结构当中获得支持并且使自身关涉全民健康的医学政治，要想在这两项之间寻求某种先在关系或依赖关系，并不会有多大收获。如果认为西方医学起初便是一种集体性实践，这种实践被巫术—宗教制度赋予了社会性特征，但后来由于私人客户的新组织而被打散了，那么这种想法多少是一种神话[1]。然而，断定在现代医学的历史性开端，曾存在一种独一无二的、私人的、个体的医学关系，在其经济运作和认识论模式中存在着某种"临床"关系，并且想象性地认为，一系列修正、调适和限制逐渐将这种关系社会化，并使它在某种程度上被集体性接管，这也是不恰当的。

但无论如何，18世纪所表现出来的都是一种双向过程。医学市场在私人客户形式中的发展，提供医疗照顾的人际网络的存在，家庭和个人对健康需要的日益增长，集中围绕个体的检查、诊断、治疗而出现的临床医学，"私人咨询"在道德和科学上（以及以隐秘方式在经济上）的提升——总

---

[1] 参看乔治·罗森：《公共健康史》(George Rosen, *A History of Public Health*, New York : MD Publications, 1958)。

之,将在19世纪形成伟大的医学大厦的所有这些现象的逐步出现:所有这一切都和健康政治的共时组织,和把疾病视为社会全民的政治和经济难题的考虑分不开——这种考虑认为必须把这些难题当作压倒性的政策问题并为它们寻求解决办法。处在相互支撑和对立关系之中的"私人的"和"社会化的"医学,都源于一种共有的总体策略。无疑,不存在不实践着"疾病分类政治学"(noso-politics)的社会:尽管18世纪没有发明这种政治学。但18世纪划定了新的规则,并且最重要的是,这个世纪将这种实践从以前的未知状态调动到了一个显而易见的、一致统一的分析层面。从这一刻起,就进入到了一个新的时代,与其说这是社会性医学的时代,不如说是某种被审慎思考过的疾病分类政治学的时代。

第二,这种政治学的发起、组织和控制的中心,不应该仅仅被定位于国家机器之中。实际上健康政策有很多种,而管控医学难题的方法也是各种各样的:有宗教组织的(英国教友派和各种异议运动相当程度的重视);有包括教区机构和慈善协会在内的范围广泛的慈善组织的,这些组织的运作更像是一个阶级对其他阶级的监控机构,后者恰恰是因为他们不太能自我保护,而成为集体性危险之源;还有18世纪学术组织和学院的,这些学术组织致力于将疾病现象整合为一种总体的、可量化的知识。18世纪，通过较之于国家本身而言扮演着更多不同角色的社会多层面的主动性，作为一个群体的、国民人口的特征的健康和疾病被问题化了。有时候，国家的确直接介入：从路易十四到路易十六，在法国就不同程度地执行着免费发放药物的政策。国家还不时地为咨询和信息的目的建立各类实体（时间可追溯至1685年的卫生委员会；1776年法国建立的皇家医学会）。国家的权威医学组织计划有时也受到阻挠——由迈（Mai）所提出的并在1800年被选帝侯接受的健康法案从来没有得到实施。有些时候，医学向国家提出请求，但被国家所拒绝。

所以，疾病分类政治学在18世纪的问题化过程与国家介入医学实践的统一性趋势并无关系，相反却与作为需要着某种形式和其他集体性控制手段的难题的健康和疾病在社会机体的多个层面的出现有关。18世纪的疾病分类政治学不是自上而下的垂直倡议的产物，而是这样一种问题，它有着众多不同的起源的方向定位，它作为问题涉及所有人的高于一切的健康，涉及作为政策总目标的国民人口健康状况。疾病分类政治学最突出的特质，就其在18世纪整个法国的——实际上也是欧洲的——普遍情况而言，在于健康问题相对于救济问题的依赖性。我们可以图式化地说，直到17世纪末，济贫机构一直充当着解决疾病问题的集体性手段。当然，也有例外：传染病时期的管控，对鼠疫流行的村镇采取的措施，在某些大港口严加管制的隔离区，所有这些都构成了权威医学化的形式，而这些形式并不在其起源上与救济技术相联系。但在这些极端情况之外，医学都是作为一种"服务"而被理解和实践着的，这种服务恰恰是作为"救济"的一个组成部分而运作着的。它面向的是"生病的人群"这个非常重要的范畴，尽管此范畴的边界非常模糊。从经济方面来看，这类医疗服务的提供基本上依靠的是慈善基金会。从体制方面看，它的实际操作是在致力于如下目的的世俗组织和宗教组织的框架内进行的——分发食品和衣物，照料被遗弃的儿童、致力于基础教育和宗教信仰的各类规划，提供作坊和工作场所，以及在某些情况下监督"不稳定的"或"麻烦"的各种因素（在城市中，医院机构有权管辖流浪汉和乞讨者，而教区机构和慈善协会显然也扮演着谴责"坏人"的职责）。从技术的观点来看，古典时期的治疗在医院工作中的地位，相比于物质救济的提供规模或宰制体制而言，是相当有限的。疾病仅仅是一系列因素——其中包括羸弱、年老、无力工作、赤贫——中的一种，这些因素共同勾画出了理应送入医院的"有需要的贫民"的形象。

在18世纪里我们应该注意的第一个现象是这些混在一起的多价性的救济程序的逐渐分离。这种分离是作为对投资和资本化模式的某种一般性再衡量的结果而被实施的，或毋宁说，被要求的。"基金会"系统，由于固化了大量剩余资金，并且其收益服务于维持游手好闲者的生活，进而使他们能独立于生产系统的循环，因此受到了经济学家和管理者的批评。这个分解过程的形成，也是更精细的国民人口观察隔栅以及这种观察力图在慈善机构不加区分地一体对待的不幸人口范畴之中寻找差异的区分方式的结果。

在传统社会身份逐渐减少的这个过程中，"贫民"是第一批被抹除的身份之一，这也为一整套功能性的区分的出现扫清了道路（这些功能性区分包括好的穷人和坏的穷人、顽固的游手好闲者和非自愿的失业者、可以从事一些工作的人和不能从事工作的人）。对游手好闲——及其条件和作用——的分析越来越取代了对"穷人"的总的慈善神圣化。这种分析的目的是，在最好的情况下通过使贫困附着于生产机器而让贫困者为其所用，至少尽可能地减轻贫困者加之于社会其他部分的负担。关键在于确定适宜工作的"健全"穷人并将他们改造成有用的劳动力；关键也还在于保证穷人能在经济上自我维持以负担他们治疗疾病和应对暂时的或永久的丧失能力的费用。因此,对贫困进行完全的分解就成了必要,穷人的疾病这个特殊问题在生产对劳动的需要这个律令关系之中开始凸显。

但我们必须也要注意比第一个过程更为普遍的,而也绝非其精致化的另一过程:这就是一般国民人口的健康和身体素质良好作为政治权力本质目标的出现过程。在这里,不是为国民人口某些特别脆弱、特别受到困扰和麻烦的边缘群体提供帮助的问题,而是以何种方式将社会机体的健康作为一个整体而建立起来的问题。不同的权力机器被调动起来管理"身体",这不仅是为了从身体上榨取供血服务或是给它们强加各种职责,而是为了帮助并在必要的情况下限制它们以确保它们的良好健康。健康的律令——很快就成为每个人的职责和所有人的目标。

以更长远的视角来看,我们可以发现就中世纪权力的本质而言,这种权力在传统之中行使着两种重大功能,即战争的功能和和平的功能。它是通过对武力,对诉讼仲裁和犯罪惩罚的来之不易的垄断而行使着这两种功能的,并且通过对司法职能的控制保证了那些垄断。*Pax et justida*(和平与法),维持秩序和对致富的组织的功能——从中世纪末以来——被添加到前述功能之中。现在,在18世纪我们发现出现了一个更新的功能，那就是将社会作为保健、健康以及理想中的长寿的背景环境加以处置的功能。后起的三种功能——秩序、致富和健康——的运作并非依赖于某个单一的机器，而是由多重管控方式和一整套制度担保的，这些管控和制度在18世纪有了一个总名称即"治安"。直到"ancien régime [旧制度]"末期，"治安"一词，不仅指（至少是并不单指）现代意义上的治安机构；"治安"是确保着秩序、财富的合理渠道的增长和"一般"保健条件的机制的总和。德拉马尔（De La Mare）的《治安论》这部专论古典时期治安功能的著作在这方面是意义重大的。它借以为治安活动归类的十一个标题，又可以按照三组目标加以区分：经济管控（商品流通，制造过程、商人相互之间及其对客户的义务），维持公共秩序的手段（对危险分子的监控，对流浪汉，在必要情况下还有对乞丐的驱逐，缉拿罪犯），以及卫生的一般法规（对出售食品、供水的检查，街道清洁）。

　　混合在一起的治安办法逐渐分解为这些要素，穷人的疾病问题在经济特殊性中得到确认，而就在这个时候，国民人口的健康和保健也凸显了出来，呈现为与经济管控目标和秩序稳定目标并列的必须由社会机体的"治安"加以确保的一个政治目标。18世纪医学突然之间所获得的重要性是在一种新的"分析的"救助经济和普遍的健康"政治"的出现的交叉点上开始的。

新的疾病分类政治学在国民人口健康的普遍问题内部铭写了穷人的疾病这一特殊问题,并且使这一特殊问题从慈善帮助的狭隘语境转入了加强其限制条件并广施其服务的"医疗治安"这一普遍形式之中。Th.劳(Th. Rau)的著作[《医疗治安法规》(*Medizinische Polizei Ordnung*)]和J. P.弗兰克(J. P. Frank)的著作[《医疗治安体系》(*System einer medizinishen Polizei*)]为这个转化过程给出了其最清晰连贯的表述。

这种转化的基础是什么?一般而言,我们可以说,它必定与"劳动力"的保护、维持和保持有关。尽管这个问题无疑更为宽泛。它无疑涉及人力积累的各个经济政治效果。18世纪西欧人口大增长,将人口增长协调并整合到生产机器之中的必要性,以及以更精细和更准确的权力机制对这种增长进行控制的紧迫性,所有这些都使得"国民人口"及其在空间和编年史方面、长寿和健康方面的众多变化不仅呈现为一个问题,而且呈现为监督、分析、干预、调整等等的一个对象。开始创设这样一种人口技术,其中包括:人口统计,年龄结构计算,对不同预期寿命和死亡率水平的计算,对财富增长和人口增长之间相互关系的研究，刺激结婚和生育的各种手段，教育方式和职业培训的发展。在这一组问题之中，"身体"——个人的身体和国民人口的身体——呈现为各种新变量的支撑物，它不仅处于稀有者和众多者、服从者和顽固者、健康者和患病者、强壮者和羸弱者之间，而且也处在有较大利用价值者和有较少利用价值者、较利于盈利投资者和较不利于盈利投资者、生存、死亡和疾病前景较好者和较差者、能被训练成有用之才的条件较好者和较差者之间。人口的生物学性状成了与经济管理利害相关的因素，而且围绕这些性状组织起这样一种机器便成了必要，这种机器不仅应该确保这些性状的服从，而且要确保它们效用的秩序增长。

这样，我们就能够对18世纪疾病分类政治学的主要特征作如下理解：

一、儿童的优先地位和家庭的医学化

"儿童"问题（也就是说，儿童的出生数量和出生率与死亡率关系的问题）现在被与"儿童时期"的问题（也就是说，长大成人的问题，以及儿童长大所需的物质和经济条件问题，保证儿童长大成为有用之人所需的必要和充分的投资总量问题——总之，这个既被构想为特定的又被构想为完整的"阶段"的组织问题）联结在了一起。这不再仅仅是统计出理想的儿童数量的问题，而是对这个生命年龄进行正确管理的问题。

新的和高度详细的规则被用来规范成人和儿童之间的各类关系。孝敬顺从关系以及这些关系所必需的符号体系都保留了下来，很少变化。但是它们从此以后便被放置于一系列父母和孩子都必须服从的成套义务之中，这些义务如身体类（照料、接触、卫生、清洁、亲密的接触）义务，母亲让儿童吮吸母乳的义务、清洗衣物的义务、为了保证组织——即成人和他们儿童之间持久而严格的身体关系——正当发展而进行身体锻炼的义务。家庭不再仅仅是内嵌于某个社会位置之中的各类关系的系统，不再仅是一种血缘系统，一种财产转移的机制；家庭将成为密封、维持并发展着儿童的身体的一个密集、饱和、持久和连续的物理环境。这样一来，家庭呈现出在一个更加狭窄的范围内得到限定的一种物质形象；家庭将自身组织成儿童的直接环境，越来越倾向于成为儿童生存和发展的基本框架。这就导致了构成限定性家庭（父母和儿童的集合）的那些因素和关系的一种固实效果，或者至少也是强化效果。这还导致了一些轴心关系的颠倒：夫妻契约不再仅仅——甚至也许不再首先——服务于两种血统的联结，而且也服务于对新成人个体的基质进行组织。无疑，它仍旧服务于联结两姓世系并进而制造一个新的世系；但它也服务于制造——在最好的可能的条件之下——一种将为成人状态而生的人。新的"配偶关系"毋宁说存在于父母与儿童的联系之中。被视为一种严格精细的、本土化了的教学机器的家庭，在"家庭作为联盟"的伟大传统内部整合自身。而与此同时，健康——以及最主要的儿童健康——成了家庭最迫切的目标之一。由父母和孩子们组成的这个矩阵必须成为健康的一种内部平衡体。不管怎么说，18世纪以降，健康、清洁、强健的身体，被洗净了的、被清洁了的、被做了通风处理的家庭空间，在医学上对个体、处所、床铺和器皿的最佳安置定位，以及"照料者"和"被照料者"的相互作用，开始在家庭的基本法则中呈现了出来。自这个时期以来，家庭成了医学化最持久的代理。自18世纪后半叶以来，家庭成了医疗渗透化的伟大事业的目标。这个攻势的第一拨瞄准的是儿童特别是婴儿的养育。相关的基本文献有奥德丽（Audrey）的《骨科学》（*L'Orthopedic*，1749），范特蒙德（Vandermonde）的《论优化人类的方法》（*Essai sur la manière de perfectionner l'espèce humaine*，1756），卡多根（Cadogan）的《论儿童从诞生到三岁之间的养育管理》（*An Essay upon Nursing, and the Management of Children, from Their Birth to Three Years of Age*，1748；法文译本，1752），戴塞萨尔兹（des Essartz）的《幼龄体育教育》（*traité de l'éducation corporelle en bas age*，1762），劳林（Raulin）的《儿童保护》（*De la Conservation des enfants*，1775），戴尼昂（Daignan）的《人类生活社会表》（*Tableau des sociétés de la vie humaine*），索瑟罗特（Saucerotte）的《儿童保护》（共和四年），W.巴肯（W. Buchan）的《就她们的健康问题而给母亲们的建议；以及论促进她们后代的健康、强壮和美貌的方法》（*Advice to Mothers on the Subject of Their Own Health; and on the Means of Promoting the Health, Strength and Beauty of Their Off-spring*）（1803；法文译本，1804），J. A.米耶（J. A. Millet）的《法兰西的涅斯托尔》（*Le Nestor Française*，1807），拉普拉斯－尚弗里（Laplace-Chanvre）的《有关儿童体育教育和道德教育中几点问题的片论》（*Dissertation sur quelqus points de l'education physique et morale des enfants*，1813），勒雷兹（Leretz）的《儿童卫生学》（*Hygiene des enfants*，1814）以及普雷伏斯特－雷昂涅

（Prevost-Leygonie）的《儿童体育教育论》（*Essai sur l'educationphysique des enfants*，1813）。在19世纪随着众多直接面向更低层民众的杂志的出现，这方面的文献得到了更大规模的扩展。

在围绕儿童组织起医学照料系统——家庭将为这个系统承担起道德责任，至少是付出经济代价——的这个运动中，疫苗和接种的漫长战役占据着重要的位置。孤儿政策，其形成尽管有着各种各样的路径，但毕竟遵循的是与之相似的策略。巴黎开设了弃儿医院，儿童收容所（Enfants Trouves）等机构；但是还存在一种以为儿童安排护理或在家庭中安置儿童为目的而组织起来的系统，在新家庭里，他们将能够通过至少参与到小部分的家庭生活之中的方式而使自己成为有用之人，在这里他们将获得比在医院中更为有利的成长环境，如果在医院里，他们只能禁闭在病室之中，直到渡过青春期。

18世纪在整个欧洲范围内成形的医学政治所收到的最初效果就是对家庭，或者说对家庭—儿童综合体的组织，而这种组织过程也正是对个体进行医学化的最初和最重要的场合。家庭被分配了一种联结的作用，能将社会机体的良好健康状况相关的普遍目标与个人对照料的渴望和需要结合在一起。这就使作为父母和儿童相互间义务的"私人性"的健康伦理可以链接到卫生和治疗的科学技术构成的集体系统之上，这个系统适应着个人和家庭的需要，由有资格的并且——在某种程度上可以说——由国家推荐的专业医生群体提供服务。个人关注他们自己与其他人的健康的权利和义务，医疗照顾的供需相应的市场，权力对卫生与疾病的秩序的权威介入，与这一介入过程同时出现的私人性的医患双方关系的制度化和保障化——所有这些特点以其多样性和连贯性赋予了18世纪健康政治学总体运作的典型特征。然而，如果我们使这些特点从这个在18世纪被建构起来的中心要素——被医学化了的并起着医学化作用的家庭——中抽象出来的话，它们就无法得到恰当的理解。

二、卫生的优先地位和医学作为社会控制的一个层面所履行的功能

旧的"保健"概念，一度曾被理解为一种生活规则和一种预防性医学的形式，这个概念越来越扩大成为普遍国民的集体性"保健"概念，该概念有其三重目标，即大规模流行病爆发的消失，死亡率下降和每个年龄群体的平均寿命和预

期寿命的增长。作为国民人口保健学的这个卫生规划，使得一定数量的权威性医学介入和控制成为理所当然的事情。

首先，就是对一般意义上的城市空间进行控制。可以说，这个空间构成了国民的最危险的环境。各个居民区及其湿度和方位的安排，作为一个整体的城市及其污水和下水系统的疏通，屠宰场和墓地位置的确定，人口的密度——所有这些都是居民死亡率和发病率的关键性因素。有其主要的特定可变因素的城市成了可以被医学化的一个对象。医学的区域地形学不考虑人为控制而对气候和地理条件作出分析，因而只能建议某些纠正和补救措施，但是城市地形学则勾画出了——至少是以消极的方式勾画出了——协调一致的城市政策的一般原则。在18世纪，制造疾病的城市这一观念激发了大众恐慌的整体神话及其各种真实的表现形式（巴黎的"无砧者藏骸所"是这些导致高度恐慌的地方之一）；它还引发了有关城市发病率和在监控之下对城市发展、建设与城市机构进行全方位的位置安排的医学话语。[1]

对卫生的需求以更明确和细致的方式，要求医学以权

---

[1] 例如参看，J.P.L. 墨勒尔：《论最易造成里尔市大量儿童软骨体质和佝偻体质之诸原因》（J.P.L.Morel, *Dissertation sur les causes qui contribuent le plus à rendre cachectique et rachitique la constitution d'un grand nombre a'enfants de la ville de Lille*），1812年。

威方式介入到被视为疾病最有利的温床的那些地方：监狱，船舶，港口设施以及游民、乞丐和残疾人混杂的综合医院（hôpitaux généraux）；而医院本身——它们的医疗队伍人员配备通常是不完备的——往往使住院病人的疾病更加恶化和复杂化，更不要说它们还将致病因传播到外部世界了。因此，城市医学化的这些首要区域应被隔离出来，并且注定成为一种强化了的医学权力在其上行使并得到运用的诸多的点。此外，医生有责任教育人们了解卫生规则的基础——食品卫生和人居卫生，以及得了病一定要看大夫的各种告诫，他们为了自己和他人的健康必须对这些规则重视起来。

医学，作为对病人提供的服务或治疗的技艺无法涵盖的一种健康的一般技术，在管理系统和权力机器中占据着越来越重要的位置，其作用在18世纪不断地扩大和加强。医生在社会权力的不同层面都赢得了其立足之点。对国民健康的医学探索来说，管理机制起着一个支点——有时候则是一个出发点——的作用；而与此相反，医生却日益把其主动性投入到权力分配给他们的任务——一般任务和管理任务——之中。一种"医学—管理"知识开始发展起来，它涉及社会，社会的健康和疾病，生活、住房和习惯的社会条件；这种知识充当着19世纪的"社会经济"及其社会学的基本的内核；同样，一系列法令法规还建构起来了针对被圈定的国民人口的一种政治—医学的把握方式，这些法令法规不仅关乎疾病，而且关乎生活和行为的一般方式（饮食，性和生殖，衣着和生活空间的布局）。

大量可追溯到18世纪的现象都足以说明对政治和医学问题的卫生主义阐释及其赋予医生的"剩余权力"，这些现象有：越来越多的医生出现在学术界和学术团体之中，百科全书的编纂充分体现了医学的参与，医生们充当着权力代表的顾问，官方组织起了医学协会，委之以一定数量的行政管理职责，并授权这些协会通过并推荐措施，医生经常扮演秩序良好的社会的设计师的角色（在18世纪医生常以社会改良者和政治改良者的形象出现），众多医生出现在大革命议会当中。即便不是在统治的技艺方面，也至少是在观察、纠正和改善"社会机体"并使之保持永久的健康状态的技艺方面，医生成了伟大的建议者和专家。正是医生的保健专家的功能而非其作为治疗学家的声望在18世纪，在他于19世纪积累起经济特权和社会特权之前，为其确保了这种政治上的特权地位。

18世纪医院机构所面临的挑战，可以依据如下三大现象得到理解：出现了在长寿和健康方面有其生物学可变因素的

"人口"；狭义双亲家庭在医学化过程中作为中继站而得到了组织，这种双亲家庭对医学化过程既发挥着永久性来源的作用，又发挥着终极工具的作用。在集体性卫生控制的组织过程中，医学要求和管理要求交织在一起。

就这些新现象而言，关键在于，医院看上去似乎在许多方面都成了一种过时的机构。作为一个自我封闭的空间碎片，把人与疾病拘禁在一处的地方，内部繁殖病菌而不能防止它们扩散到外部的这种仪式化而笨拙的建筑，医院与其说是全体国民的治疗机构，不如说是为城市设立的死亡之所。不仅入院难，寻求入院的人被强加了许多苛刻的条件，而且医院病人进进出出一直以来非常混乱，缺乏有效的医学监控，加之在有效的治疗方面也有困难——这些都使医院在全体国民人口被指定为医学化的目标以及以全面改善其健康水平为目标的时期，被视为一个不充分的工具。医院被想象为城市空间中的一个黑暗区域，而医学又是净化城市空间所必需的。医院发挥着经济的累赘的作用，因为它所提供的帮助模式从未使贫困的减少成为可能，至多做到让一些贫民存活下来——而这样一来，贫民的数量上升了，他们的疾病延长了，他们糟糕的健康状况得以持续，最终的结果则是传染病一连串的蔓延作用。

于是以三大机制取代医院的想法便在18世纪传播开来。三大机制之一就是"住院治疗"的家庭形式的组织。无疑，考虑到传染病，这么做是有风险的，但也有着经济上的优势，因为当病人在膳食和护理方面得到通常方式的家庭照顾时，病人治疗护理给社会造成的成本要少得多。社会机体所承担的成本无非是病人必然的无所事事所造成的损失，这样一来病人只有在这种机制中实际上才是工作着的。这种措施还有着医学上的优势，因为家庭——在被给予一些建议的情况下——可以以一种持续的和可调整的方式适应病人的需要，而这是医院管理不可能做到的：每个家庭将能够履行一个小的、暂时的、个人的、价格低廉的医院的职能。这样一种做法要求对医院的替代必须得到渗透于整个社会机体之中并能提供免费或尽可能便宜的治疗的医学组织的支持。医务工作人员，如果该群体是永久性的、灵活的和易于发挥其作用的，将使大量传统医院失去其存在的必要性。最后，可以设想原由一些医院为门诊病人提供的护理、咨询和药剂配给可以依据一个普遍的基础得到扩展，而不必再约束和拘禁病人。这就是医务所方法，其目标是扬技术之长而避其医学与经济方面之短。

这三种方法，尤其在18世纪后半叶，引发了一系列规划和工程。它们激发了大量的实验。1769年，伦敦为贫穷儿童开设了红狮广场医务所。30年后，几乎每个地区的城市都有了医务所，并且得到免费治疗的年均人数据评估达到了将近5万人。就法国而言，情况似乎是，努力的主要方向是提高、扩大以及多少平均地分配城镇和乡村的医务人员数量。（在1772年和1784年进行的）医学和外科学研究的改革，医生必须在市镇和小城从业之后方能获准进入某些大城市的要求，由皇家医学会进行的协调和调研工作，管理者的职责中卫生保健控制部分的责任的日益增加，在政府指定的医生权威下进行的药品免费配给的发展，所有这些措施都涉及以社会机体中医务人员的广泛存在为背景的卫生政策。我们发现，在大革命期间，对医院的这些批评以及取代医院的这种规划发展到了极致，出现了明显的"去医院化"潮流；这种潮流在乞讨委员会（Comité de mendicité）的报告中已经清晰可见了，这份报告还提出了在每个乡村地区安置一名医生或外科大夫以照料贫苦者，通过帮助来监督儿童并且进行疫苗接种的规划。这一潮流通过国民公会得到了更为清晰的表述，它提出为了给全体国民提供基本的保健服务每个区应该配备三名医生。然而，医院的消失从来都不过是一种乌托邦视域的没影点。真正的工作在于形成一套复杂的功能系统，使医院在此系统中开始具有相对于家庭（目前被视为卫生保健的基层），相对于广泛而连续的医务人员网络，相对于对国民的行政控制的某种特殊作用。正是在这个复杂的政策框架之中，才开始了医院改革的尝试。

第一个问题涉及医院的空间适应问题，特别是它对自身坐落其中的城市空间的适应问题。不同的移置方案之间争执不休，一方赞成大规模医院，这种医院有能力容纳相当规模的人群，并可以连贯地结合并实施各种不同的治疗形式，而另一方则赞成规模更小的医院，在那里病人将接受更好的照顾而病菌扩散的风险也将大大降低。又出现了另外一个相关的问题：医院应该坐落于城市之外吗，那里通风好且无医院的秽浊之气在人群中扩散的危险？——这大体来说是与大型建筑设施的规划方案联系在一起的一个解决办法；是否应该散点建设众多小医院，从而使人们需要它们时可以最快捷地到达医院？——这种解决办法往往与将医院和医务所结合起来的联合方案联系在一起。在两种情况中，医院都被预期成为城市空间中的一个功能元素，其作用在该城市空间之中必定受到大小和控制的支配。

同样必要的是，对医院的内部空间加以组织从而使之起到医学效果，使之不再是一个援助场所而成为从事治疗活动的场所。医院必须作为一种"治疗机器"起作用。首先是以消极的方式：使医院成为住院者的一个危险之地的所有因素必须予以杜绝，必须解决空气流通的问题（空气必须经常更新，不使空气中污秽的东西和有毒的东西从一个病人传播到另一个病人身上），必须同样有效地解决床单的更换、运输和清洗问题。其次则是以积极的方式：必须依据协调一致的治疗策略，依据医生们不间断在院的特点和他们等级化的特权，通过观察、记录和病历保存的系统而组织起医院的空间。这些措施，使医生可以确定不同病例的相关知识，可以追索它们的特殊演变的情况，也可以对病例数据进行总体化，这些数据将对全体国民的长期生活产生影响，并最终影响着以更对症的医药疗法取代大而化之不加区别的治疗保健法——这种方法构成了传统护理方式的本质部分——的进程。医院日益成为医疗技术中的一个本质要素，它不仅仅是治疗的处所，而且是一种——对某些严重的病例来说——使治愈成为可能的工具。

因此在医院里将医学知识和治疗效果联结在一起成为了必要。18世纪出现了专门化医院。如果说以前就有一些机构专门用来收容疯人和性病患者，那么这么做与其说是为了专门治疗的缘故，还不如说是使这些机构成为排除或摆脱恐惧的手段。而另一方面，只有当入院治疗成为或多或少复杂繁难的治疗程序的基础——有时成为其条件——的时候，新型的"单一功能"医院才开始被组织起来。为专攻天花治疗并专门实践疫苗接种而设立的米德赛克斯医院于1745年在伦敦成立，伦敦热病医院的出现可以上溯到1802年，而皇家眼科医院则是在1804年创立的。1749年伦敦开设了第一家妇产医院。巴黎的病儿医院（Enfants Malades）成立于1802年。我们看到了其治疗功能得到特别强调的一个医院体系的形成，这个系统一方面被设计出来涵盖城市和乡村的充分连续的空间，此空间中的所有人口都被置于该系统的掌握之下，而另一方面这个系统也将自身与医学及其分类和技术联结在一起。

最后，医院必须充当医务人员群体的常备编制的支撑结构。无论从经济原因还是从医学原因来说，必须使家庭护理和医院保健的随时转换成为可能。乡村医生和城市医生必须进行轮访从而减轻医院的负担并避免造成人浮于事的情况；而医院方面则必须悉心听取患者对医生的意见和要求。此外，医院作为知识积累和发展的一个地方，必须为医生的私人从业提供培训。在18世纪末，医院的临床教学——荷兰的西尔维思（Sylvius）及随后的布尔哈夫（Boerhaave），维也纳的范·斯维滕（Van Swieten），他们都体现了这种临床教学的最初萌芽，并且通过医学院的关系在爱丁堡皇家医院也出现了这种萌芽——成了医学研究围绕它而组织起来的一般原则。作为住院病人的治疗手段的医院，通过其临床教学可以获得真正的医学知识，为改善整体国民健康水平作出了贡献。

医院的再生——更特殊地讲，还有对它们的建筑、机构和技术等方面的组织形式的规划的再生——在18世纪所呈现出的重要性都依赖于与城市空间、有其生理学特征的国民大众有关的这组问题。医院的"物理"改造过程恰恰是被铭写在各种物质性——它们一度曾是政治的物质性和经济的物质性——所构成的历史之中的。

（赵文　译）

什么是批判

编者按

　　这是福柯1978年5月在索邦大学发表的演讲。文章正式发表是在1990年。福柯为批判下了一个定义：批判是主体对权力的质疑，是主体的反抗和反思，是对主体的屈从状态的解除。从根本上来说，批判是不被统治的艺术。福柯辨析了这样的批判概念与康德的启蒙概念之间的关系。后来福柯又写了《什么是启蒙》一文（中文版见《尼采的幽灵》，社科文献出版社2001年），对启蒙作了进一步的论述。这两篇文章可以对照。它们都涉及启蒙、理性、统治和批判的关系。福柯在这里，开始将他的权力批判同德国启蒙辩证法传统——即韦伯到法兰克福学派的理性批判传统——联系起来。他在一个访谈中曾提到了他和后者的相似。

事实上，我想说和仍然想要说的问题是：什么是批判？检验几种有关此项事业的观点也许是值得的，此项事业在哲学的外围不断成形、扩展和再生，它与哲学关系很密切，借助于对哲学的批判而迈向一种未来的哲学，或许会取代所有可能的哲学。在康德式的崇高事业与那些可称之为批判的琐碎的论争性的职业活动之间，在近代西方世界（经验上大致从15世纪到16世纪），在我看来似乎出现了某种思考、言说和行动的方式，某种与存在物、与人们之所知、之所为的关系，某种与社会、文化的关系，还有某种与他者的关系，我们不妨把后一种关系称之为批判态度。你们听说存在着现代文明所特有的批判态度这样的东西，当然会感到惊讶，因为已经有那么多的批判、论争等，而且，甚至康德的问题的起源大概可追溯到十五六世纪之前。同样会使你们惊讶的是看到，我试图发现这种批判的统一性，尽管由于其性质、其功能，我要说，其职能，它似乎被宣告为是离散的、依赖性的和纯粹他律的。毕竟，批判只存在于与他者的关系中：它是探求某个未来或真理的工具、手段，但它并不了解，也不会碰巧成为这个未来或真理。它俯瞰着它想要管辖却又没有能力控制的领域。所有这些意味着，它是一种功能，在关系上从属于哲学、科学、政治学、伦理学、文学等肯定性地建构的东西。同时，不管这种奇特的批判活动伴随着怎样的快感或补偿，它似乎不仅常常——几乎总是——带有一些它声称拥有的强有力的功效，而且它也被某种更普遍的律令——比消除错误更普遍的律令——所支撑。在批判中有某种类似于德性的东西。在某种意义上，我要跟你们说的正是这种作为一般德性的批判态度。

我们可以采取几种途径来讨论这种批判态度的历史。我只是想把这一种途径提示给你们，再说一遍，这是许多其他途径中的可能的一种。我要指出以下变异：基督教牧师或基督教教会（教会的行为方式与牧师如出一辙）发展了这种观念——我相信这是一种奇特的观念，与古代文化完全不同——即，每个个体，无论年龄和地位，从生到死，他的每一个行动，都必须受到某个人的支配，而且也必须让自己受支配，即是说，他必须在那个人的指引下走向拯救，他对那个人的服从是全面细致的。这种在与某人的服从关系中以拯救为取向的运作，必须在与真理的三重关系中进行：被理解为教条的真理；第二种真理，在某种意义上，这种取向必然包含对个体的特殊的、个别化的认知；在最后一种真理中，指导就像一种反思技巧那样展开，而反思技巧则包括普遍规则、特殊知识、感知、检讨的方法、忏悔、交谈等。毕竟，我们不应忘记，数个世纪中希腊教会称为"techné technôn"而拉丁罗马教会称为"ars artium"的东西。这恰恰就是良心的指引，是治理人的艺术。当然，这种治理艺术很长一段时间与相对有限的实践——甚至在中世纪社会——与僧侣生活、尤其是与相对狭窄的精神团体的实践相关联。但我相信，从15世纪直到宗教改革前夕，可以说出现了一次治理人的艺术的真正勃兴。这表现在两个方面：首先，由于宗教中心的转移，如果你们愿意，不妨说世俗化，治理人的艺术及其方法这一主题，在公民社会扩展开来；其次，这种治理艺术扩散到不同的领域——如何治理孩子，如何治理穷人和乞丐，如何治理家庭、房屋，如何治理军队、不同的团体、城市、国家，还有如何治理一个人自己的身体和灵魂。我认为，如何治理是十五六世纪发生的基本问题之一。在当时治理这个词的广义上，倍增的各种各样的治理艺术——如果你们愿意，可以说教育的艺术、政治的艺术、经济的艺术——与各种各样的治理机构，所要回答的正是这个基本问题。

所以，在我看来,这种治理化在相当程度上代表了16世纪这些西欧社会的特征，显然不能与"如何不被治理？"的问题分开。我的意思并不是说，治理化是与某种相反的说法"我们不想被治理，我们根本不想被治理"相对抗的。

我的意思是，在这种对统治方式的极大关注和对统治方式的探索中，我们看出的一个永恒的问题是："如何才不被那样治理，即如何不以那些原则的名义，不以心中的某某目标，不依照诸如此类的程序来被治理，即是说，不被那样，不因为那样，不像那样而受到治理。"如果我们赋予这种既是对社会、也是对个体的治理化运动以某种历史维度和广度（我相信它已具有），那么，我们似乎可以大致在其中找到我们可称之为批判态度的东西。与这种运动相对并作为补偿，确切地说，既作为统治艺术的伙伴也作为其对手，在当时的欧洲应该出现了某种东西，它蔑视、挑战、限制这些统治艺术，对它们作出评判，改变它们，寻找摆脱它们的方式，或至少是取代它们的方式，从根本上怀疑它们，但也正因此而成为统治艺术的发展线索；这是一种普遍的文化形式，既是政治的也是道德的态度，是一种思想方式等，我简单地称之为不被统治的艺术，或更恰当地说，不像那样和不付出那种代价而被统治的艺术。因此，我将提出这个一般特征，以作为对批判的初步界定：批判是不被统治到如此程度的艺术。

你们会告诉我，这个定义既非常笼统，又非常含混或易变。当然，确乎如此！但我仍然相信，它可以使我们识别我尝试称之为的批判态度的一些内在精确点。当然，这些是历史的锚定点，我们可以作如下限定：

  1. 第一个锚定点：在一个时期，对人的统治本质上是一种精神行为，或本质上是一种与教会的权威、与圣经的圣训联系在一起的宗教实践，不想被那样统治本质上就意味着发现圣经的另一种与上帝的教义无关的功能。不想被统治是某种拒绝、挑战、限制（如果你们愿意这样说的话）教会教规的方式。它意味着回到圣经，寻找它们的真义，即真正写在圣经中的东西。它意味着质疑圣经告诉的某种真理，接近圣经中圣经的这一真理，不管是不是写下的，以至最终提出这样一个极简单的问题：圣经是真实的吗？简言之，从威克利夫（Wycliffe）到皮埃尔·贝尔（Pierre Bayle），批判的发展多半——当然不是全部——与圣经有关。不妨说，历史上批判就是圣经批判。

  2. 不想被统治，这是第二个锚定点。不想被那样统治也意味着不想接受这些法律，因为它们是不公正的，因为它们凭借年代久远或今日当权者赋予它们的多少具有威慑力的支配力量，隐藏着一种根本的不合法性。因此，从这个角度来看，批判与统治和统治所要求的服从相对立，意味着提出一种普遍和不可取消的权利，任何形式的统治，无论它可能是什么，无论是君主、执法官、教育者或一家之主，都必须服从它。如果你们愿意，简言之，我们在这里再次发现了自然法的问题。

自然法当然不是文艺复兴的发明，但从16世纪开始，它就具有了某种至今仍然保持的批判功能。它对"如何不被统治"这个问题的回答是："统治的权力的界限是什么？"不妨说，在这里，批判基本上是一个法律问题。

3. 最后，简略地说，"不想被统治"不会承认权威告诉你们是真的东西就是真的，或至少，不会因为权威告诉你们它是真的就承认它，而是相反，只在自己认为这样做的理由是充分的时候才会承认它。此时，批判的锚定点就在于它面对权威时的自信问题。

圣经、法学、科学、书写、自然、自我关系；君主、法律、教条主义的权威。我们看到，治理化和批判的相互作用，产生了我认为是西方文化史——无论是在语文学、哲学思想、法律分析或方法论反思的发展中——的最重要的现象。不过，首先，我们看到批判的核心本质上是由权力、真理和主体相互牵连——或一个牵连到另外两个——的关系构成的。如果治理化的确就是这样的运动，即凭借依附于真理的权力机制在社会实践的现实中对个体进行压制，那么，我要说，批判也是一场运动：主体自己有权质疑真理的权力效果和权力的真理话语。这样，批判将是自愿的反抗的艺术，是充满倔强的反思艺术。批判本质上将确保在我们可以用一个词称之为的"真理的政治学"的语境中解除主体的屈从状态。

我有足够的自信认为，尽管这个定义是经验主义的、大概的，并且与它所概括的历史有一定的距离，但它与康德提出的一个定义并无多大区别：康德的定义不是界定批判，而恰恰是界定别的东西。事实上，这个定义与康德对启蒙的定义相差无几。在他写于1784年的文本《什么是启蒙？》中，康德将启蒙与人在权威下所处的不成熟状态联系起来加以界定，的确具有独特性。其次，他将这种不成熟的特征界定为人的某种无能，即没有能力在缺乏他人引导的情况下运用自己的知性，他用了"leiten"（引导）这个词，它具有某种宗教意义，这在历史上已得到充分的界定。第三，我认为，这表明康德是根据某种关联来界定这种无能的，即使人处于这种不成熟状态的权威的施行、这种权威的无节制，与某种他所认为的、称之为的缺乏决断和勇气之间的关联。因此，这个启蒙定义将不仅是一种历史性和思辨性的定义。在这个启蒙定义中可能有某种东西，称它为布道未免有些荒谬，但他在这种对启蒙的描述中发出的却是对勇气的召唤。我们不应忘记，这是一篇报刊文章。从18世纪末开始的哲学与报刊之间的关系还尚待研究，这种研究——除非有人研究过了，但我不能肯定——看看从什么时候哲学家开始涉足报纸，以便说一些他们认为既有哲学趣味，同时又能打动公众的东西，这是非常有趣的。最后，特别的一点是，在这篇论"启蒙"的文本中，康德恰恰将宗教、法律和知识作为使人处于不成熟状态的例证，因此，启蒙也必须在这些地方消除这种不成熟状态，在某种程度上使人成熟。康德描述为启蒙的东西在很大程度上就是我之前试图描述为批判的东西，在西方世界，这种批判态度显现为一种特定的态度，我相信它始于历史上社会治理化的巨大进程。联系到这种启蒙（它的格言大家都知道，就是康德提醒我们的："要敢于认识"，腓特烈二世对此回应说："只要他们服从，随他们怎么辩论吧。"），无论如何，联系到这种启蒙，康德会怎样界定启蒙？或者，无论如何，既然我并不企图复原康德整个批判事业的所有哲学严密性……在你们这些哲学家听众面前，我不会允许自己这样做，因为我自己不是哲学家，也完全不是这种启蒙意义上的批评家，那么，我们将如何定位那种"批判"的意义？如果康德实际上说的是这种先于启蒙的整个批判运动，那么，我们将如何定位他理解的批判。我要说——而这些都是很幼稚的问题——在康德眼里，就与启蒙的关系而言，批判就是他打算对知识说的东西：你知道你能认识到什么程度吗？任你怎么推理，但你真的知道你能推理到什么程度而不会有危险吗？总之，批判会说，这与其说是我们或多或少勇敢地从事什么事情的问题，还不如说是我们对自己的认识及其局限有什么看法的问题。我们的自由是至关重要的，因此，它不是让他人说"服从"，正是在这个意义上，一旦我们充分了解我们自己的认识及其局限，那么就可以发现自主原则。这样，我们将无须再听到服从，更确切地说，服从将以自主本身为基础。

我无意展示在康德的启蒙分析与他的批判事业之间可能存在的对立。我想，不难表明，对康德自己来说，启蒙提出了这种真正的认识的勇气，这种勇气必然要敢于承认认识的局限。同样也不难表明，对康德来说，自主根本不与服从君主相对立。然而，当他试图在权力和真理的语境中解除主体的屈从时，他提出批判的基本责任是对认识的认识，以此作为整个现在与未来之启蒙的序曲。

我不想再进一步强调康德想要表明的在启蒙与批判之间的这种断裂的含义。我只想强调19世纪发生的情况向我们表明的问题的这一历史方面。康德的批判事业以某种方式与启蒙保持一段距离，要探究这样的批判事业，19世纪的历史提供了比探究启蒙本身更好的时机。换言之，19世纪的历史——当然，20世纪的历史更是如此——似乎不得不站在康德一边，或至少给这种新的批判态度提供具体的支点，这种批判态度离启蒙有一段距离，而且康德使之成为可能。

这种历史的支点——似乎更多是提供给康德的批判而不是启蒙的勇气——非常简单地概括为如下三个基本特征：首先是实证科学，就是说，它基本上很自信，即使当它仍然谨慎地批评它的每一个结果的时候；其次是国家或国家系统的发展，它自我证明为理性和深层的历史合理性，而且还将使经济和社会合理化的程序选作自己的工具；因此，第三种特征是将科学实证主义与国家的发展缝合在一起，即一种国家学说，或国家主义——如果你们愿意这样说的话——它们紧密地交织成一个织体，以至科学将在生产力的发展中发挥越来越具有决定性的作用，而且，国家权力将越来越通过完善的技术来行使。因此，1784年的问题"什么是启蒙？"，或毋宁说康德试图根据这个问题和他对这个问题的回答来定位其批判事业的方式,这种对启蒙与批判之间的关系的追问,将合乎逻辑地引起怀疑,或至少是越来越怀疑的追问:那些过度的权力,那些治理化的出现,不是应由理性本身负起历史责任吗?治理化由于得到理性的论证,理性的责任更加不可推卸。

而且,我认为,由于历史的原因,这个问题的未来在德国和法国并不完全一样,应该分析一下这些历史原因,因为它们很复杂。

大致地,我们可以这样说:或许,与其说是因为德国最近发展了一个完美的、全新的、理性的国家,还不如说是由于大学对追求知识、对行政机构和国家机构的非常古老的忠诚,所以有人怀疑合理化、也许甚至是理性本身中的某种东西对过度的权力负有责任,这样,在我看来,这种怀疑尤其在德国得到很好的发展,不妨简而言之,它尤其在我们可称之为德国左派那里得到发展。无论如何,从黑格尔左派到法兰克福学派,存在着对实证主义、客观主义、合理化、对技术与技术化的彻底批判,对科学的基本规划与技术之间的关系的全面批判,意在揭示科学的幼稚假设与当代社会所特有的统治形式之间的关联。举一个可能是距离所谓的左派批判最远的例子,我们应该回想一下,1936年,胡塞尔把当代欧洲的人性危机归因于知识与技术之间的关系危机。

在法国，哲学与政治反思的运作条件是非常不同的。因此，对自以为是的理性及其特定的权力效果的批判，似乎被引向了不同的方向。我想，在19世纪和20世纪，它与某种权利思想是一致的，在那里，我们可以再次发现以与之相伴随的权力效果的名义对理性或合理化的这种同样的历史谴责。无论如何，启蒙运动与法国大革命无疑普遍地妨碍了我们真正地、深刻地质疑合理化与权力的这种关系。或许，这也是因为宗教改革——我相信，宗教改革是非常根深蒂固的、是第一场不被统治的艺术的批判运动——即这一事实，宗教改革在法国的发展不像在德国那样成功，这表明，在法国，启蒙这一概念，连同它提出的所有问题，并不像在德国那样被广泛接受，而且也从未成为有影响的历史话题。可以说，在法国，我们满足于18世纪哲学家们的某种政治评价，即使启蒙思想被贬低为哲学史的一段次要的插曲。与此相反，在德国，启蒙无疑被理解为一段重要的插曲——这无所谓更好或更糟——是西方理性之深层命运的一种辉煌展现。在启蒙运动以及从16世纪到18世纪这一与启蒙概念相关的整个时期中，人们试图破译和识别西方理性的这条路线的最显著的坡段，而正是它与之相关联的政治却成为怀疑审视的对象。如果你们愿意，可以说，这大致就是19世纪和20世纪上半叶法国和德国在提出启蒙问题的方式上的差异。

我的确相信，法国的情况近些年已发生了变化。在我看来，在法国，一个时代事实上已经到来（就像启蒙问题在德国思想中曾如此重要，从门德尔松、康德，一直到黑格尔、尼采、胡塞尔、法兰克福学派等等），在这个时代，正是这个启蒙问题被重新加以探讨，其方式意味深长地接近于法兰克福学派的工作。不妨再简单地说——而且这并不奇怪——什么是启蒙这一问题，通过现象学及其提出的问题，已经回到我们身边。事实上，它是通过意义和意义何以构成的问题回到我们身边的。意义是如何从无意义中产生的？意义是怎样发生的？这个问题显然是对另一个问题的补充：合理化的伟大运动是如何把我们引向如此的喧嚣、如此的狂热、如此的沉默和如此糟糕的机制？毕竟，我们不应忘记，(萨特的)《恶心》与（胡塞尔的）《危机》几乎是同时出现的。战后追随者的分析表明，意义仅仅是由意指机器特有的强制系统构成的。在我看来，通过对这一事实——即意义只有通过这些结构特有的强制效果才得以存在——的分析，理性与权力之间的问题通过一条奇特的捷径被重新发现。我也想到对科学史的分析（这项研究当然要做），想到这种对科学史的全面问题化（这无疑也根源于现象学，在法国，现象学通过卡瓦耶（Cavaillé）、巴什拉（Via Bachelard）和乔治·康吉莱姆（Georges Canguilhem），完全属于另外的历史），想到科学的历史性的历史问题，在某种程度上与这种意义的构成问题相关、相似和相回应。这种合理性是如何产生的？它是由某种完全不同的东西构成的吗？这里我们遇到了与启蒙问题互逆的反问题：合理化如何导致了权力的狂热？

所以，看起来，无论是对意义之构成的研究而发现意义仅仅由能指的强制结构所构成，还是对科学合理性的历史的分析而将强制效果与其制度化和模式的建构联系起来，所有这些，这种历史研究所做的一切，我相信，就像清晨的阳光透过某种狭窄的学院之窗，融入了毕竟已是我们上世纪的历史的深沉底流之中。尽管声称我们的社会和经济组织缺乏合理性，我们却发现自己面对我不知道是太多还是太少的理性，但无论如何确实是面对过度的权力。尽管我们大肆赞美革命的前景——在革命实际发生的地方我不知道是好事还是坏事——但我们却发现自己面对一种在无限地维持自身的权力的惰性。尽管我们证实了暴力的意识形态和真正的科学社会理论——即有关无产阶级和历史的科学理论——之间的对立，但我们却发现自己拥有两种如兄弟般相似的权力形式：法西斯主义和斯大林主义。因此，这个问题又回来了：什么是启蒙？结果便是，那使马克斯·韦伯的分析独树一帜的一系列问题被重新激活了：在哪一点上我们赞同这种合理化——可以说，它不仅反映了16世纪以来西方思想与科学的特征，而且也反映了社会关系、国家组织、经济实践甚或个体行为的特征——呢？这种合理化具有强制的效果，也许还有蒙蔽的效果，它导致庞大的技术和科学体系的大量的、不断增长的建立，却从未受到彻底的质疑,我们怎样看待这个合理化？

这个问题——在法国，我们现在必须承担起对它的责任——就是"什么是启蒙？"这一问题。我们可以不同的方式来探讨这个问题。而我探讨这个问题要采取的方式——关于这一点你们应该信任我——在这里决不会使人想到是批判性或论争性的。因为这两个原因，我只是试图指出差异，设法弄清在什么程度上可以增加它们的数量、传播它们、使它们相互区别开来，如果你们愿意的话，可以说置换那些对这个启蒙问题的分析形式，毕竟，这个问题大概就是现代哲学的问题。

在解决这个显示我们与法兰克福学派的伙伴关系的问题时，无论如何，我想即刻指出，使启蒙成为核心问题显然有几层含义。首先，它意味着我们正在参与某种与历史哲学或哲学史无关的历史和哲学的实践。它是某种历史—哲学实践，我的意思是说，这种哲学工作所涉及的经验领域绝不排斥任何其他领域。它既不是内在经验，也不是科学知识的基本结构。它也不是一组在别处得到详尽阐发、经历史学家处理并作为既成事实被接受的历史材料。事实上，在这种历史—哲学实践中，我们必须构造自己的历史，仿佛通过虚构，根据某个横贯其中的问题来编织历史，这个问题即表达真实话语的理性结构和与之相关的压制机制之间的关系问题。显然，这个问题将历史学家熟悉的历史对象，置换为他们并不常关注的主体和真理的问题。我们还看到，这个问题将哲学工作、哲学思辨和哲学分析投入到它所指定的经验内容之中。接下来，历史学家在面对这种历史或哲学工作时会说："是的，当然，是的，也许。"无论如何，考虑到我所说的那种向主体和真理的转换导致的干预效果，事情绝不会完全是这样。即使哲学家们不像被冒犯的珍珠鸡那样恼怒，他们一般会想："无论如何，哲学完全成了别的东西了。"这是由于降落、回归到那种甚至不是基于内在经验的经验性的结果。

　　我们应该承认这些非主流的声音应有的全部重要性，这一点的确很重要。它们至少否定性地表明我们处在正确的途径上，我的意思是说，通过那些我们予以阐发并因它们是真实的或被评价为真实的而坚信的历史内容，如下问题得以被提出：如果我属于这个人类，也许属于它的这一部分，那么，在这一时刻，在人类屈从于普遍真理和特殊真理的权力的时刻，"我是什么？"可以说，这种历史—哲学实践的第一个特征，就是以历史内容来消除哲学问题的主观性，通过审视权力的效果来解放历史内容，因为权力的真理影响着历史内容，而且历史内容被认为来自于权力。此外，这种历史—哲学实践显然与某个可在经验上确定的时期有着特殊的关系。即使启蒙运动时期必然相对比较模糊，但它仍然毫无疑问地被视为现代人性的形成阶段。这就是康德、韦伯等人所说的广义上的"启蒙"，这个没有固定日期的时期有多个切入点，因为我们也可以把它界定为资本主义的形成、资产阶级世界的建构、国家体系的建立、现代科学以及所有与之相关的技术的奠基、对被统治的艺术与不被如此统治的艺术之间的对抗的组织。因此，这对历史—哲学工作来说是一个特别重要的时期，因为权力、真理与主体之间的这些关系似乎存在于可见的变化的表面。还有，就人们必须根据它构造一个模型以贯穿所有其他可能的领域而言，它也是一个特别重要的时期。可以说，不是因为我们偏爱18世纪，不是因为我们对它感兴趣，我们才遇到启蒙的问题。相反，我要说的是，正是因为我们从根本上想要问"什么是启蒙？"这个问题，我们才遭遇到有关我们现代性的这个历史规划。重要的不是说5世纪的希腊人有点像18世纪的哲学家，或12世纪已经是一种文艺复兴，而是试图弄清在什么样的条件下，通过什么样的修正或概括，我们可以使启蒙这个问题——即权力、真理与主体之间的关系问题——适用于任何历史时刻。

这就是我所谓的历史—哲学研究的一般框架。现在我们就看一看我们可以怎样来从事这项研究。

我在前面说过，不管怎样，除了那些迄今似乎最容易被认可的途径外，我还想在很模糊的意义上探索其他可能的途径。这绝不是指责前者毫无成效或没有提供任何有效的结果。我想说和想要表明的仅仅是：在我看来，自康德以来，因为康德，而且大概因为他在启蒙与批判之间所做的这种区分，启蒙这个问题基本上是从知识的角度提出来的，就是说，是从在现代科学的建构时代知识的历史命运这个角度，才开始提出这个问题。此外，启蒙问题还可以由此提示：通过在这种命运中寻找权力的无限影响——这个问题必然将通过客观主义、实证主义、技术主义等与权力相关联；通过将这种知识与所有可能的知识的构成条件和合法性条件联系起来；最后，通过弄清历史上对合法性的出离（幻觉、错误、遗忘、恢复等）是怎样发生的，等等。总之，在我看来，这种分析程序已被康德在批判与启蒙之间制造的差异充分调动起来了。我相信，从此以后，我们可以看到一种基本上是最常用的分析程序，一种可以被称为"认知的历史模式之合法性研究"的分析程序。无论如何，许多18世纪的哲学家正是这样理解它的，这也是狄尔泰、哈贝马斯等人理解它的方式。还可以更简单地说：知识对自己有什么样的错误观念，它受到怎样的滥用，因而它与什么样的统治相关？

就此，除了这种作为认知的历史模式之合法性研究的分析程序，也许我们还可以设想一种不同的程序。它可能把启蒙问题当作它接近权力问题，而不是知识问题的途径。它不是作为合法性研究，而是作为我所说的"事件化"检验而进行运作的。原谅我用了这样一个糟糕的词。那么，它是什么意思呢？我对事件化程序的理解——尽管历史学家会惊讶得大叫——就是：首先，我们选取几组从那里可以完全从经验上暂时识别强制机制与知识内容的关联的要素。不同类型的强制机制，可能还有立法原理、规章、具体的机构、权威现象等。我们也要考虑知识内容的差异性和异质性，考虑它们产生的权力效果，既然它们因为属于某个知识体系而被确认为是有效力的。因此，我们并不试图去发现什么是真的或假的、已建立的或未建立的、真实的或虚幻的、科学的或意识形态的、合法的或非法的。我们想要弄清的是，在强制机制与知识要素之间可识别的是什么样的关系、关联，它们之间发展出什么样的相互接替和支持的游戏，以至一个特定的知识要素在一个特定的系统——它在其中被确定为是真实的、可能的、不确定的或错误的要素——中具有权力的效应，以至一个强制的程序获得了一个合理的、适当的、技术上有效的要素的形式和正当理由，等等。

因此，在这第一个层次上，我们不是在为合法性的属性辩护，不是指出错误和虚幻之所在。

而在我看来，这就是为什么在这个层次上我们可以使用两个词的原因，这两个词的功能不是指称实体、权力或某种超验的东西，而是为它们指涉的领域进行系统的价值还原，不妨说是一种对合法性的效果的中和，是说明什么东西使它们在某一点上被接受并且事实上已经使它们被接受。因此，知识这个词指的是在一个特定时刻和一个特定领域被接受的认识的所有程序和所有结果；其次，权力这个词仅仅涵盖所有似乎可能引起行为或话语的特殊机制，不管是可确定的还是已确定的。我们马上就会看到，这两个词只具有方法论的功能。问题不是通过它们识别现实的一般原则,而是设法确定分析的范围,即必须是适合分析的那类要素。更进一步的问题是防止合法性的观点像在使用认识或统治这些词时那样起作用。在分析的每一个阶段,同样重要的是要能赋予知识和权力一种严谨明确的内容:某某知识要素、某某权力机制。我们不应该认为存在着唯一的知识或唯一的权力,或更不应该认为存在着会自行运作的知识或权力。知识和权力只是一种分析格栅。我们也要看到,这种格栅不是由具有互不相干的要素的两个范畴构成的,这些要素一方面来自知识,另一方面来自权力——我之前对它们的谈论曾使它们彼此外在——因为,任何东西,如果它一方面不符合(例如)某个特定时期的特定类型的科学话语特有的一套规则和限制,另一方面不具有强制效力或不具有那些在科学上被证实或仅仅是合理或仅仅被一般接受的东西所特有的诱因,那么它就不能作为知识要素而存在。相反地,任何东西,如果它不是根据那些在连贯的知识体系中或多或少可被证实的程序、方法、手段和目标而被运用,那么它就不能作为权力机制发挥作用。因此,问题不是描述知识是什么和权力是什么,以及这一个会如何压制另一个或另一个会如何滥用这一个,而是必须描述一个知识—权力网络,以便我们能够理解是什么构成了一个系统的可接受性，无论它是心理健康系统、惩罚系统、青少年犯罪、性经验等。

简言之，似乎从一个整体的对于我们的经验可观察性、到其历史可接受性、再到它可被实际观察的那段时期，都贯穿着对支撑着此整体的知识—权力网络的分析，在它被接受的地方重新把握它，了解是什么使它可被接受，当然不是一般地可被接受，而仅仅是在它被接受的地方可被接受。这就是重新把握它的肯定性的一面。于是，这里就有一种程序，它不关心合法化，因而排除了基本的法律观点，它兜了一个肯定性的圈子，从已被接受这一事实出发，到达已从知识—权力的相互作用的角度分析过的可接受性体系。不妨说，这近似于考古学的层次。

其次，我们很快可以看到，在这类分析中存在着几种危险，它们必然显现为分析的负面的、代价高昂的后果。

这些肯定性从根本上不具有明显的整体性，因为无论什么样的习惯或惯例使它们为我们所熟悉，无论它们调动了什么样的权力机制的盲目力量或可能发展出什么样的正当的理由，它们都不可能凭任何原初的存在权利而被变得可被接受。为了弄清究竟是什么能使它们可被接受，恰恰必须了解它们根本不是显而易见的，它们不具有任何先验性，也没有任何先例。需要进行两个相关的运作：揭示一个体系的可接受性的条件，关注标志着它之出现的爆发点。显然，疯狂与精神病根本不是在精神病学的制度体系和科学体系中被叠加在一起的。惩罚、监禁和惩罚性的规训也不一定是在刑罚体系中被联系在一起的。欲望、性欲和个体的性行为也不必然是在一个性知识和正常性经验构成的体系中被实际地联系在一起的。识别一个体系的可接受性不可能与识别是什么使它难以被接受的东西分开：这些东西即是，它在知识上的武断，在权力上的暴力，一句话，它的活力。因此，为了更好地说明其策略，必须尽力研究这个结构。

第二个后果同样也是代价高昂和负面的，因为这些整体不是作为一般概念——历史会根据其特定的情况对一般概念做一些修正——被分析的。当然，许多被接受的要素、许多可接受性的条件可能具有很长的历史，在某种程度上必须通过对这些肯定性的分析而找回的东西，不是本质的体现，或者类的个别化，而是纯粹的独特性——在现代西方世界疯狂的独特性、性的绝对独特性、我们的道德—法律惩罚系统的绝对独特性。

在一种纯粹的形式中寻求基本的帮助和逃避是不可能的。这无疑就是这种历史—哲学研究的最重要和最受争议的方面。如果它既不想转向历史哲学，也不想转向历史分析，那么它就必须把自己限制在纯粹独特性的内在性领域内。那为什么呢？断裂、非连续性、独特性、纯粹的描述、静止的场景、没有解释、没有出路，这些你们都知道。人们也许会说，对肯定性的分析并没有参与这些所谓的解释程序，而这些程序在三种条件下被认为具有因果价值：

1. 只有当解释指向被评价为深刻的、独一无二的能动者的终极权威时，才会被承认具有因果价值；对一些人来说，这种终极权威是经济学，对另一些人来说，是人口统计学；

2. 只有当解释服从金字塔原则并指向原因或构成原因的焦点，即单一的起源时，才会被承认具有因果价值；

3. 最后，只有当解释确立某种不可避免性，或至少着手处理必然性时，才会被承认具有因果价值。

对肯定性的分析——在某种程度上，这些肯定性就是纯粹的独特性，它们不归属于某个种类或本质，而只归属于可接受性的条件——就此而言，这种分析需要运用一个复杂的、紧密的因果网络，但有可能是另一种，这种因果网络不会遵从这一要求，即让一种深刻的、单一的、金字塔形的必要原则所渗透。我们必须建立一个网络，以说明这种作为结果的独特性。因而这就需要多样性的关系，需要区分不同类型的关系、关系中的不同形式的必然性，需要解释循环的相互作用和重视异质过程的交叉的行为。因此，与这种分析最格格不入的就是拒斥因果性。然而，重要的不是这种分析使全部派生现象返归到某种原因，而毋宁是它们能够使某种独特的肯定性恰恰在使之独特的方面变得可以理解。

不妨大致地说，这里提出的不是起源的问题，即追溯某种负载着众多后继者的唯一的最初原因，而是谱系学问题，即试图恢复某种独特性出现的条件，这种独特性从众多的决定性因素中产生，但它不是它们的产物，而毋宁是它们的效果。使它可被理解的过程却得到了明确的理解：这个过程不根据任何封闭原则运作。因为几个原因，这里不存在封闭原则。

第一个原因是，这种独特的效果可以根据某些关系来予以说明，这些关系即便不完全是，但至少也主要是个体之间或群体之间的互动关系。换言之，这些关系包括主体、行为类型、决断和选择。我们不是要在事物的性质中寻找支撑。支撑这种可理解的关系的网络的，是这种有着总是变化不定的非确定性的余地的互动关系的固有逻辑。

之所以不存在封闭还因为我们试图建立以说明作为效果的独特性的那些关系，这一关系网络一定不会只构成一个层面。这些关系不断地彼此脱离。在一个特定层面上，互动的逻辑在能够考虑到它的特定效果、既考虑到它的特异性也考虑到其规则的个体之间运作，同时又设法与其他要素建立在另一个层面上运作的互动关系，如此一来，在某种程度上，这些互动关系就没有一个显得是原初的或绝对整合性的。每一个互动都可以被重新置于超出它的环境中，反过来说，不管它可能是多么的具有局部性，每一个互动都会对它所属的和它被包含在其中的互动产生影响或可能的影响。因此，简略地说，在重复同样的过程的东西和改变这个过程的东西之间，存在着永久的流动性、根本的脆弱性或毋宁说是复杂的相互作用。一句话，这里我们必须提出一种可称之为策略的总体分析形式。

在谈及考古学、策略和谱系学时，我想到的不是可以从一个引申出另一个的三个连续的层面，而是描述在同一个分析中必然同时出现的三个维度。正是由于它们的同时性，这三个维度会让我们重新把握所存在的肯定性，即那些使某种独特性可被接受的条件，而这种独特性的可理解性是通过识别它融入其中的互动关系和策略而确立的, 正是这种研究说明……（此处磁带翻面, 漏了几个句子）……作为效果, 最后作为事件化而产生, 因为我们必须处理某种东西——其稳定性、深层根源和基础绝非我们无论如何都不能想象的——即便不是指认它的消失, 那至少是指认它可能因为什么和从什么东西中消失。

我在前面说过, 必须根据权力和事件化来处理问题, 而不是根据知识和合法化来界定问题。正如你们看到的, 我们不应把权力理解为支配、控制、基本的设定、唯一的原则、解释或不可约的法律。相反, 必须始终从与互动领域的关系上来看待它, 从与种种知识形式不可分的关系的角度来考量它。我们必须始终这样考虑它, 以便弄清它是怎样与一个可能性的领域、因而也与可逆性的领域, 即可能逆转的领域相联系的。

这样你们就看到, 问题不再是: 由于什么样的错误、幻觉、疏忽或不合法, 知识开始导致现代世界中由[这个词听不清]的霸权所体现的统治。相反, 问题应该是: 在互动关系和多元策略的语境中, 知识与权力之不可分如何既导致根据它们的可接受性条件而确定的独特性, 又导致某种可能的领域, 开放的领域、非决定性的领域、可逆的领域和可能错位的领域,这些领域使那些独特性变得脆弱、暂时,并且使这些效果变成事件,不折不扣的事件?这些肯定性所特有的强制效果如何不能通过回归知识的合法目标和反思决定知识的先验或准先验的东西而消除,但它们又如何能从引发它们的具体策略领域的内部,通过做出不被统治的决定而被颠覆或解除?

总之,如果这场运动将批判态度转变为批判问题,或在更大程度上,这场运动使得启蒙事业在批判规划——其意图是使知识获得适当的自我观念——中被重估,考虑到这场摇摆不定的运动、这种滑动、这种将启蒙问题驱逐到批判中的方式,现在是否有必要遵循相反的路径?我们能不能尝试沿着这条道路却朝着相反的方向前进?如果必须提出知识与统治的关系问题,那么首要的就是要从某种做出不被统治的决定的意志出发,这种做出决定的意志既是个体的也是集体的态度,正如康德所说的,它意味着摆脱自身的不成熟。一个态度问题。你们现在明白了,为什么我不能也不敢给我的讨论取一个本该是"什么是启蒙?"的题目。

(严泽胜 译)

安全机制、空间与环境

编者按

本文是福柯1978年法兰西学院的讲稿《安全、领土和人口》（Security, Territory, Population）的第一讲（1978年1月11日），福柯每年讲课只有一个总题目，每一次课没有题目，这里的题目为编者所加。讲稿原文由伽里玛出版社2004年出版，英文版2007年由PALGRAVE MACMILLAN出版。福柯这一学年的讲座还是围绕着生命权力和生命政治展开。他在开篇的这次讲座中提到，大概有三种治理机制：法律机制、规训机制和安全机制。它们相互关联，相互激活。所谓的安全机制，主要是为了保障社会和人口总体的安全而施加的控制技术——它在当代表现得越来越显著。福柯特别提到了与安全机制相关的安全技术。在这次讲座中福柯以空间、城市和环境为例来说明安全机制所采纳的技术。显然，这个关于安全的年度讲座与上一年度讲座"必须保卫社会"相呼应。这一年度讲座的第四讲因为早就以治理术（governmentality）（中译文见《现代性基本读本》河南大学出版社2005年版）为题单独发表，而广为人知。随着这个年度讲座和下一个年度讲座《生命政治的诞生》的近期出版，人们对于福柯有了新的认识。实际上，在他所谓的漫长的空白期（福柯生前1976—1984年间没有著作出版），福柯一直没有停留思考。

今年我想开始研究某种我多少有些含糊地称之为"生命权力"的东西[1]。我用它来指一些在我看来似乎十分有意义的现象，即一套机制，通过它们，人类的基本生命特征成为某种政治策略、某种一般的权力策略的对象，或换言之，从18世纪开始，现代西方社会是如何看待人类作为一个物种这一基本的生物学事实的。所以，首先，我想提出几点建议，它们不应被理解为原则、法则或原理，而应被理解为选择的提示或意图的陈述。

第一，我们在几年前开始，而且现仍在继续的对这些权力机制的分析，决不是一种关于什么是权力的一般理论。它不是这种理论的一部分，甚至不是这种理论的起点。这种分析只包含探究权力在何处和如何被运用，即在什么人之间、在什么观点之间、根据什么程序，以及具有什么效果。如果我们认可权力不是流动的实体，或不是某种来自特定根源的东西，那么，这种分析至多只可能会是某种理论的起点，这不是关于什么是权力的理论，而只是从一套机制和程序的角度来看待权力的理论，这些机制和程序，甚至在它们失败时，也具有确保权力的作用或功能和主题。权力是一套

---

[1] *Il faut defender la société, Cours au Collège de France, 1975-1976*, M. Bertani and A. Fontana ed. (Paris: Gallimard-Le Seuil, 1997), p.216.

程序，那么正是如此，并且只有如此，对权力机制的分析才能被理解为某种类似权力理论的东西的起点。

第二点选择的提示：那些其作用是建立、维持和改变权力机制的关系，一套关系，或毋宁说，一套程序，并不是"自行产生"（self-generating）或"自行存在"（self-subsistent）的；它们并不建立在自身之上。权力不是建立在自身之上或自行产生的。我们或者可以更简单地说，首先，不存在生产关系，那么在这些关系之旁或之上，也就不存在改变或扰乱它们，或使它们更一致、更连贯或更稳定的权力机制。不存在家庭关系，那么也就不存在在它们之上的权力机制；此外，也不存在有权力机制在其旁或其上的性关系。权力机制是所有这些关系的内在部分，它们循环地互为因果。而且，在内在于生产关系、家庭关系和性关系的不同的权力机制中，当然可以发现横向协作、等级从属、同构对应、技术同一或相似，以及连锁效应。这使得我们可以对这些权力机制组合进行符合逻辑的、连贯的、有效的探究，并且认识到它们在某一特定时刻、某一特定时期、某一特定领域的特殊性。

第三，对这些权力关系的分析当然可以通向或开启某种类似社会的全面分析的东西。例如，对权力机制的分析也可以与经济变革史结合起来。但我正在研究的——我不是说我适合去研究，因为我对此一无所知——不是历史、社会学或经济学。不过，在这一或那一方面，仅就实际的原因而言，我在研究的东西与哲学有关，而哲学即真理的政治学，因为除此之外，我没有看到对"哲学"这个词的更多其他的定义。因此，既然这种对权力机制的分析所涉及的是真理的政治学，而不是社会学、历史或经济学，那么我认为，其作用是展示由在我们的社会中发生的斗争、对抗和战斗，以及由作为这种斗争之要素的权力策略所产生的那些知识效果。

第四点提示：我认为，没有任何理论或分析话语是不被某种类似祈使话语的东西以这样或那样的方式所渗透或支撑的。不过，在理论领域，说"爱这个、恨这个、这是好的、那是坏的、拥护这个、当心那个"的祈使话语，至少现在，在我看来，似乎只不过是某种只能基于某种审美秩序的选择的审美话语。而说"为反对这个而罢工和就这么干"的祈使话语，当它们是由某教学机构发出或甚至只是写在一张纸上时，在我看来是软弱无力的。无论如何，在我看来，做了什么这一维度只能出现在一个真实力量的场域，即出现在一个不可能只由一个说话主体基于其话语所创造的力量场域中，因为这一力量场域无论如何不可能在这种祈使话语中被控制或维护。所以,既然必须有一个命令,我倒希望支撑我们正在尝试的理论分析的命令仅仅是一种条件命令:如果你想斗争,这里有一些关键点,一些力线,一些限制和障碍。换言之,我希望这些命令只是策略性的建议。当然,我,还有那些正在相同方向上工作的人,有责任认识到,为了进行策略上有效的分析,我们需要判明自己是处于何种真实力量的场域中。但是,这毕竟是斗争和真理的领域,确切地说,是哲学实践的领域。

最后,第五也是最后一点:我认为,斗争和真理之间的这种重要和基本的关系,这一哲学在其中发展了数个世纪的维度,结果却自我戏剧化了,变得憔悴虚弱,从而在理论话语的辩论中丧失了意义和效力。总而言之,我将因此只提出一个命令,但它将是绝对和无条件的:永不参与辩论。

现在,我希望开始这些讲座。它们的题目是"安全、领土、人口"。[1]

第一个问题显然是:我们要如何理解"安全"?我希望在今天,也许还有下一周,讨论这个问题,这取决于我进展的快慢。我将举出一个例子,更确切地说,是一系列的例

---

[1] 参见1978年2月1日的讲座,其中福柯特别提到本课程更为恰当的题目本应是"'治理术(governmentality)'的历史"。

子，或者更确切地说，是一个在三个阶段被调整的例子。这是一个非常简单、非常幼稚的例子，但我们将从那里出发，而且我认为它将使我能够说出某些东西。比如说，像"不准杀人，不准偷窃"这类极其简单的禁令式刑法，以及它的惩罚，或绞刑，或放逐，或罚款。在第二次调整中，它还是同样的刑法，"不准偷窃"，而且，如果有人违反此法律，它仍然附带有某些惩罚。但是现在，一方面，一切都被一系列监视、检查、审视和各种控制所框定，这些甚至在小偷行窃之前，就使得有可能确定他是否打算行窃，等等。那么，另一方面，在另一端，惩罚将不仅是奇观式的、确定的绞刑、罚款或放逐的时刻，而且是一种像监禁那样的实践，对罪犯进行一系列的训练，以我们所谓的教养技术对其进行改造：义务劳动、道德教化、行为纠正等。第三次调整基于同样的模型，具有同样的刑法，同样的惩罚，以及同样类型的一方面是监视、另一方面是纠正的框架，但是现在，这种刑罚的运用、预防措施的发展，以及纠正性惩罚的组织，将被下列问题所支配。例如：这类犯罪的平均犯罪率是多少？我们如何能在一个给定的时刻、在一个给定的社会、在一个给定的城市、在城市或者乡村、在一个给定的社会阶层等，用统计学的方法预测出盗窃案的数量？第二，是否存在将会增加或者减少这种平均率的时间、地区和刑法系统？危机、饥荒或者战争，严厉或温和的惩罚，是否会改变这些比例？还有其他的问题：如果是盗窃或某种特定类型的盗窃，那么这种犯罪会使社会付出多大代价、会造成多大损害或者收入损失等等？进一步的问题是：抑制这些盗窃犯罪的费用是多少？严厉的和严苛的压制是否比较为宽容的压制要花费更多；典型的和非连续性的压制是否比连续性的压制要花费更多？那么，盗窃与对其进行压制的比较成本是多少，容忍稍多一点的盗窃或忍受略多一点的压制，哪个更加值得呢？还有更进一步的问题：当我们抓住罪犯的时候，惩罚他是否值得？惩罚他的代价会是什么？为了惩罚他，并且通过惩罚他来再教育他，我们应该做些什么？他真的能够被再教育吗？不考虑他已经犯下的罪行，他是否永远是一个危险，以至无论他是否已被再教育过，他将会再次犯法？总的问题基本上应该是，如何将某种类型的犯罪，比如盗窃，控制在社会和经济可接受的界限内，控制在一个被认为是对一个特定社会的运行最为合适的平均值附近。在我看来，这三种模型似乎是我们已经研究的，以及我现在希望研究的那些不同事物的典型。

你们对第一种形式很熟悉，它制定法律、确定对违法者的惩罚,它是法规系统,对允许的和禁止的进行二元区分,又将某种被禁止的行为与某种惩罚结合起来,以构成法规。那么,这就是法律或司法机制。我不会回到第二种机制,即由监视和纠正的机制所构建的法律,这当然是规训机制。[1]规训机制的特征是:第三种人,即罪犯,似乎在法规的二元系统之内,同时又在法规之外,而且,他还处在制定法律的立法行为和惩罚罪犯的司法行为之外;一系列相近的技术——侦查的、医学的和心理学的技术,似乎都落到了对个体进行监视、诊断和可能的改造的范围。所有这些我们都已看到。第三种形式不是法规或规训机制的典型形式,而是安全机器[2],亦即我现在想要研究的那些现象之集合的典型形式。仍然是非常概括地说,安全机器将上述现象,即盗窃,置于一系列可能的事件之中。其次,权力对这些现象的反应被置于成本的计算之中。最后,第三点,一个安全机器不是在允许的和禁止的之间建立二元区分,而是确立一个一方面被认为最合适、另一方面被认为是不可逾越的可接受阈限的平均值。这样,一种全然不同的对事物与机制的分配

---

[1] 参见福柯, *Surveiller et Punir. Naissance de le prison*(Paris: Gallimard, 1975)。
[2] 福柯在1975—1976年的课程"必须保卫社会"的最后一讲(1976年3月17日)中,首次将安全机制与规训机制区分开来。

就形成了。

我举这个简单的例子，是为了直接强调两三件我希望为你们，当然首先是为我自己，弄清楚的事情。显然，我已经给你们提供了某种历史图式的梗概，如果你们这样理解的话。法律系统是惩罚秩序的古老形式，我们熟知这种从中世纪一直延续到十七八世纪的系统。第二种我们可以称之为现代系统，它建立于18世纪，那么第三种就可说是当代系统，有关这种系统的论辩很早就开始出现，但它却是目前才围绕新的惩罚形式和惩罚的成本核算组织起来的；这些就是我们现在正看到的美国的[1]，但也是欧洲的技术。实际上，这样把事物描述为远古的、古代的、现代的和当代的，势必会遗漏最重要的东西。主要的东西被遗漏了，当然首先是因为，我谈到的那种古代模式包含了那些似乎更新的模式。显而易见，在那直到18世纪一直在发挥作用，或至少占主导地位的司法—法律系统中，规训的一面远非阙如，因为毕竟，当一种所谓典型的惩罚被付诸行动，甚至首先，当这种行动显然无关紧要或收效甚微时，事实上它恰恰就具有起到

---

[1] 关于美国新自由主义话语中的这些新的惩罚形式，参见 Naissance de le biopolitique. Cours au Collège de France, 1978-1979, M. Senellart ed.（Paris: Gallimard-Le Seuil, 2004），1979年3月21日讲座，p.245。

纠正性效果之目的，如果这种效果不是针对罪犯本人——因为，如果他被处以绞刑，就很难被纠正了——那至少也是针对其余的人。那样的话，将公开的酷刑和死刑作为儆戒的做法就是一种纠正性的规训技术。就像在同一个系统中，当人们严厉地惩罚内盗行为——即对一桩微不足道的盗窃处以死刑惩罚，如果它是由某位接到家里的人或雇为仆人的人所为的话——显然，这基本上是针对一种只是由于其发生概率才变得重要的罪行，而且，我们可以说，这里也运用了类似安全机制的东西。对于规训系统，我们也可以说同样的话，它包括整整一系列的完全属于安全领域的尺度。基本上，当我们着手纠正一位已被判刑的犯人时，我们试图根据再犯或累犯的风险来纠正他，即根据很快将被称为危险的东西——也就是根据安全机制。所以，规训机制并非自18世纪才出现；它们已存在于司法—法律的法规中。安全机制作为机制也很古老了。反过来，我也可以说，如果我们采纳有人正在试图发展的安全机制，显然这并不构成对司法—法律结构或规训机制的排斥或取消。正相反，在惩罚领域，仍然可以看到例如正在安全领域发生的事情。日益庞大的立法措施、法令、规章和通告的集合，允许使用这些安全机制。比较而言，在中世纪和古典时期的传统中，有关盗窃的法规是非常简单的。如果你们考虑到立法机构不仅关注盗窃，而且关注儿童盗窃、儿童的刑事地位、心理责任能力，并且考虑到整个立法机构关注的正是所谓的安全措施，即在个体离开监狱后对其进行的监视，那么，你们可以看到，将这些安全系统投入运作，意味着司法—法律法规的真正膨胀。同样，随着这些安全机制的建立，被规训的身体也开始活跃和增多。为了切实保证这种安全，我们必须诉诸——就举刚才的例子——一整套技术，对个体进行监视、对他们的状况进行诊断、对他们的心理结构和特殊病理进行分类，等等；简而言之，我们必须诉诸一整套规训系列，它们在安全机制之下扩散，并使安全机制得以运行。

所以，并不存在一系列前后相继的因素，即新因素的出现导致较早因素的消失。不存在法律时期、规训时期，然后安全时期。安全机制没有取代规训机制，规训机制也没有取代司法—法律机制。事实上，你们有一系列复杂的体系，当然，在其中技术本身发生变化并被完善，或至少变得更复杂，不过，在其中首先发生变化的是主导性的特征，更确切地说，是司法—法律机制、规训机制与安全机制之间的关联系统。换言之，存在着实际技术本身的历史。例如，你们完全可以研究将人投入监狱的规训技术的历史，这种历史源远流长。规训技术在司法—法律时期已常被使用；你们会发现它被用来对付债务人，而尤其重要的是，你们会发现它被用于宗教领域。因此，你们可以研究这种监禁技术（即它的转换、它的利用）的历史，你们还会看到，在哪一点上，监禁技术、监禁纪律被运用于一般的惩罚系统，它引起何种冲突，以及它如何退隐。你们也可以分析犯罪统计的安全技术。犯罪统计并非始于现在，但也不是非常古老。在法国，从1826年开始的著名的"司法部长报告"使犯罪统计成为可能[1]。所以，你们可以研究这些技术的历史。但是存在另一种历史，它是应用技术的历史，即更一般，但当然更模糊的有关主导性特征的关联和系统的历史，主导性特征决定了，在一个特定的社会中，对于一个特定的部门而言——因为事物在一个特定社会、一个特定国家、一个特定时刻，并不必然地在不同的部门同步地发展——例如，安全技术将建立起来，再次采用司法和规训的因素，有时甚至使它们成倍地增加，并以其特殊的策略对它们进行重新调配。仍就刑法领域而言，现在有一个有关这一点的非常明确的例子。离现在有一段时间，至少十几年吧，在刑法领域的问题的发展

---

[1] 这些司法统计数据自1825年开始每年由司法部长向外公布。参见 A.-M. Guerry, *Essai sur la statistique morale de la France* (Paris: Crochard, 1833), p.5。

中，根本问题显然是安全问题，既表现在对它的反思方面，也表现在对它的实践方面。基本上，根本问题是经济，也就是压制犯罪的成本与犯罪的成本之间的经济关系。现在我们所看到的是，这个问题已导致规训技术的膨胀（虽然这种技术很早就已建立），以至规训的扩增到了这样的程度，如果不是引起了公愤的话，那至少也引起了激烈的摩擦——而且，创伤十分敏感，足以引起一些现实的、甚至暴力的反应。换言之，在运用安全机制的时期，是规训导致了如下结果，不是激变，因为不存在激变，但至少是最显而易见的冲突。所以，在今年的讲座中，我希望向你们说明，这种技术是什么，这些安全技术的某一些又是什么，可以这样理解，它们中的每一项，在很大程度上，皆是对我在前几年已谈到过的那种司法—法律技术和规训技术的激活和改造。

我将只略述别的例子，以便引出另一组问题或对问题进行强调和概括（再说一次，这些例子我已经谈过上百次）。例如，中世纪对麻风病人的排斥，一直延续到中世纪末。[1] 尽管还有其他许多方面，但排斥主要是通过在司法上结合法律、规章以及一些宗教仪式而进行的，这至少在麻

---

[1] 参见 *Histoire de la folie à l'âge classique* (Paris: Gallimard, 1972), pp.13-16。

风病人和非麻风病人之间造成了某种区分，某种二元区分。第二个是瘟疫的例子（这个我也谈到过，[1]所以我只作简略的回顾）。制定于中世纪末，16世纪以及17世纪的瘟疫法规，给人以完全不同的印象，以完全不同的方式运作，具有完全不同的目的，而尤其重要的是，使用完全不同的手段。这些瘟疫法规对遭受瘟疫的地区和市镇进行严格的隔离，法规规定人们什么时候外出，在家里必须做什么、在什么时候、必须怎样做，必须吃什么样的食物，禁止某些类型的接触，要求他们接受检查员的检查，向检查员敞开家门。我们可以说这就是规训类型的系统。第三个是我们在本次讲座正在研究的例子，即从18世纪开始的天花或疫苗接种实践。问题是从完全不同的角度提出的。基本的问题与其说是规训的强施——尽管规训可能会被唤来帮忙——还不如说是了解多少人染上了天花，在什么年龄，有什么后果，死亡率多少，对身体的损害或继发后果，接种的风险，个体接种后死亡或者被感染的几率，对总人口的统计学影响。简言之，问题将不再是对麻风病那样的排斥，或对瘟疫那样的隔离，而是试图阻止流行病或地方病的流行病学和医学运动。

---

[1] Surveiller et Punir, pp.197-200.

此外，我们只需看一看法律机构和现代安全机制的规训责任，就可以看到，并不存在先是法律、然后是规训、再然后是安全的前后相继的连续，而除某些特殊的安全机制之外，安全就是一种使法律和规训的老式转子运转的方式。所以，在西方社会中，在法律领域、医学领域，还有其他领域，你们可以看到有点相似的进化以及或多或少相同类型的转化，这就是我为什么要举出这个另外的例子的原因。这里所涉及的是，安全技术是在诸种机制中形成的，这些机制或者是特殊的社会控制机制，如惩罚系统，或者是具有改变物种的生物学命运的功能的机制。那么，我们能否说——而这在我所要分析的问题中是至关重要的——在我们的社会中，权力的普遍经济正变成安全的领域？因此，在这些讲座中，我希望探讨某种安全技术的历史，并试图验证我们是否能够真正地谈论一个安全社会。无论如何，在安全社会的这一名称下，我只希望探明是否真的存在一种权力的普遍经济，它具有安全技术的形式，或者，它至少受到安全技术的支配。

所以，这些安全机制的某些普遍特征，我希望确定四个，我不知道有多少……无论如何，我将开始分析其中的一些。首先，我想只是概观性地研究一点可被称为安全空间的东西。其次，我想研究对不确定性、偶然性的处理问题。再次，我将研究安全特有的规范化形式，在我看来，这种形式似乎不同于规训类型的规范化。最后，我将讨论今年的正题，即安全技术与既是这些安全机制的对象，又是它们的主体的人口的关联，也就是说，出现的不仅是人口的概念，而且也是人口的现实。人口无疑是绝对现代的观念和现实，它与18世纪前的政治权力的运作有关，但也与18世纪前的知识和政治理论有关。

那么，先概略地讲一下空间问题。我们可以直截了当地、乍一看并有点图示化地说，主权在领土的界限内行使，规训在个体的身上施行，而安全则对整个人口实施。领土界限、个体的身体，以及整个人口，是的……但问题不在这里，而且我认为问题不可能一致。首先，问题不可能一致是因为我们已遇到过与主权和规训有关的多样性问题。如果主权确实基本上铭刻在领土内并在其中运作，那么，对无人居住的领土行使主权的观念，就不仅是司法上和政治上可接受的观念，而且是绝对可接受的和基本的观念，不过，实际行使主权的那种有效的、真实的、日常的运作却指向某种多样性，只是这种多样性被当作主体的多样性，或当作人民的多样性。

规训当然也在个体的身体上施行，但我已试图向你们说明，个体并不是规训施行所针对的首要因素。规训只存在于多样性存在的地方，基于多样性可达成某种目的、某种目标或结果。学校和军队的规训，以及惩罚性规训、工厂的规训、工人的规训，都是管理和组织多样性的特殊方式，调整其植入点，其横向的或水平的、垂直的和锥形的轨道，其等级，等等。个体与其说是构成规训之多样性的原材料，还不如说是划分这种多样性的特殊方式。规训是多样性个体化的模式，而不是在首先作为个体受影响的个体的基础上，建构多元因素的结构的东西。因此，主权、规训以及安全，只能与多样性联系起来。

另一方面，空间问题对于三者来说是共同的。不用说主权，因为主权首先就是在领土之内行使的。但规训涉及空间的划分，我认为安全也如此，而主权、规训和安全对空间的不同处理，正好是我要讨论的问题。

我们将再举一系列的例子。显然，我将看一看城市的例子。在17世纪以及18世纪初，城市仍然具有特殊的法律和行政的界定，将其与其他区域和领土空间分离开并非常明确地标划出来。其次，城市被典型地限制在封闭的、以城墙围住的空间内，这远非仅具有军事功能。最后，城市比乡村在经济方面和社会方面更具有混杂性。

那么，在十七八世纪，这引起了许多与行政国家的发展有关的问题，城市的司法特性对此提出了一个难题。其次，贸易的增长，以及18世纪的城市人口统计学，提出了在其城墙内城市的挤压和封闭的问题。军事技术的发展引起了相同的问题。最后，城市与其周边乡村之间持久性的经济交换的需要，生存手段的需要，以及与更远地区商业往来的需要，也使得城市的封闭与束缚成为问题。宽泛地说，18世纪所争论的问题是城市在空间、司法、行政和经济上开放的问题：使城市重新处于一个流通的空间中。在这一点上，我提请你们注意一项研究，它由一位历史学家所完成，非常全面和完美：这就是让－克劳德·佩罗特对18世纪的卡昂的研究，他在研究中说明，城市问题在根本上就是流通的问题。[1]

以17世纪中期一个叫亚历山大·勒·梅特（Alexandre Le Maître）的人所写的文本《大都会》（La Métropolitée）为例。[2]亚历山大·勒·梅特是一位新教徒，在南特法令颁布之前——那是一段很重要的时期——离开了法国，并且

---

[1] Jean-Claude Perrot, *Genèse d'une Ville moderne. Caen au XVIII siècle*, University of Lile thesis, 1974, 2 volumes (Paris-The Hague: Mouton, 1975).
[2] Alexandre Le Maître, *La Métropolitée* (Amsterdam: B. Bockholt, 1682, reprinted, éditions d'histoire sociale, 1973).

成为布兰登堡选帝侯的总工程师。他将《大都会》进献给瑞典国王，此书出版于阿姆斯特丹。所有这些——新教徒、普鲁士、瑞典、阿姆斯特丹——并非完全没有意义。《大都会》的问题是：一个国家必须有首都吗，它应该是什么呢？勒·梅特的分析如下：国家——他说——实际上包括三个要素、三个秩序，甚至三个阶层；农民、工匠和他所谓的第三秩序或第三等级，很奇怪，这个等级是君主和为他服务的官僚。[1]国家必须像是一座由这三种要素构成的大厦。农民当然是大厦的基础，在地基之中，在地基之下，不可见但却保证了整体的稳固。普通部分，即大厦的服务区，当然是工匠。至于高贵区，即起居和接待的区域，这些是君主的官僚和君主本人。[2]基于这个建筑学隐喻，领土也必须包括基础、普通部分和高贵部分。基础将是农村，不用说，所有的农民，而且只是农民，必须住在农村。其次，所有的工匠，而且只是工匠，必须住在小城镇。最后，君主，他的官僚，以及那些对于宫廷的运转必不可少的工匠和商人，还有君主的侍从，必须住在首都。[3]勒·梅特以不同方式看待首都

---

[1] *La Métropolitée*, ch. X, pp.22-24.
[2] Ibid.
[3] *La Métropolitée*, ch. XL, pp.25-27.

与领土其他地方之间的关系。它必须是一种几何关系,简言之,因为一个好的国家必须具有圆的形式,首都必须正好处于圆心。[1] 首都处于狭长而又不规则的领土末端,势必不能实现其所有必要的功能。事实上,这里显示了首都与领土的第二种关系,即审美和象征的关系。首都必须是领土的装饰。[2] 但这也必须是一种政治关系,因为必须把法令和法律植入领土,以达到天网恢恢,疏而不漏。[3] 首都还必须具有道德教化的功能,将支配人们行为举止的所有必要的规范传遍领土的四面八方。[4] 首都必须树立良好道德的榜样。[5] 首都的布道演讲者必须是最好的,而且有最好的听众,[6] 它还应该是学院荟萃之地,因为它们必须生产科学和真理以传播到国家的其他地方。[7] 最后,还有经济功能:首都必须是奢华的场所,以使得它成为吸引来自其他国家的产品的地方,[8] 而同时,通过贸易,它必须成为制品与产品等的集散地。[9]

---

[1] Ibid., ch. XVIII, pp.51-54.
[2] Ibid., ch. IV, pp. 11-12.
[3] Ibid., ch. XVIII, p.52.
[4] Ibid., ch. XXIII, p.69.
[5] Ibid., pp.67-72.
[6] Ibid., ch. XXVIII, pp.79-87.
[7] Ibid., ch. XVIII, pp.76-79.
[8] Ibid., ch. XXVII, pp.72-73.
[9] *La Métropolitée*, ch. V, pp.12-13.

我们可以把这个规划确实是乌托邦的一面搁置一边。尽管如此,但我仍然认为它很有趣,因为在我看来,这基本上是从主权的角度对城市的界定、反思。就是说,首要的关系根本上是主权与领土的关系,这是理解首都应该是什么以及它可能和应该如何运作的图式、坐标。更有趣的是,通过这种主权坐标,一些城市特有的功能如何表现为基本的问题:经济的、道德的,以及行政的功能等等。简言之,有趣的问题是,勒·梅特梦想将主权的政治功效与空间的分配联系起来。好的统治者,无论是集体性的还是个体性的,在领土内都处于恰当的位置,一块服从于统治者而被治理得很好的领土,就是具有很好的空间规划的领土。所有这些,这种主权的政治功效的观念,与流通强度的观念相关联:观念的流通、意志的流通、命令的流通,还有商业的流通等等。最终,勒·梅特所关心的,是主权国家、领土国家与商业国家的叠加,而这既是一个古老的观念,因为它是主权问题,也是一个现代的观念,因为它涉及流通。它既要把它们牢牢地拴在一起,又要让它们相互促进。毋需我说,这个时期,在欧洲的这个地区,我们正好处在重商主义,更确切地说,重商主义的经济中间,也就是说,处在这样的问题中,即怎样通过一个严格的主权系统内的商业贸易来确保最大程度的经济发展。简言之，勒·梅特的问题是如何确保建成一个合理"定都"（capitalized）的国家，即，一个围绕作为主权所在地和政治、经济流通中心的首都而合理组织的国家。既然勒·梅特是勃兰登堡选帝侯的总工程师，那么，这里我们可以看到合理"定都"的国家或省的观念与费希特（Fichte）著名的封闭式商业国家[1]——即从经济学者的重商主义到19世纪初德国的国家经济的演化——之间的渊源关系。无论如何，在这篇文本中，都城（town-capital）是从对领土行使主权的关系角度来予以思考。

我现在举另一个例子。我不妨举一个来自世界同一地区的例子，即来自从荷兰到瑞典，环北海和波罗的海的北欧地区，这个地区在17世纪的思想和政治理论中非常重要。克里斯蒂安尼亚[2]和瑞典的哥德堡[3]应该是典范。我还举一个法国的例子。在路易十三世和路易十四世时期，一系列的人造城市建立起来，一些在北欧，一些在法国。试以一个叫黎塞留（Richelieu）的小城为例，它从无到有地

---

[1] Johann Gottlieb Fichte (1762—1814), *Der geschlossene Handelaataat* (Tübingen: Gotta). Johann Gottlieb Fichte (1762—1814), *Der geschlossene Handelaataat* (Tübingen: Gotta).
[2] Kristiania 或 Christiania，挪威首都的旧称（从 1925 年起改称奥斯陆），是国王克里斯蒂安四世在一场毁城的大火后重新取的名字。福柯一直说"Kristiania"。
[3] 由古斯塔夫斯二世阿道夫在 1619 年建造，该城由于处于沼泽地带，故仿效荷兰城市而建。

建在都兰（Touraine）和普瓦图（Poitou）的边界。一个城市建立在先前一无所有的地方。它是如何建的？它运用了著名的罗马军营模式，这一模式与军事制度一起，这时被重新用作基本的规训工具。罗马军营模式在16世纪末和17世纪初得到复兴，正好是在新教国家——因此所有这些在北欧很重要——与这种复兴同时出现的是军队的训练、细分，以及在军队的规训化的主要做法中对集体和个体的控制。[1] 那么，无论是克里斯蒂安尼亚，哥德堡或黎塞留，都运用了军营模式。这种模式很有趣。事实上，在前面的例子——勒·梅特的《大都市》——中，城市规划基本上是从最一般的、总的领土范畴的角度来构想的。人们试图从宏观的角度来构想城市，因为国家本身被认为是一座大厦。简言之，宏观视角与微观视角的相互作用，贯穿着对城市、主权与领土之间的关系的争论。就以军营的形式建造的城市而言，我们可以说，城市不是根据更大的领土，而是根据较小的几何图形来构想的，后者是某种建筑学模型，即正方形或长方形，它们又会被再分为其他的正方形或长方形。

---

[1] 罗马军营是再分为不同的正方形和长方形的正方形或长方形。关于罗马设营术（castramétation）（或使军队安营扎寨的艺术），参见 *Nouvelle Larousse illustré*, vol. 2 中的非常详尽的注释（1899, p.431）。

应该直接强调的是，至少就黎塞留这个例子而言，如在规划合理的军营和建筑中，这种图形、这种模型，不仅仅是对称原则的应用。当然有对称轴，但它却是由精心计算的不对称建构并由此而运作的。例如，在像黎塞留这样的城市中，有一条中央大街将长方形的城市分为两个长方形，其他的街道，一些与中央大街平行，另一些则与之垂直，但彼此间距离不等，有的近些，有的则远些，这样，城市就被再分为不同大小的长方形，从较大的到较小的。最大的长方形，即街道距离最远的地方，位于城市的一端；最小的长方形，格栅密集，处在城市的另一端。人们必须住在最大长方形那边，那里格栅最宽敞，道路也宽畅。相反，贸易、工匠与工厂，以及市场，必须处在格栅密集的地方。这一商业区——我们可以看到流通问题[……]，更多的贸易意味着更大的流通，对街道的更大的需求，以及穿越它们的可能性，等等——一侧是教堂，另一侧是市场。在长方形较大的居住区，会有两种类型的房屋。一方面，有那些俯瞰主干道或与之平行的街道的房屋，它们会有若干层，我想是二层，还有阁楼。另一方面，较小的房屋只有一层，它们会位于与主干道垂直的街道；社会地位、财富等等也会有所不同。在这个简单的图式中，我想我们再次发现了在空间上对多样性的规训式处理，即建构一个空无、封闭的空间，在其中，人为的多样性将根据等级、权力关系的严格交流以及这种分配的特有功效（如确保贸易、居住等等）这三重原则来建构和组织。勒·梅特与他的《大都会》所关注的是为领土"定都"。这里组织空间的一个例子。规训属于建构（广义上的）的秩序。

现在是第三个例子。这是实际存在于18世纪的城市的真实发展。它们有整整一个系列。我将以南特为例，我想起在1932年，有个叫皮埃尔·勒里弗（Pierre Lelièvre）的人研究过它，他为南特提供了一份不同的建设和发展计划。[1] 南特是一座重要的城市，因为，一方面，它正在经历商业上的发展，另有一方面，它与英国的关系意味着它采用了英国模式。纳特的问题当然是消除拥挤，为新的经济和行政功能腾出空间，处理与周边农村的关系，最后是考虑发展。我将跳过一位叫卢梭的建筑师的挺有意思的方案，他设想围绕着某种心形步行街重建南特。[2] 他确实是在梦想，但这一方案仍有意义。我们可以看到，问题是流通，即，要使城市成

---

[1] P. Lelièvre, *L'Urbanisme et l'Architecture à Nantes au XVIII*, 博士论文 (Nantes: Librairie Durance, 1942).
[2] 参见 P. Lelièvre, *L'Urbanisme,* pp.89-90.

为完善的流通中介，它必须具有确保血液流通的心的形状。这很可笑，但毕竟，在18世纪末，对布雷（Boullée）、[1]勒杜克斯（Ledoux）[2]以及其他建筑师来说，建筑仍然常常根据这些原则来运作，好的形式必然会支持功能的恰当发挥。事实上，在南特实施的方案并不具有心的形状。在这些方案中，特别是一项由一个叫威格纳·德·威格尼的人所提出的方案，并不存在重建一切或者强加一种可以确保功能的象征性形式的问题，但方案中某些明确和具体的东西却至关重要。

这涉及在城中开辟道路，开辟足够宽的街道以确保四项功能。第一，卫生、通风，打开所有的死胡同，那里致病瘴气在居所过度密集拥挤的街区淤积。所以，有一个卫生的功能。第二，确保城中贸易的进行。第三，将街道网络与城外道路连接起来，以便外地的货物可以运来或发散，但仍需海关控制。最后，对18世纪的城市来说，一个重要的问题是要考虑到监视的应用，因为经济发展使得对城墙的废止成为必然，这意味着人们不再可能在晚上关闭城门或严密监视

---

[1] Étienne-Louis Boullée（1728—1799），法国建筑设计师。他竭力鼓吹采用自然所启发的几何形式。
[2] Claude-Nicolas Ledoux（1736—1806），法国建筑设计师。

日常的进出,如此,城市的不安全性由于乞丐、游民、过失者、罪犯、窃贼、杀人犯等流动人口——众所周知,这些人可能来自乡村[……]——的大量涌入而增加了。换言之,这是组织流通、消除其危险因素、区分好的与坏的流通,以及通过减少坏的流通而使好的流通最大化的问题。因此,这也是规划与外界的交通的问题,主要是为了城市的消费以及城市与外界的贸易。与巴黎的流通枢纽建立起来了,厄尔德(Erdre)河开发利用了,沿着它,供热的木材从布里塔尼(Brittany)购进来。最后,威格尼的再发展规划需要应对一个悖谬地既非常新又非常基本的问题,即如何将可能的未来发展整合进当前的规划中。这是码头(quays)贸易的问题,当时还不叫港区(docks)。城市被认为是正在发展的:许多事物、事件和因素,将会到来或发生。为了应付某种不能确切预知的事物,必须做些什么呢?有一个很简单的想法,就是利用卢瓦尔河(Loire)的堤岸来修筑尽可能最长的、最大的码头。但是,城市越是延伸,就越会失去那种条理分明的分格的好处。管理如此大范围的城市可能吗,如果城市被无限延伸,流通还可能发生吗?威格尼的方案是:沿着卢瓦尔河的一边建造码头,让一个地区发展起来,然后在卢瓦尔河上倚岛建桥,使得前一个地区对面的另一个地区能够从这些桥梁开始发展,如此,卢瓦尔河两岸之间的平衡将避免其中一边的无限延伸。

所规划的发展的细节是无关紧要的。我认为规划十分重要,或至少非常有意义,有几点理由。第一,不妨说,例如就那些像黎塞留、克里斯蒂安尼亚等诸如此类的规训之城的情况而言,再也不可能在空地或清空的场地上进行建造了。规训是在一个将要完全建成的空的、人造的空间中运作的。安全将依赖诸多给定的物质性条件。当然,它将就地与水流、岛屿、空气等等一起运作。因此,它基于某种给定的条件而运作。[第二],这种给定的条件不是像在规训之城的情况中那样,是为了达到某个完美的目的而重新建构的。它只是使积极因素最大化(为此要提供尽可能最好的流通),以及使风险和不便(例如盗窃和疾病,尽管知道它们永远不会被完全消除)最小化的问题。因此,人们不仅要考虑给定的自然条件,而且还要考虑可以相对地、但绝不可完全地削减的数量,既然它们永远不会被消除,那么还要考虑或然性。第三,这些城市发展试图把那些其多重功能得到论证的要素组织起来。什么是好的街道?一条好的街道当然有所谓瘴气和疾病的流通,因而必须根据这种尽管几乎不可欲、但却是必要的角色来管理。商品将被卸到街上,街上也会有商店。窃贼和有可能聚众闹事者也会来到街上。因此，城市的所有这些功能——有积极的，也有消极的——必须纳入到规划中。最后，第四个重要的理由是，人们是致力于未来的，也就是说，人们不会根据只是确保当时当地功能的完美实现的静态感知来构想或规划城市，而是会面向不可能准确地控制、没有精确地测度或者不可能精确地测度的未来，因而，一个好的城市规划恰恰要考虑可能会发生的情况。简言之，我想这里我们可以谈及一项技术，它基本上是根据安全问题，也可以说实际上是一系列的问题组织的。无限的动态要素系列：流通，x辆马车，x个行人，x个窃贼，x团瘴气等等。无限的将要发生的事件系列：许多船舶将靠岸、许多马车将抵达等。同样，还有无限的不断集聚的单位系列：多少居民、多少房屋等。我认为，因为这些系列是开放性的，因此，对它们的管理只能通过估算或然性来进行控制，而这恰好就是安全机制的基本特征。

综上所述，可以说，主权为领土确定首都，提出了政府所在地这一主要问题；规训建构起一个空间，并提出要素的等级和功能分配这一基本问题；安全则试图规划一个环境（milieu），根据事件、系列事件或可能的要素，这些系列必须在一个多价的和可变的框架内来调节。那么，安全的特定空间涉及一系列可能的事件；它涉及暂时的和不确定的东西，必须要把它们置入一个给定的空间。我想，一系列不确定的因素在其中展开的空间，大致就是人们所谓的环境。正如大家所知道的，环境是一个只出现在拉马克（Lamarck）生物学中的概念。[1]不过，这一概念已存在于物理学中，并为牛顿及其门徒所使用。环境是什么？它是解释一定距离间实体的相互作用所必需的。因此，它是作用的中介，是作用在其中流通的要素。[2]而在环境这一概念中，至关重要的正是流通和因果问题。所以我认为，建筑师、城市规划者，18世纪的第一批城市规划者，实际上并没有应用环境这一概念，因为据我已能看到的，它从未被用来选定城市或规划空间。另一方面，如果此概念并不存在，我要说，环境这一概念的技术图式，即那种——怎么说呢？——预先规划它的实用结构，会以城市规划者试图反思和调整城市空间的方式提出来。甚至在环境概念形成和分离出来之前，安全机器就在运转、创造、组织和规划一个环境。那么，环境就是流通在其中得以实现的地方。环境是一系列自然现象——河

---

[1] Jean-Baptiste Monet de Lamarck（1744—1829），《动物哲学》(*Philosophie Zoologique*, 1809) 的作者。
[2] G. Canguilhem, *Connaisance de la vie*, p.130.

流、沼泽、山峦——和一系列人为现象——个体、房屋的聚集等等。环境就是对生存于其中的一切施加的一定数量的、综合的总体效果。它是因果之间的循环联系在其中得以建立的要素,因为一个效果从某种观点来看会成为另一个效果的原因。例如,过分拥挤将意味着更多的瘴气,所以也意味着更多的疾病。更多的疾病显然将意味着更多的死亡。更多的死亡将意味着更多的尸体,因此也就意味着更多的瘴气,如此等等。所以,通过环境所针对的正是这种因果循环的现象。最后,环境显现为干预的领域,人们在其中不是试图影响作为一组能够自主行动的法律主体的个体——这是主权的情形——也不是影响作为能够行事或能按要求行事的机体(organisms)或身体(bodies)的多样性的个体——这是规训的情形——确切地说,是试图影响人口(population)。我指的是这样的个体的多样性,他们从根本上说只是在生物学的意义上生存,受缚于他们生存于其中的物质世界。通过这种环境,人们试图达到的,恰恰就是由这些个体、人口、群体制造的一系列事件,与在他们周围发生的准自然事件的结合。

在我看来,由城市引起的这个技术性的问题——城市不是唯一的例子,还有许多别的例子,我们会回到这一点——我们看到，人类自然性（naturalness）的问题在一个人为的环境（an artificial milieu）中突然出现了。在我看来，人类自然性在权力关系的政治策略中的这种突然出现是某种根本性的东西，作为结束，我要提到一个文本，其作者无疑是我们可称之为的生命政治、生命权力的第一位伟大理论家。他谈及此问题时，和一种不同的东西联系了起来，即出生率，这当然是主要的问题之一，但是很快我们就会看到，环境的概念在此作为权力干预的目标而出现，而这在我看来，似乎完全不同于主权和领土的司法概念，也不同于规训的空间。关于这种人为的和自然的环境的观念——在其中策略起到某种与人口相关的自然的作用，而尽管人口是由社会关系和政治关系编织而成的，但也起到类（species）的作用——我们在莫尤（Moheau）的《人口研究》[1]中发现这样一段陈述："政府的责任是：改变空气温度和改善气候；疏导不流动而污浊的死水，管理人工林或烧毁的森林、治理被时间或连续的表面开垦所破坏的山岭，创造新的土壤和新的气候。时间、土地占用、自然变迁的效应，会使最健

---

[1] Moheau, *Recherches et Considération sur la population de la France* (Paris: Moutard, 1778).

康的地方变得容易引起疾病。"[1]他提到维吉尔关于酒冻在酒桶里的一首诗，说：在今天的意大利，我们还能看到酒冻在酒桶里吗？[2]那么，如果发生了那么多的变化，不是气候改变了；是政府的政治和经济干预改变了事物的进程，以至自然本身为人构成了我曾打算说的另一个环境，只是"环境"这个词并未出现在莫尤的书中。在结论部分，他说："如果形成性格与精神的未知原则是气候、政体、习俗以及某些行为习惯的结果，我们可以说，君主们通过审慎的法律、实用的建制、烦琐的税收，以及由他们的压制产生的自由，简言之，通过他们的儆戒，来统治他们臣民的自然存在和道德存在。也许有一天，我们将能运用这些手段，来赋予道德与国民精神以我们所希望的色彩。"[3]你们可以看到，这里我们又遇到主权者（the sovereign）的问题，但主权者不再是基于其政治主权的地理定位，对领土行使权力的某个人。主权者处理自然，或毋宁说处理地理的、气候的、物质的环境与具有身体和灵魂、自然存在和道德存在的人类之间的永久结合、持续不断的交错；而主权者将必须在物质

---

[1] *Recherches et Considération*, Book II, part 2, ch. XVII, 1778 edition, pp.154-155.
[2] Ibid, p.155.
[3] *Recherches et Considération*, Book II, part 2, ch. XVII, 1778 edition, p.157.

要素意义上的自然介入人类的本性意义上的自然的交接点上行使权力，在此接点上，环境成为决定性的自然因素。这就是主权者必须干预的地方，而如果他想改变人类的话，莫尤说，必须通过作用于环境来实现。我想，我们已在安全机制的这一展开中获得了一条轴线、一个基本要素，也就是说，这还不是环境概念的出现，而是一项规划、一项将用来处理环境的政治技术的出现。

(严泽胜　译)

生命政治的诞生

编者按

　　这是福柯1979年法兰西学院讲座《生命政治的诞生》的课程总结。这个讲座由伽里玛出版社2004年出版，英文版2008年由PALGRAVE MACMILLAN出版。这次讲座以自由主义为主题。福柯不是从理论或者意识形态的角度来看待自由主义，也不是从法律和经济的角度来分析自由主义，而是从治理术的角度来看待自由主义：自由主义是对治理实践的批判和反思。自由主义就是针对"管得太多"而出现的。在这个年度讲座中，福柯除了对自由主义的治理术进行普遍分析外（见本书中的《自由主义的治理艺术》一文），还详细地讨论了美国新自由主义和德国新自由主义。最后对经济人概念的历史作了回顾和分析。关于福柯和自由主义的关系，一直众说纷纭，随着这个讲座的出版，人们能够看出福柯对自由主义的独一无二的思考和回应。

今年的课程已经确定：全力以赴地形成一个导论。其主题是"生命政治"。我用这个词，意在表明一种始于18世纪的行为，它力图将健康、出生率、卫生、寿命、种族……等等问题合理化。一群活着的人组构成人口，这一特定现象，使得治理实践必须面对这些问题。我们意识到，自19世纪以来，这些问题占据的地盘已经扩张，到今天，它们已经构成了诸多的政治和经济问题。

在我看来，这些问题不能摆脱政治合理性的框架，在这个框架内，它们显现和酝酿了其迫切性。在此，"自由主义"进入了这个画面。因为正是和自由主义相关，这些问题才开始具备一种挑战的面貌。在一个急切地要求尊重法律主体和确保个人自由进取的体制中，"人口"这一现象，连同它的一些特定效应和问题，当如何解释？人口，将以何种名义，根据哪些规则来对待？19世纪中期在英国发生的关于公共卫生立法的辩论能给我们提供一个范例。

我们该如何理解"自由主义"？我依据的是保罗·维尼对历史普遍性的反思，以及尝试一种历史唯名主义方法论的需要。尽管有大量的可供选择的方法，我还是不打算将"自由主义"作为一种理论或是意识形态来分析，当然，更不会将它看做是"社会"的"自我表述"方式。相反，我将它看做是一种实践,也就是说,一种"行事方式",它针对着客观对象,通过不间断的反思来调整自己。这样,自由主义就被看做是使治理实践变得合理化的一种原则和方法。这种合理化遵从经济最大化的内在规律——这是其特性所在。合理化的治理实践,旨在取得最大的效果,同时又尽可能地缩减成本(无论是经济还是政治意义上的成本)。尽管如此,自由主义的合理化还是以这样一个假定为起点:治理(治理[government]在此指的并不是政府机构,而是在国家机构的框架内,并借助这种框架,来对人的行为进行管理的活动)的目的并非治理本身。它没有理由为自己而存在。它的最大化,即便在最可能的条件下,都不应该是它的管控原则。就这点而言,自由主义同"国家理性"(raison d'Eat)发生了决裂,后者自16世纪末以来,为了国家的生存和强化寻求一种意图:既能为不断增长的治理术进行辩护,也能为其发展进行管控。德国人在18世纪之所以发展出治安科学(Polizeiwissenschaft),既是因为他们缺乏一个大的国家形式,也因为狭隘的领土分割使他们能够进入极其方便观察到的单元地带——如果考虑到那个时代的技术和观念工具的话。这种治安科学总是服从这种原则:关注不够;太多的东西失去了控制;太多的地方没有管控和监督;没有充分的秩序和管理。总之，管得太少。治安科学是国家理性原则所主导的治理技术形式。它是以一种"完全自然的方式"，来讨论人口问题。要使国家强盛，人口问题或许是最大、最活跃的要素。就此，健康、出生率、卫生，理所当然地在其中找到了重要的位置。

而自由主义则和这一原则相呼应："管得太多。"或者，至少，人们总是担心管得太多。治理术要实施，就应该受到批判。这种批判较之最优化尝试要激进得多。它应该置疑的不仅仅是取得其效果的最佳手段，也包括要取得这些效果所要实施的计划的可能性，甚至是合法性。对管得太多的危险的怀疑寄寓在这个问题中：实际上，人们为何要管理？这就解释了，为什么自由主义的批判很难同那个时代出现的新的"社会"问题区分开来。正是以社会的名义，人们才试图确定，为什么要有一个政府？在什么范围内可以不要政府？在什么情况下政府的干预有害无益？一旦国家生存（the existence of the state）直接采用了治理实践，那么，从国家理性的角度来说，治理实践的理性化暗示着最佳环境的最大化。自由主义思想的出发点不是国家生存，而是社会。前者在治理中预见了要达到那个自为目的的手段，而后者同国家处于一种复杂的内外关系中。社会，既作为一个前提，也作为一个结局，促使人们不再这样问："人们如何以最少的成本进行最多的管理？"而是这样问："为什么要治理？换句话说，政府存在的必要性何在？就社会而言，治理想要获得存在的合法性，其目的何在？"社会，这一观念的出现，使治理技术的发展奠定在这一原则之上：治理"过多了"，"过量了"，至少，它是一个额外的多余物：它的必要性和有用性总应该受到质疑。

人们通常将国家和市民社会的区分视做是一种历史普遍性，进而使得他们考察全部的具体制度。与此相反，我们只是试图将它看做是一种具有特定治理技术的图式。

这样，我们不能说，自由主义是个从未实现的乌托邦——除非自由主义的内核被当成一系列的规划，而这个内核又是从对它的分析和批评中提出来的。它也不是遭受现实挫折，在现实中找不到位置，进而产生的梦想。相反，它成为对治理现实进行批判的工具，因此，它既是多义的，也是复现的。它批判的现实包括：（1）人们试图摆脱的先前的治理术；（2）人们试图先将其解散，然后进行重组和合理化的当前的治理术；（3）遭到反对的，并限制其滥用的治理术。就此，我们会发现自由主义同时具备不同的形式。它是治理实践的一个管理图式，它的主题，间或是激进对抗的。18世纪末期到19世纪上半期的英国政治思想的明显特征，就是在多种意义上使用自由主义概念。更为明显的，它也是对边沁及边沁主义者的发展和曲解。

无疑，在自由主义批判中，作为现实的市场，作为理论的政治经济学，扮演了一个重要的角色。但是，正如罗桑瓦隆（Rosanvallon）在他的重要著作中所证实的，自由主义既非它们的结果，也非对它们的发展[1]。相反，市场，在自由主义批判中，扮演的角色是"尝试"，是一个特殊经验，在此，人们可以确定过度治理会引发什么效果，甚至能掂量它们的意义：对"饥荒"体制的分析，或者更普遍地，对18世纪中期谷物贸易的分析，都意在表明，在哪个环节治理表现得过分了。不论是重农学派的经济表，还是斯密的"看不见的手"，进而，无论是对价值构成和财富流通所作的揭露性分析（以"证据"的形式），还是相反，对个体追逐利润和集体财富的增长这二者内在的隐匿关系所作的预示性分析，面对所有这些问题，经济学都表明，在经济活动的优化发展和治理程序的最大化之间，并不存在着基本的可比性。正是因为这一点，而不是观念游戏，法国和英国的经济

---

[1] 罗桑瓦隆（Rosanvallon），《乌托邦资本主义：市场观念史》，巴黎，色伊，1979年版。

学家才脱离了财政主义和重商主义。他们对经济实践的思考，摆脱了国家理性的霸权和治理干预的渗透。经济学家将它作为"管得太多"的尺度来对待，因此，也将它置放在治理行为的"极限处"。

自由主义也不是来自于法律思想，正如它不是来自经济分析一样。不是从契约性纽带产生并奠定了一个政治社会的观点出发，而是在寻求一种自由主义的治理技术的过程中，人们发现，以法律形式构成的管理工具，较之一个温和的或者英明的统治者，要有效得多。（相反，出于对法律和司法机构的不信任，重农学派要使经济上的"自然"法得到承认，往往倾向于寻找一个权力受到制度限制的君主的管理。）自由主义寻求法律的管理，但不是借助于对它来说自然而然的条文主义，而是因为法律界定了普遍干预的形式，它排除了个体的、特定的、例外的尺度；也因为被治理者参与了法律和议会体制的形成，这种参与构成了最有效的治理经济的体制。因此，"法治国"（Rechtsstaat），法律规则，"真正的代理性"议会体制组织，在19世纪的整个开端，都和自由主义紧密相关，但是，正如政治经济学（开始是作为对过度治理术的一个测试而被运用的）无论是在性质上还是功能上都不是自由主义一样，它们也很快导向了反自由主义态度（无论是在19世纪的国民经济中还是在20世纪的计划经济中）。所以，法治国的民主并不一定是自由主义的；而自由主义也不一定是民主的，或者，并不一定致力于法律形式。

自由主义，诱使我在其中看到的，既不是一个相对统一的教义，也不是去寻求一些或多或少被清晰地界定目标的政治学，而是对治理实践进行批判反思的形式。批判既来自内部，也来自外部，它凭借这样那样的经济理论，或涉及这样那样的没有必然的面对面联系的司法体制。自由主义的问题，就被理解为"管得太多"的问题，它最初出现在英国，是近期的欧洲现象，即"政治生活"的一个持久特征。治理实践的"好和坏"，"管得过多或过少"，一旦这些成为公众辩论的对象，那么，它的过度运用，就可能受到限制，此时，如果政治生活真的存在的话，那么，自由主义确实是政治生活的构成性要素之一。

当然，上述反思并不是对自由主义的所谓透彻"解释"，毋宁说，它是对"治理理性"可能性分析的一个计划。治理理性即某些合理性，它们在方法的层面上运作，国家行政通过这种方法来指导人的行为。我尝试着做一个这样的分析，涉及两个当代的例子：1948—1962间的德国自由主义；芝加哥学派的美国自由主义。这两种自由主义，在一个明确的语境中，都把自己表述为对"过度治理"所特有的非理性进行的批判，对富兰克林所说的"俭省治理"技术的回归。

在德国，过度治理属于纳粹主义和战争体制，除此之外，它还是一种指导性的计划经济，形成于1914到1918年这段时期对资源和人的广泛调配。它也是"国家社会主义"。事实上，弗莱堡学派的那些人（或至少受他们影响的那些人），后来在杂志 Ordo 上撰稿的那些人，他们早在1928到1930年，就开始界定，规划甚至在一定程度上实施二战后的德国自由主义。瓦尔特· 欧根（Walter Eucken）、弗兰茨·波姆（Franz Bohm）罗普克（Wroepke）和冯· 罗斯托（Von Rustow）等人站在新康德主义哲学，胡塞尔现象学和韦伯社会学的交汇点，他们在某些方面和维也纳经济学家非常接近，关注经济结构和法律过程的历史关系，进而对三条不同的政治阵线展开批判：苏联社会主义、国家社会主义，以及凯恩斯鼓吹的干预主义政策。但是，他们针对的敌人在他们看来只有一个：完全漠视市场机制的经济治理。而市场机制只能通过价格波动来调节。秩序自由主义（Ordo-liberalism），就是在自由主义治理技术的基本主题上运转。它试图对在体制和法律框架内组织起来的（而非计划和引导的）市场经济作出明确的界定。而这个框架，一方面提供了法律的保证和限制，另一方面，又相信自由的经济过程不会导致任何的社会扭曲。本课程的第一部分就是研究秩序自由主义，它启发了阿登纳和艾哈德时期联邦德国总政策的经济选择。

第二部分要讨论的是所谓"美国新自由主义"的几个问题。它主要和芝加哥学派相关。这种自由主义也是针对它眼中的"过度治理"而酝酿出来的。新政、战争计划，以及战后民主党政府支持的重大的经济和社会规划，在西蒙斯（Simons）看来，都导致了过度治理。同德国的秩序自由派一样，美国的新自由主义批判也是以经济自由主义的名义发起的。他们列举了过度治理不可避免的危险结果：经济干预主义，治理机制的膨胀，过度行政，官僚制，所有权力机制的僵化，等等；与影随行的，还有新的扭曲的经济生产又导致新一轮的干预。不过，美国新自由主义最显著的特征，即，它是同德国的社会经济市场完全相反的一场运动。对于后者而言，市场是合理经济的唯一基础；但市场的价格调节本身如此脆弱，以至于充满警觉的社会干预的内部政策应对其支撑，管理和"组织"。（这些干预包括对失业者的援助，健康保险，居住政策等等）；而美国新自由主义则相反地将市场的合理性，它提议的分析图式，它表明的决策标准，扩充到独一无二的基本的经济领域之外，比如，家庭和出生政策，违法和处罚政策，等等。

因此，我们现在需要研究的，就是特定的人口和生命问题在治理技术的框架内是如何提出来的。这个治理技术，并不总是自由主义的，甚至远离自由主义，但是，从18世纪末开始，它就被自由主义问题所缠绕。

（汪民安 译）

自由主义的治理艺术

编者按

　　这是1979年年度讲座"生命政治的诞生"的第二讲和第三讲（1979年1月17日，1月24日）。题目为编者所加。福柯在这里详细地谈到了自由主义的治理艺术的几个特点。总的来看，自由主义是一种最小治理，是一种节俭型治理。"市场的真理；治理实用性之计算带来的对治理的限制；还有相对于一个世界市场而言，欧洲作为无限制经济发展之区域的定位。这就是我所谓的自由主义。"在此，特别需要注意的是最后一点，即欧洲均衡、自由主义和全球市场的关系。因为福柯经常被人视作欧洲中心主义者，即很少关心欧洲和世界的关系。显然，这是一个误解，福柯并非没有这方面的思考。福柯最后分析了自由主义治理实践带来的几个后果以及遇到的危机。

一

上个星期，我提出在18世纪中期前后，有一种新的治理艺术（a new art of government）开始确立，被反思讨论，并开始获得具体的形态。这次我想把这些观点，或者说假设再提炼一下。我认为这种新的治理艺术的一种本质特征，是把为数众多且十分复杂的内部机制组织在一起，而这种组织的功能——这也正是它们与国家理性（raison d'Etat）的区别所在——与其说是为了保证国家的武力、财富及支配力的无限制增长，不如说是为了在国家内部限制治理权力的实行。

在机制、效果及原则方面，这种治理艺术显然有新颖的一面。不过这种新颖也只是在一定程度上的新颖，因为我们不应当把这种治理艺术想象成对国家理性的压制、抹杀、废弃，或者——如果你愿意，也可以采用我上星期谈到过的说法——对国家理性的消灭（Aufhebung of the raison d'Etat）。事实上，我们不应当忘记，这种新的治理艺术，或者说这种尽可能减少治理的治理艺术，这种在最大化及最小化之间，且宁愿弃大取小的治理艺术，应当被视为一种对国家理性的强化，或者内部提纯；它是以维护、充实并完善国家理性为目的被提出的治理原则。它不是有别于国家理性的他物，既不外在于之，也不于之发生冲突，它就是国家理性自身发展回路中进入弯道的节点。如果你们允许我使用一个不太恰当的说法，那么我会说，它就是内在于国家理性的，作为国家理性本身的组织化原则的最小国家理性（the reason of the least state）；或者这么说：它就是作为国家理性本身的组织原则的最小治理理性（the reason of least government）。曾经有人——很遗憾我在资料里找不到他的名字，不过找到了我会告诉你们，不过可以肯定是在18世纪末期——谈到过"节俭型治理"（frugal government）。实际上，我想眼下我们正在进入所谓节俭型治理的时代。当然，这种说法一定会招来一些反对意见，因为节俭型治理时代从18世纪揭开序幕以来，到现在还没有成为历史。而在此过程中，我们目睹了治理实践的内部强化及外部扩张，它们带来的负面效应，以及它们遭遇的抵制与反击。这些抵制与反击，我们知道，是针对治理的恶意侵犯行为而发，尽管此治理一再重申自己的节俭，且它原本也应当节俭。可以这么说——这也是为什么我们能够说我们正生活在一个节俭型治理的时代的原因——一种始终都把节俭当成目标的治理，其内部强化及外部扩张过程，无论是在治理的内部还是外部，从始至终都伴随着这样一个问题，也就是太多与太少的问题。夸张一些说，或者讽刺一些说，我认为无论治理的外在扩张或内在强化过程实际上如何进行，节俭的问题始终位居对治理进行反省的中心位置。[1]节俭性的问题，如果不是取代了，至少也是排挤了政制问题，并在某种程度上迫使后者后退至边缘的地位。而政制的问题，乃是贯穿十六七乃至18世纪的政治思考的核心问题。当然，所有关于君主政治、贵族政治及民主政治的问题并没有凭空消失。但是，正如它们是十七八世纪政治思考中根本性的问题——也可以说最尊贵的问题——一样，从18世纪末期开始，贯穿19世纪，到今天为止显然更是如此，最根本的问题已经不再是国家的政制问题，而毫无疑问是治理的节俭性问题。治理的节俭性问题说白了就是自由主义的问题。现在我想把上星期谈到的两个或者三个要点重新提出来，澄清并提炼一下。

上个星期我试图让你们看到，节俭型治理这个想法，这个主题，或更确切地说这一调节性的原则，是在这样一个基础上形成的：这个基础可以被称为，或者我粗略地把它定位为一种连接，即国家理性，以及对国家理性的算计，与某种特殊的真理体制之间的连接，而这种真理体制的理论表述

---

[1] 福柯补充：以及治理所提出的问题。

与程式就是政治经济学。我试图说明政治经济学的出现与最小治理的问题之间是相关联的。但我以为应当试图阐明一下这种关联的性质。当我说政治经济学与国家理性之间相联通时，是不是意味着政治经济学提供了一种特殊的治理模式？这又是否意味着政治家开始学习政治经济学，或者他们开始听取经济学家的意见？经济模式已经成为治理实践的组织性原则了么？很显然，这些都不是我要说的。我的意思是，我想试图界定的是性质很不相同，且位居另一层面的东西。治理实践与真理体制之间的关联性，其所依据的准则如下：在16、17世纪，甚至上溯至中世纪的政府体制，或者治理实践中，已经存在一种场所，它是治理介入或规制时优先考虑的众多对象之一，也是政府警觉及介入时优先考虑的对象。从18世纪开始，不是经济理论，而是这个场所本身，成为真理构成的场地及机制。人们没有用毫无限制的规范治理艺术填塞这个真理构型的场地，因为他们认识到——这也是转换发生的契机——必须让这个场地自由发挥功能，给它的干扰越少越好。只有这样，它才能构建它的真理，并将之作为规范准则提供给治理实践。当然，这个真理的场地并不位于经济学家的头脑，而是存在于市场之中。

让我们说清楚些。一言以蔽之，在最普遍的意义上的市场，也就是以中世纪乃至16世纪及17世纪时的方式运作的市场，本质上就是一个正义的场所。从什么意义上说它是一个正义的场所呢？有好几种意义。首先自然是，市场充斥着极端繁复及严格的规则：在市场上能买到的物品、它们的制造类型、产地、需要缴纳的税款、销售的流程，当然还有确定的价格，都受到规范；因此，市场是一个充斥着规则的场所。它也是一个正义的场所（a site of justice），因为无论从理论家的角度看，还是实际操作的角度看，在市场上确定的销售价格都被视为一种公正的价格。也就是说，这种价格将与商品中所包含的劳动、商户的需求，当然还有消费者的需求及消费可能性产生某种联系。说市场是一个正义的场所，甚至意味着它具有能够分配正义的优越特质。因为如你所知，至少对一些基础性产品，例如食品而言，市场规则会相应地运作，以保证富裕阶层以及不是全部，但至少是部分的极端贫困者能买得起；最后，在市场上，本质上需要确保的究竟是什么东西？市场要保证的，或者说市场的规则要保证的是什么？因为正是这样东西使市场成为一个正义的场所。是我们现在要说的价格的真理么？完全不是。需要保证的是不存在欺诈现象。换句话说，是保护买方。市场规范的目标是，一方面尽可能公正地分配货物，另一方面，杜绝盗窃及犯罪。换言之，市场在当时基本上是被视为一种风险，对商人而言可能如此，对购买者而言则毫无疑义。购买者必须被保护，以免受到不良商品的危害及销售方的欺诈。然后还需要保证在商品的特性、质量等等问题上不存在欺诈行为。因此，这种系统——规范、公正价格、禁绝欺诈——就意味着，从本质上看，从其实际功用上看，市场的确是一个正义的场所。于此，在交换过程中显现的，以及在价格中形成的，就是正义。我们也可以说市场是一个司法的场域（a site of jurisdiction）。

现在这也正是变化发生的地方，原因有很多，我等一下会谈。到了18世纪中期，市场不再以司法之场域的面貌出现，毋宁说，市场已经不再需要作为司法之场域。另一方面，市场开始显得像一种服从于"自然"，而且必须服从于"自然"的东西；换言之，市场成了自发性的机制（spontaneous mechanisms）。尽管这些机制本身的复杂程度已经让任何调整它们的企图都归于枉然，但即便如此，它们的自发性也还是强到这样一种地步，即任何调整它的企图最终只会损坏或歪曲它们的正常运作。另一方面——这也是市场成为真理场域的另一个原因——市场不仅允许自然机制出现，而且当你允许这些机制发挥功用，它们就会容许形成一种特定的价格。这种价格后来被布阿吉尔贝尔（Biosgilbert）[1]称为"自然"价格（natural price），商业主义者称之为"良价"（good price），再后来则被称为"正常价格"（normal price）。这也就是说，某种价格——自然、善良、正常，都无所谓——将会把一种关系充分地体现出来，而这种关系就是商品成本与需求度之间绝对的充分的关系。当你允许市场根据自己的自然本性自行运作，或者你也可以说，根据其自然的真理进行运作，它就会容许某种价格形成，而这种价格会富象征意味地被称为"实价"（the true price），有时仍然被称为公正价格，只不过它不再具有正义的内涵。因为这种价格是围绕着产品的价值浮动的。

经济理论的重要性——我指的是在经济学家的话语中建构出来的及在他们的脑海中形成的理论——价格—价值关系之理论的重要性恰恰在于，它让经济理论得以拣选出一些后来被视为具有本质性的东西：市场必定能够揭示类似于真理那样的东西。这并不意味着这些价格，从严格意义上看，是真正的价格，也不是说果真有真的价格和假的价格。

---

[1] 布阿吉尔贝尔（1646—1714），法国经济学家。法国古典政治经济学创始人，重农学派的先驱。——译注

我想说的是，在治理实践中，在对这种治理实践的反省中，我们在此刻所发现的是，既然价格是由市场的自然机制所决定的，那么这些价格就构成了一种真理的标准。我们能够根据此标准，判断治理实践的正确与否。换言之，市场的自然机制与自然价格的形成，让我们能够判断并核准治理实践的真伪。我们可以在这些元素的基础之上，审视治理行为，治理策略及治理手段。在此意义上，正因为市场使生产、需要、供应、需求、价格与价值等等诸多元素，以交换为纽带联结在一起，市场本身就构成了一个真理的场域（a site of veridiction）。我的意思是说，判断治理实践的真确与伪误的场域（a site of verification-falsification for governmental practice）。于是，市场决定了好的治理不再单纯是以正义原则为基础运作的治理。市场决定了一个好的政府不再是单纯的公正的政府。市场现在决定了所谓好的治理，必须以真理为准则进行运作。在这种新的治理艺术的产生与发展历程中，政治经济学之所以能获得其优越地位，并不仅仅因为它能支配一种良好的治理行为。政治经济学之所以重要，而且这种重要性在其理论构筑期就已经体现出来，就是因为（也仅仅是因为，不过这也已经够了）它为政府指明了政府之治理实践所应依据的真理原则存在的方位。用简单且粗暴的语言说，市场从形成到18世纪初，都是一个司法的场域（a site of jurisdiction）；但通过去年我所谈及的粮食匮乏及谷物市场等等技术，市场正在成为一个我称为真理的场域。市场必须说出真理（dire le vrai）；它必须说出关于治理实践的真理。由此，真理所应该扮演的角色——这仅仅是次一级的角色——是命令、指挥且规定必定与市场相关联的司法的机制，或者当这些机制缺席的时候，真理也起着同样的作用。

当我谈到18世纪时，真理体制与新治理理性的耦合，以及这种耦合与政治经济学的关联，这绝非意味着形成了一种科学与理论相结合的称为政治经济学的话语；另一方面，我也绝不是想说，当权者为政治经济学所魅惑，或者在某个社会团体的压力下被迫在制定政策时考虑政治经济学的因素。我的意思是，在过去很长时间里，市场都是治理实践优先考虑的对象；到走十六七世纪，受国家理性之体制的管辖，且重商主义（mercantilism）明确地把贸易当成国家权力的重要措施之一，市场的优越地位仍然没有改变。但这样的市场，现在已经被构建为一个真理的场域。这并不单纯因为我们已经进入一个市场经济的时代，（说这样的时代已经开始，这本身没有错，但这也等于什么都没说）也并非因为人们想要制造出市场的理性理论(他们其实正是在做这样的事情,只是生成的理论并不充分)。事实上,为了理解现实意义上的市场,究竟是如何成为治理实践的真理的场域,我们得要建立一种我称为多面形或者多边形的关系(a polygonal or polyhedral relationship)。关系的各方分别是:18世纪特殊的货币状况,一方面是黄金大量流入,另一方面是货币的相对稳定;同时期经济与人口的持续增长;农业生产得到强化;大量专门人才参与治理实践,同时带来对治理方法与手段的反省;最后,是一些经济问题被提炼为理论的形式。

换句话说,我不认为我们需要寻找——因此我也不认为我们能够找到——作为一种真理之代理的市场形成的特定原因。如果要分析西方治理艺术的发展历程中这一绝对根本的现象,这一市场作为真理之原则的凸现,我们应当把我刚才谈及的不同现象之间关联性描述出来,以把握其过程中的合理性。这是说明它如何可能产生——也就是说,不是想说明它是必需的,因为就算你想证明,终归也是徒劳;也不是说明它是一种可能性(un possible),一个有多种可能性的确定场域中的一种可能性……我们可以这样说,要想赋予现实合理性,只要说明它是可能存在的;确立现实的合理性,就在于展示它的可能性。概括地说,在从司法的市场到真理的市场的这段历史中，司法与真理之间有无数的交汇点。其中有一个交汇点，无疑构成西方现代史中一种根本性的现象。

我试图以这些[问题]为中心来组织一系列思考——例如关于疯癫的思考。精神病学是在精神病医师头脑中形成的一种自称具有科学性的理论，或者一种科学，或话语，且它在精神病院中获得了具体形态，并被付诸实践；而已经存在了很长时间的监禁制度（institution of confinement），在一个特定的时刻，于精神病学家的话语中分泌出它们自己的理论，并论证了自己存在的合法性。以上都不是我关心的重点，我的问题点在于，监禁制度是精神病学之肇始的基础，或者说通过监禁机制产生了精神病学。精神病学的起源原本是与最宽泛意义上的司法机制相缔结的——因为司法中存在治安（police type of jurisdiction）这一类型，不过此刻在这个层面上，这并不太重要——但在某个特定点及特定条件下（这正是我们需要分析的），它同时又得到真理的过程的辅佐，继而为其所接管、转换、重组。

同理，研究刑罚制度也就意味着首先将它们全部视为一些场域与形式，在这些场域与形式中，司法的实践占据了类似独裁者那样的支配地位。[这意味着我们应当研究]在这些本质上与司法的实践相关联的刑罚制度中，某种特定的真理的实践是如何形成并发展起来的；而这种真理的实践——当然它也得到犯罪学、心理学等等学说的支持，但这些都不是最根本的——是如何开始把真理的问题植入到现代刑罚实践的核心位置的，甚至到了对刑罚实践的司法形成困扰的地步。现代刑罚实践中的真理，体现在向罪犯提出的一个关于真相的问题上：你是谁？当刑罚实践用"你是谁？"取代了"你干了什么？"的问题，我们不难看出刑罚系统的司法功能是如何被真理的问题所改变，或者说被二重化，甚至在某种情况下，被真理所侵蚀。

同理，通过一系列制度来研究"性"的谱系，意味着我们要试图从诸如自白实践、灵性指引、医学关系等实践中，找到对性关系的司法与关于欲望的真理之间发生交换与交叉的这样一个时刻。关于性关系的司法，界定了被允许的行为以及被禁止的行为；而关于欲望的真理中，则勾勒了作为客体的"性"的基本框架。

你可以看到，在这些个案中——不论是市场、自白、精神病学制度还是监狱——都包含了同一种内容，即从不同角度处理真理的历史，或者说，处理一种从一开始就与律法的历史相耦合的真理的历史。尽管错谬的历史与禁忌的历史之间的关联，已经是多人处理的问题，但我更希望处理的是，与律法的历史相耦合的真理的历史。很显然，所谓真理的历史，不是通过对错误的抹消与纠正，去重构一种真理之创始的过程；也不是通过对诸种意识形态的抹消与纠正，去完成一种理性的历史性承续；更不是对封闭且自足的真理诸系统的描述。真理的历史包含了诸种真理之体制的谱系，也即包含了：在一种合法的状态的基础上，构建一种特殊的真理之正确性（droit）；法律之正义（droit）与真理之间的关系在话语得到优先体现，而正是在此话语中形成了法律，也是在此话语中，我们得以分别什么可能被视为真实，什么可能被视为虚假。真理的体制，事实上并非一种真理的律法，[而是]一系列的规则的总和，通过这些规则，人得以确证在一种给定的话语中，哪一些陈述可以被描述为真实，哪一些可以被描述为虚假。

处理诸种真理之体制的历史——而不是真理的历史、谬误的历史，或者意识形态的历史，等等——显然意味着我们要再次抛弃那种对欧洲理性主义及其过剩产物的众所周知的批判。这种批判从19世纪初期开始，就以不同形式被不断重提。从浪漫主义到法兰克福学派，经常遭到质疑及挑衅的，始终是理性，以及被认为专属于理性的权力的沉重感。

现在我想提出的对知识的批评[1]，事实上并不是要抨击以理性为名不断地——我差点想说单方面地——具有压制性的东西，因为毕竟，相信我，疯狂也同样具有压制性。这一针对知识的政治批判也同样不是为了从所有已经确认的真理中一气清除全部权力的预设，因为，相信我，在谎言与错谬中也存在同样程度的权力的滥用。我提议的批评在于，去确定一种真理是在怎样的条件下被使用的，它又能达成怎样的效果。也就是说，确定一种受特定的真理化与谬误化规则约束的构形的类型。举例而言，当我说批评是要决定一种真理在何种条件下被实践，且此实践带来怎样的效果时，你可以看出问题并不在于说：你看精神病学多具有压制性，就因为它是假的；也不等于说，看看精神病学多具有压制性，就因为它是真的。问题在于要讨论这个问题，就要把所有条件呈现出来，因为只有满足了所有这些条件，关于疯癫的话语才可能成立——不良行为的话语，或是性的话语，都同理可证——而根据医学规则，或者比如说，自白、心理学或者精神分析学的规则，这种话语才可以被判定真伪。

换言之，要具备政治重要性，我们的分析未必需要集中

---

[1] 讲稿中加上了"政治的"一词。

在真理的创始或者对谬误的记忆方面。一种科学什么时候开始说真话,有那么重要么?想起医生们曾经针对性或疯癫说过那么多大错特错的话,倒是对我们相当有益……我认为,当前在政治上具有重要性的是,要去决定一种真理的体制,这种体制在一个既定的时刻得以确立。它的确立使我们能够以其为基础,进而认识到,比如说,19世纪的医生们原来曾经说过那么多关于性的愚蠢的话。因此重要的是,真理体制被决定,我们才能据此表达,并且断言一些东西是真理;它更能证明原来我们至今为止认识到的东西或许全都不是真的。事实上,这一点恰恰才是历史分析可能具备政治重要性的地方。不是关于真实的历史,也不是关于虚假的历史,而是关于真理的历史,才具备政治上的重要性。关于市场的问题,或者说,关于真理体制与治理实践的联结的问题,我想谈的正是这个。

现在让我们来考虑第二个问题,我上周谈过,但是这里我想再把它提炼一下。你们应该记得,我说过在纯粹的国家理性的体制里,治理艺术,或者至少治理艺术这种趋向,是无法被终结的,是无止境的。从某种意义上说,治理艺术本身是无限的。这恰是当时被称为治安(police)的主要特征,到了18世纪末期,治安将被易名为(当然现在看来已经是过去时了）治安国家（the police state）。所谓治安国家是一种随着行政部署兴起的政府类型。它是纯行政取向的，在其背后运作的行政机构拥有治理艺术的全部能量。

我还指出，在18世纪得以完善的治理理性的新系统，也就是节俭型治理，或者最小国家理性中，产生了一些非常不同的东西。一方面，它是限制，另一方面，它是一种内部的限制。但是我们不应当认为这种内部限制的本质，与法律全然不同。不管怎么说，内部限制都是一种司法意义上的限制。因此问题就在于，在这种新的、自我限制的治理理性体制中，如何把这种限制用法律术语构造出来。大家都能看出来，这是个很不同的问题。在旧的国家理性系统中，一方面有治理艺术，且治理艺术具有不被限制的倾向；另一方面有一个法律体系从外部与其相对立，但这种对立是在具体且众所周知的政治限度之内：也就是[一方面是]王权，另一方面是司法制度的支持者之间的对立。新系统里问题就不同了：对治理艺术的必要的自我限制该如何在法律里成形，且不会导致治理本身的瘫痪？还有（这才是真正的问题所在），它不会给真理场域带来阻滞，而这个真理场域正是以市场为典范，且市场本身也必须得到这样的尊重。说得更清楚一些，18世纪末期浮现出来的问题是这样的：如果有政治经济学，那么与其对应的公法（public law）是什么？或者这么说：既然法律是对公权力的行使进行结构性表述，那么，假如至少有一个领域，当然也还会有其他领域，是治理绝对不应该干预的，不论是出于法律的理由，还是事实上的理由，甚至真理的理由，都不应该干预。那么，要体现这一点的法律的基础究竟是什么？如果出于对真理的尊重，权力要受到限制，那么权力或者说治理，该如何用法律这一也同样必须被尊重的东西来表达对真理的尊重[1]毕竟，很长时间以来，一直到最近都是如此，法国的法学院同时也是政治经济学院。这一事实——经济学家和法学家都很不认同——其实不过是一种具有根源性的事实的拓展，当然从历史角度看这拓展有些过分了。此根源性的事实就是，你不可能撇开公法（public law）的问题，也就是公权力的制限（limiting the power of public authorities）问题，来谈政治经济学，也就是市场的自由问题。

有很多确切且具体的事情可以进一步证明。要知道，第一代经济学家同时也是法学者，以及关注公法问题的人。比如贝卡利亚（Beccaria）[2]是个基本以研究刑法为

---

[1] 福柯加注：政治经济学与公法之间的耦合，我们现在看来是很古怪的……[句子未完]
[2] 贝卡利亚（1738—1794），意大利法学家。刑事古典学派创始人。1764年因写《论犯罪和刑罚》一书而名闻全欧。以后任职于米兰政府经济部门。——译注

主的公法理论家，但他同时也是个经济学家；公法问题贯穿了亚当·斯密的全部著作，这你只要读读《国富论》，甚至都不用读他的其他作品就能发现；公法理论家边沁（Bentham），也是个经济学家，且写了很多政治经济学理论方面的书。以上事实都显示，政治经济学的问题与公权力制限问题从一开始就是联系在一起的。除此之外，还有充沛的证据说明，19、20世纪以来在经济立法方面产生了很多问题，比如治理与行政的分离，行政法的建立，是否需要设立特别的行政法庭，如此等等。所以，上周当我谈到治理理性的自我制限（the self-limitation of governmental reason）时，我不是指法律的消失。我想指出的是，因为存在真理的问题，所以我们不得不对政治权力的行使进行法律上的限制。此时产生的问题，才是我想探讨的。

因此，公法的重心转移了。公法的本质问题与17、18世纪时不同，当时的根本问题是国家主权的根基是什么？国家主权能获得合法性的条件是什么？或者，主权拥有者在何种条件下能够合法地行使其权力？现在公法的根本问题变成，如何为公权力的行使设置司法限度？用图解的方法来说，18世纪末19世纪初，基本上有两种解决办法。第一种方法，我称之为公理的，也即司法的—演绎的解决法（axiomatic, juridico-deductive approach）。这种方法在一定范围内，可以等同于法国大革命实践的方法——我们因此也可以称之为卢梭式解决法。[1] 它是由什么组成的呢？它不是以治理及其必要的限制为起点，而是以古典形态的法律为起点。也就是说，它想要界定每一个个体的自然或者原初的权利，继而界定在何种条件下，出于何种原因，根据何种理念或历史的进程，对这些权利的限制或者交换，是可以被接受的。还有一部分内容，是界定那些人已经同意出让的权利，以及在另一方面，人不可能同意出让的权利。后者因此成为在任何情况下，在任何可能的政府或政治体制下，都不可被侵夺的权利。在我们界定了权利的分割（the division of rights）、国家主权的畛域（the sphere of sovereignty），以及国家主权之权利之诸界限（the limits of the right of sovereignty）之后，这一切共同形成了下一步界定的基础。最后，也只有在这样的基础之上，你才可能推演出治理权限（governmental competence）的界限何在，只是这种推演必须在由构成国家主权本身的支架结构中展开。说得更清楚简洁些的话，这种方法就是以人的权利为起点，通过对治理主权的建构，最终

---

[1] 在讲稿中，另一种方法被称为（第15页）"归纳的及残余的方法"。

达致对治理艺术的限制的方法。我觉得从宽泛的意义上说，这是个革命性的方法。它通过对社会、国家、主权以及治理的一种理念上乃至现实意义上的更新，从一开始就把合法性与权利的不可分割性的问题提出来了。也正因为如此，你们可以看到，假如从历史以及政治的角度看，这是一种革命性的方法，那么我们也可以称之为一种反动的，或者说是逆潮流而动的方法。因为它只是重新起用了从17到18世纪法学家们反复使用的旧方法，把公法的问题置于国家理性的对立面而已。从这个意义上看，17世纪的自然法理论家们，与法国大革命时期的法学家和立法者之间，是存在连续性的。

另一种方法，并非以法律为起点，而是以治理实践本身为出发点。它试图以治理实践为起点来分析治理实践，但是此分析是与什么相关的呢？它是与针对此治理艺术所设置的种种事实上的界限（de facto limits）相关。这些事实上的界限可能来源于历史、传统，或者由历史所决定的一系列事件。但是它们可以，也必须被设定为理想的界限（the desirable limits），更准确地说，是所谓好的界限（good limits）。因为它们的设定是与治理艺术的目标及其必须处理的对象相关联的，这些对象就包括了国家的资源、人口及经济等等。简而言之，这个方法就是对治理的分析：治理实践、事实上的治理界限以及其理想的界限。在此基础上，它区分出一些东西，治理如果试图干涉这些东西，就会产生矛盾，或者显得荒诞不经。更棒或者说更激进的地方在于，它还区分出一些治理即便干涉也会以徒劳无功收场的东西。循着这种方法的思路走下去，就意味着治理的权限的界定，是以治理行为本身有用抑或无用来决定的。治理权限将会受到治理介入之实用性的束缚。在治理行为的每一个瞬间，针对或新或旧的各种治理体制，治理本身会不断受到以下问题的挑战：这有用么？它对什么有用？它在什么限度内有用？它的有用性什么时候会消失？它什么时候会转而变成有害的东西？这些问题已经与革命性的问题大不相同。后者的问题是：我原初的权利有哪些？我怎样才能在治理主权的面前确保它们的价值？不过前者的问题仍是激进的问题，是英国激进主义式的问题；而英国的激进主义就是围绕实用性问题展开的。

不要认为英国的政治激进主义，不过就是实用主义意识形态在政治层面上的投影。相反，它是这样一种尝试，即尝试以对治理实践的内部细分（the internal elaboration）为基础，在实用性层面上界定治理权限的畛域。而对治理实践的内部细分，早已被彻底地考察过了，而且还总是被赋予了哲学的、理论的乃至司法的元素，并为这些元素所充斥。从这个方面看，实用主义是与一种哲学或意识形态很不同的东西。实用主义是一种治理技术，就好像公法是一种反省的形式一样，或者，如果你愿意的话，也可以说公法是一种司法技术，凭此可以对国家理性不受限制的倾向进行限制。

简单评论一下"激进主义"或者"激进"这个词。"激进"这个词，我认为源自17世纪末到18世纪初的英国。它被用来指涉——而这也是非常有趣的地方——这样一种立场：在面对治理主权的滥用，不论是现实层面上抑或只是一种可能的滥用，持有这种立场的人都试图确保那些著名的原初权利（original rights），也就是在日耳曼人入侵之前，盎格鲁－撒克逊人所保有的那些权利（这一点我两年还是三年前谈到过）。这就是激进主义。因此，通过对公法进行历史性反思，界定出基本权利的内容，并在这个意义上强调原初权利的价值。这就是激进主义的核心内容。然而，对英国激进主义而言，"激进"指涉的是这样一种立场：它持续不断地就实用性与非实用性的问题，对治理以及普遍意义上的治理艺术提出质疑。

所以，存在两种方法：一种是基本上以公法的传统立场为核心结构的革命式方法；另一种是基本上以治理理性的新经济为核心建构的激进方法。这两种方法中暗藏着两种不同的法律观念。在革命式、公理式的方法中,法律被视为一种意志的表达。所以才会有一种意志法律(will-law)系统。意志的问题,当然位居所有权利问题的核心。这也再一次证明了一点,即这根本上是一个司法的问题化(juridical problematic)。法律因此被视为一种集体意志的表达,说明了个人所同意出让的那部分权利,以及他们不同意出让的部分。在另一个问题式,也就是激进的实用主义方法中,法律被视为一种交易所达致的效果。它把公共权利干预的畛域与个体独立性的畛域区分开来。这就把我们带到了另一个同样非常重要的区分。一边是一种司法式的自由观:每一个个体原本都拥有一定程度的自由,他可以选择出让或者不出让那部分自由。另一方面,自由不是某些基本权利的行使,而不过是在治理面前保持被治理者的独立性。于是我们就有了两种绝对异质的自由观。其一以人权为基础,另一个则以被治理者的独立性为起点。我不是说人权以及被治理者的独立性这两个系统之间没有交叉的部分,而是说它们的确有不同的历史起源,因此我认为它们从本质上说是异质的,或者是相乖离的。至于当前被称为人权的问题,我们只需要看看这些权利在那些国家被提倡,它们是如何被提倡的,又是以何种形式被提倡的。于是我们就可以看到，有些时候这个问题实际上是权利的司法问题，而另一些时候它是关于被治理者针对治理艺术强调或宣称自己的独立性的问题。

因此，我们有两种用法律建构公权力规范的方法，两种法律观念，以及两种自由观念。这种暧昧性正是，我们说，19世纪和20世纪欧洲自由主义的特征。我说的自由及法律的两条途径、两种方法、两套观念，并不意味着它们是两个分离的、不相容的、相冲突且互相排斥的系统，而是两种异质的进程，两个连贯的形式，以及两套处理事情的方法。我们必须始终记得异质性从来不是一种排斥性的原则；它从来不排斥共存、互通及互联。而且也恰恰是在这个问题上，在这种分析中，如果我们想要避免简单化，则要强调，也必须强调一种非辩证性的逻辑（a non-dialectical logic）。但什么是辩证性的逻辑？辩证性的逻辑让相矛盾的诸项在同质的状态中相互作用。我建议用我称为策略性逻辑（a strategic logic）的东西取代这种辩证性逻辑。策略性逻辑不会在同质性中强调矛盾的诸项，且那种同质性向矛盾的诸项承诺以统一来解决矛盾。策略性逻辑的功能是在相乖离的诸项中建立可能的联系，但仍然保持诸项之间的乖离性。策略的逻辑是异质性事物之间的关联的逻辑，而不是矛盾的同质化的逻辑。所以，让我们扬弃掉辩证法的逻辑，试着来看看——这也正是我在这一系列演讲中想说明的——这样一些关联，它们成功地把人权的根本公理与被治理者之独立性的实用主义式概率牵连在一起。

这里我想要补充一下，又担心可能会太费时间，所以还是回头再谈吧。[1]我想要暂时回到开头谈到的关于市场的问题——而这也是我之后会回头详谈的内容。不过现在，我还是想要强调一下，在这两种异质的系统之间——也就是公法及人权的革命的、公理的系统，以及在对治理的必要制限基础上界定了被治理者之独立性的畛域的经验主义、实用主义的系统之间——当然存在着一种不会消失的关联，

---

[1] 福柯略过了讲稿的18—20页："我们显然会在美国大革命的话语中找到不少例子。或许革命思想正是：要同时考虑到(美国革命)独立与权利公理的实用性。"
[18页a] 同时代者很充分地意识到了这种异质性。边沁、杜蒙、人权法案。而且有两个世纪的时间，它都显而易见，因为它证明了要在这些进程中寻找到真正的连贯性与均衡性，是不可能的。在绝大部分情况下，以实用性对公权力进行规约，胜过了以原始权利对国家主权进行公理化，当然也不排除一些逆转的例子。集体实用性(而非集体意志)成为治理艺术的普遍轴心。
[19页] 普遍趋向，但是它并不抹消另一种趋向的存在。特别是因为它们产生的效果很类似，尽管毫无疑问这些效果之间并不存在着叠加。因为国家主权的公理化是指向不可被剥夺的权利的。这种指向性如此强烈，以致于没有给治理艺术以及公权力的行使留下任何空间，除非主权者通过司法建构，成为集体意识的代表的过程足够强势，以致于基本权利的形式被弱化成一种纯粹理想主义的体现。这就是极权主义的取向。但是实用性的激进主义是建立在个体实用性/集体实用性二分的基础上的。因此它指向对普遍实用性的强调，弱化个体实用性，最终导致把被治理者的独立性无限弱化的结果。
[20页] 被无限拓展的治理艺术之取向。

以及一整套的桥梁、过渡及关节。比如财产权的历史。[1]不过有一点很清楚（我在其他的演讲里会再谈），在这两个系统中，一个持续强势，另一个已经弱化。那个站稳地盘且始终保持强势的，不用说，是激进的方法，因为它试图在治理实用性的层面上界定公权利的司法制限。严格说来，这个趋势不仅仅将会是欧洲自由主义发展过程的特征，它也是整个西方世界公权利发展史的主要特征。结果是，实用性的问题——个体实用性与集体实用性、单个与全体的实用性、个人实用性与普遍实用性——将会成为一些重要的指标，以为公权力的形式设置界限，并协助公法与行政法的成型。自19世纪初始，我们就一直生活在这样一个时代里，一切传统的法律问题都日益被实用性问题所围绕。

因此，在此基础上我想点评一下。关于市场，我们发现新治理理性的一个锚定点，是把市场理解成一种交易机制，以及关于价值与价格之间关系的真理的场所。现在我们发现了新治理理性的第二个锚定点。那就是对公权力之权力的细分，以及借助实用性原则对其干预行为进行测定。于是，我们在市场一边有交易，在公权力一边有实用性。经济过程中

---

[1] 福柯插话：你将会发现，它在两个（无法听清的词）和一种方法（无法听清的词）中，运行得非常良好。

的交换价值与自发的真理修辞,公权力行为中的实用性准则与内部司法。财富的交换与公权力的实用性:这就是治理理性与其自我制限的根本准则之间的连通。一边是交换,另一边是实用性;很显然,涵盖二者,或者为了思考这二者而存在的普遍范畴——交换必须在市场中受到尊重,因为市场是真理;而实用性能对公权力之权力进行限制,是因为此权力只有在它具正面力量且确实有用的前提下才能够行使——当然是利害关系,因为利害关系是交换的准则,且利害关系又是实用性的标准。治理理性的现代形式,确立于18世纪初,其根本特征就是寻求自我制限的原则。而这种现代形式的治理理性正是一种以利害关系为功能的理性。不过这种利害关系,已经不再是国家理性时代的那种利害关系。后者属于一个完全自我指涉式的国家(an entirely self-referring state),只会一门心思寻求财富、人口乃至势力的扩张。在治理理性现在必须遵从的原则里,利害关系现在就是利害关系,就是个人利害关系与集体利害关系,社会实用性与经济利润,市场均衡与公权力体制,基本权利与被治理者的独立性之间的一种复杂的互动关系。不管怎么说,治理,这种新的治理理性中的治理,就是与利害关系同工的东西。

更确切地说,只有通过利害关系,治理才能对以个人、行为、语言、财富、自愿、财产、权利等等形式存在的东西施加影响。我们可以说得更清楚一些,就是这么一个简单的问题:在以往的系统里,主权、君主、国家能够施加影响的东西究竟是什么?又是什么东西,形成了施加这种影响的权利的基础,使其成型并合法化?答案是事物、土地。尽管有些例外,但国王经常被视为王国的所有者。也正是通过这个方式,他才能实行治理。或者国王至少拥有一处领地。他能够对他的臣民施加影响,理由是臣民们与治理主权之间存在个体意义上的联系,而这也意味着不论臣民们自身的权利如何,国王能够对所有的事物施加影响。换言之,治理主权及其臣僚能够直接掌握权力,治理也能够直接控制事物及人民。

以新治理理性为基础——而这也是旧治理理性与新治理理性、国家理性与最小国家理性之间分道扬镳之所在——治理必须不再介入,而且它不再对事物及人民直接施加影响;只有当利害关系,或者诸种利害关系,或者诸种利害关系的相互作用,能够把一个特殊的个体、事物、货品、财富,或利害关系的进程,改造成对众个体,对由众个体形成的总体,对与总体利害关系相对峙的特定个体的利害关系而言,具备某种利害关系的东西,只有在这样的前提下,治理才可能施加一定的影响力去介入，且这种介入是合法的，是以法律与理性为根基的。治理只对利害关系有兴趣。性治理、新治理理性不会处理我称为本身属于治理艺术范畴的东西，例如诸个体、诸事物、财富及土地；它不再处理这些事情本身。它处理的是政治学的诸现象，也即各种利害关系，而正是这些利害关系构成了政治学及其赌注；它处理的是各种利害关系，或者是利害关系方面的东西，在其中一个既定的个体、事物、财富等，称为其他个体或者个体的集合体关心的对象。

我认为刑罚系统可以为我们提供显著的例证。我试图说明，在17世纪，乃至18世纪初期的刑罚系统中，基本上是当治理主权施行惩罚时，它自身也介入进去，这也就是酷刑与处决（la supplice）的真正原因；也就是说，他以个体的方式介入，或者根本上是以主权者的方式介入，但是是以物理的方式作用在个体的身体上，而这就给予他施行酷刑及处决的权利：这种方法明白地显示出，是主权者本身在触犯刑律者身上施加影响，而后者以触犯刑律的方式，一方面当然伤害了一些人，但最重要的是，他打击了主权者所拥有的权力的身体。这就是公开酷刑及处决形成的场所，也是其获得合法性乃至获得基础的场所。

18世纪以降，著名的温和刑罚原则（principle of mildness of punishment）出现（你从贝卡利亚的著作中可以清楚地了解到）。同样，这一原则的产生并非基于某种类似于人们的感受性的变化。如果你想分析得比我更好些的话，那就看看这一惩罚的温和化倾向是以什么为基础的？主权者的权威拥有惩罚乃至判处死刑的权利，而正是在这种权威及犯罪之间，有某种东西介入。那就是利害关系之现象的薄膜。自此以后，这也成为治理理性所唯一能够施加影响的东西。结果，惩罚变成需要被精心计算的东西，要考虑被害方的利益，要考虑赔偿损失，诸如此类。惩罚仅仅植根于他人、家族圈、社会等等方面之间的利害关系的互相作用。值得施行惩罚么？施行惩罚能否带来利益？要想让社会通过惩罚而获益，那么必须采用何种形式的惩罚？酷刑能带来利益么？还是再教育更有价值？如果再教育更有价值，那么它怎么会有价值，又在多大程度上有价值？它的成本是多少？利害关系之现象的这层薄膜，被安插进来，它成为治理唯一能介入的领域，或者说，是治理唯一可能运作的平面。这就说明了这些变化发生的原因，而这些变化全都必须追溯到治理理性被重新组合的时刻。

在治理理性的新体制中，治理基本上不再对臣属施加影响，也不再对其他臣属于这些臣属的事物施加影响。治理现在只对我们称之为利害关系的现象共和国（the phenomenal republic of interests）施加影响。自由主义的根本问题是：在一个事物的真正价值由交换来决定的社会里，治理及一切治理行为的实用价值（utility value）是什么？[1]我想这个问题已经包含了自由主义提出的根本问题。凭着这个问题，自由主义提出了治理的根本问题，那就是：所有与自由主义相对立的政治的、经济的形式，以及其他形式，是否真正能够避免这个问题，是否真正能够在由交换决定事物价值的体制中，避免形成关于治理的实用性的问题。

二

上周我试图阐明在我看来似乎是自由主义的治理艺术的某些基本特质。首先，我谈到了经济的真理的问题，以及市场的真理的问题；然后是根据实用性的概率对治理艺术进行制限的问题。现在我想谈谈第三个方面，也是我认为很根本的一个方面，即国际均衡（international equilibriums），或

---

[1] 福柯补充：治理的实用价值面对的是一种系统，在这个系统中，交换决定事物的真实价值的系统。这如何可能？

者说在自由主义背景下欧洲与国际空间这个方面的问题。

你们记得去年当我们谈到国家理性时，我想要向你们说明，在国家内部被称为无限的目标，与国家外部有限目标之间，存在这一种均衡关系，或者一种作用与反作用力的系统。国家内部无限的对象物是治安国家（police state）的机制追逐的目标，这也就意味着，治安国家的机制是一种始终追求更强化、更集中、更精致、更纤细的控制能力的治理艺术。它没有任何预设的界限。因此在国家内部，有无限的目标，而在外部，目标则是有限的。理由是，就在国家理性成型，治安国家被组织化的同时，追求一种被称为欧洲平衡（European balance）的风潮及其现实中的组织也在形成。其原则如下：确保没有任何一个国家能够凌驾于其他国家之上，否则欧洲很可能再度陷入皇权一统的局面；因此，需要确保没有一个国家能够控制其他国家，或者其影响力强大到能够支配其邻国，等等。要看到并理解治安国家的无限目标，与欧洲平衡的有限目标这两种机制之间的关联，其实并不困难，因为如果治安国家存在的理由、目的及其目标，或者使治安国家得以无穷尽地发展并被高度组织化的这种内部机制的存在理由、目的及其目标，都是为了使国家本身得到强化，那么每一个国家的目标就都是无穷尽地强化自身，这也就等于说它们的目标是在对他国的关系中,无穷尽地增强自己的力量。说得更清楚些,在这场竞争的游戏中力争上游,将会为欧洲带来许多不平等。当这些不平等在人口分布不均衡的影响下得到强化,最后欧洲将不得不重新回到众所周知的帝国局势中去。而从威斯特伐利亚和约签署以来的欧洲平衡,就是为了把欧洲从这种局势中解放出来。构建平衡的目的就是为了防止帝国局势的再现。

说得更准确一些,从重商主义的计算法来看,以及从重商主义统筹组织各种力量进行经济—政治的计算的方式来看,假如你想要防止一种新的帝国结构的形成,那么一种欧洲均衡实际上是难以避免的。因为对重商主义而言,国家之间的竞争是在这样一种预设下进行的:令一个国家变得富有的所有资产,都是从别的国家的财富中获取的,而实际上也必定如此。一个国家获得的,必定是另一个国家失去的;一个国家的富裕只能以其他国家的贫穷为代价。换句话说,我认为重要的是,在重商主义者看来,经济游戏就是一种零和博弈(zero sum game)。说它是一个零和博弈,原因很简单,就在于重商主义的货币主义观念及实践。世界上的黄金储藏量是固定的。既然黄金界定、衡量并构成了每个国家的财富,那么一旦其中一个国家变得富裕,它就会从共同的黄金储藏中取走相应的份额,结果其他国家的份额就少了。这是很容易理解的。重商主义政策与计算法中的货币主义特点把竞争局限在零和博弈这样狭小的形式中,也就是某些人的富裕必定是以其他人的贫穷为代价这样的形式中。为了防止出现零和博弈中有一个且只有一个胜利者的局面,也为了防止被如此界定了的竞争方式导致这样的政治结果,严密的经济逻辑会要求建立一种类似均衡一样的东西,它能够在一个特定的时刻阻断这个游戏。也就是说,当参加游戏的众玩家之间出现过大差异的危险发生,这个游戏就会被中止,而这正是欧洲均衡形成的原因。这也恰恰是——当然是在一定程度上——帕斯卡尔的问题所在:在零和博弈中,当你中断游戏,并在玩家中分配奖励品时,会发生什么事情?以欧洲均衡为外交手段,阻断国家间的竞争游戏,必定是出于重商主义者的货币主义观念与实践。这是一个出发点。

那么,18世纪中期究竟发生了什么?在那个我试图定位一种新的治理理性形成的时代里,究竟发生了什么?新的国家理性里,或者新的最小国家理性,是以市场为其真理的核心,以实用性为其司法的本质。以这种国家理性为前提,事情肯定会大不一样。实际上,对重农主义者而言,甚至对亚当·斯密而言,自由市场能够具备,也必须具备这样一种功能，即能确定他们称为自然价格或者良价的价格。这种价格能够通过自由市场产生，也只能通过这种自由产生。但是，这种自然价格，或者良价的产生，最终究竟是为了谁的利益？卖方能够获利，买方也能获利；买方卖方双方皆可获利。也就是说，竞争所得的实利不会在参与竞争的各方之间以不平等的方式被分配，竞争的结果也未必就是众人亏本一人获利。合法的自然竞争游戏，换言之即在自由条件下的竞争，只能导致互利的结果。我上周谈到，价格围绕价值的浮动，根据重农主义及亚当·斯密的观点，受到自由市场的保障，引入一种共同富裕的机制：卖方利润最大化，买方成本最小化。于是我们发现了这个位居自由主义者们定义的经济游戏之中心位置的观点：一个国家的富裕，就如同一个个体的富裕，只能靠共同富裕来确立，并长久地维持下去。我的邻国的财富对我自己的富裕很重要。这并非因为像重商主义所言，我的邻国必须有足够的黄金以购买我国的产品，这样才能使我国逐渐富裕，而使对方变得贫穷。我的邻国必须富裕，也肯定会富裕起来，是因为只要我国通过自身的贸易以及相互之间的贸易变得富裕。结果这就是一种相关联的富裕化，一体性的富裕化（an enrichment en bloc），区域性的富裕化（a regional enrichment）：要么是整个欧洲共同富裕，要么是整个欧洲一块儿变穷。再没有可以被瓜分的馅饼了。我们已经迈进了一个经济的历史性的时代（an age of an economic historicity）。主宰这个时代的就算不是无限制的富裕化，至少也是通过竞争游戏达成的互惠性的富裕化（reciprocal enrichment）。

我认为，有某种非常重要的东西开始显形，而它所带来的后果，我想你们也很清楚，还远没有终结。它是一种对欧洲的新的构想。这一构想完全不同于帝国的或者卡洛林王朝的欧洲，后者或多或少继承了罗马帝国的风貌，以某种特殊的政治结构为根基；它也不再是关于欧洲平衡的古典式构想，即在各种势力之间求得均衡，确保一种势力绝不会过于强悍地凌驾于他种势力。它是一种关于集体富裕化的欧洲的构想；欧洲作为一种集合的主体，不论各个国家之间如何竞争，或者更确切地说，通过各个国家之间的竞争，它最终要以获得无限制的经济发展的形式向前发展。

这一进步的概念，这一欧洲进步的概念，是自由主义的一个根本主题。它彻底颠覆了欧洲均衡的一系列主题，尽管其中有一些尚未完全消失。有了重农主义者及亚当·斯密的观念，我们彻底放弃了作为零和博弈的经济游戏观念。但是，假如经济游戏已经不再是一种零和博弈，那么它仍然必须有永久性的且持续不断的投入。说得更清楚一些，如果自由市场必须确保所有欧洲国家之间互惠的、共联的，以及多少具备共时性的富裕化，那么，为了要使市场这样运作，也为了保证市场的自由，以确保经济游戏不再成为一种零和博弈的游戏，那就需要在全欧洲，也为了全欧洲，召集一个日益扩张的市场，而在极端的境况下，甚至还必须召集世界上所有能被进入市场流通的东西。再换一种说法，欧洲的富裕化必须是一种集体的且无限度的富裕化，而且不能以某些国家的贫困化为代价换得另一些国家的富裕化。假如这被当成一种原则，一种目标被确定下来，那么我们就被邀请进入了市场的全球化。欧洲经济发展的无限度的特征，以及作为其后果存在的非零和博弈，理所当然会把全世界召集到欧洲的周围，在欧洲的市场上用他们的产品与欧洲的产品进行交换。

当然了，我不是说这是第一次欧洲考虑到世界，或者想到世界。我的意思是，欧洲作为一个经济统一体，作为世界中的一个经济主体，认为世界可以成为，而且必须成为它的经济领域。这是第一次。在我看来，欧洲在自己眼里，成为必须拥有世界作为其无界限的市场的主体，这是第一次。欧洲不再仅仅是对在自己的梦里或者观念中熠熠生辉的全世界的财富垂涎三尺了。欧洲现在处于一种永恒的集体的富裕化状态中，而这种状态必须通过它自己的竞争，以全世界成为其市场为条件来达成。简言之，在重商主义、国家理性、治安国家等等的时代里，对欧洲平衡的计算，能够阻断被认为是有限的经济游戏的诸种后果[1]。而现在，世界市场的开拓，使经济游戏得以继续，还能够避开有限的市场带来的诸多冲突。不过，经济游戏面对世界的展开，很显然暗示着欧洲与世界的其余地域之间在类别及状态上的差异。这也就意味着，一边是欧洲，欧洲人是玩家，而另一边是世界，它们承担风险。游戏在欧洲手中，赌注是世界。

在我看来，新的治理艺术的几个根本特征中，有一个特征是与市场及市场的真理问题紧密相关的。很显然，这种组织化，或者至少是对欧洲与世界之间的这种互惠位置的反省，都不是殖民化的起点。殖民化早就已经开始实行了。我也并不认为这是现代或当代意义上的帝国主义的起点，因为我们可能会在19世纪晚期看到这一新帝国主义的成型。不过我们可以这么说，这是欧洲治理实践中一种全球规模的新的计算类型。我认为，这种全球理性的新形势的出现，这种以世界为规模的新的计算方式的出现，有很多征兆。下面我将谈

---

[1] 讲稿加注（第5页）："当不同玩家的损失或获利已经与游戏开始时有了太大的悬殊时，就要中止游戏（帕斯卡尔关于中断游戏的问题）。通过这个方法……"

及其中的几个征兆。

举例而言，18世纪的海洋法的历史。从国际法的观点看，世界，或者至少是海洋，倾向于被视为一个自由竞争的空间，或者自由的海上通行的空间，因此它也是组建一个世界市场的必要条件之一。海盗的历史——也就是海盗既被利用、助长，又受攻击、压制的历史——就体现了全世界的空间依据一系列的法律原则被细分的一个方面。我们可以说，这是一种以组建市场为目的而进行的对世界的法制化构想（juridification）。

以整个地球作为其舞台的治理理性的出现的另一个例证是18世纪对和平的构想和组建国际组织的计划：如果你与17世纪的情况做一对比，就会发现18世纪的这些计划本质上都是以欧洲均衡为基础的。也就是说，其基础是不同国家之间互惠的力量之精确平衡，或者是在不同的大国之间，或不同的国家联盟体之间，或在诸大国与小国的联盟体之间，诸如此类。从18世纪开始，永久和平与内部组织的观念，我认为，是以迥然不同的方式联结在一起的。要保证并寻求一种永久和平，不再需要用限制内部诸种力量的方式达成；而是要依靠外部市场不受限制的特质。外部市场越大，界限与限制越少，永久和平就越有保障。

比方说，我们看看康德从1795年开始写的关于永久和平的文章。那刚好是在18世纪末。里面有一章名叫"论永久和平的保障"。可是康德是怎么会有永久和平的构想的呢？他说：从根本上来说，究竟历史里存在什么东西，能够保证这种永久和平的出现，并向我们承诺，有一天这种和平在历史中浮现并形成？是人的意志与相互理解么？是他们将可能建构的政治与外交装置么？还是他们将会在他们之间构建的权利组织？全都不是。是自然，这和重农主义者相信，自然能够保障市场制定良好的规则是一个道理。但是自然该如何保障永久和平呢？康德说，这很简单。因为自然毕竟已经完成了一些非常不可思议的事情，比如说它设法让动物，甚至人在酷热难耐或者冰天雪地的岛屿上生存。既然总有人有办法排除万难，在那么艰苦的条件下生存，那么这就证明这个世界上没有什么地方是人无法生存的。不过人要想生存，他们必须想办法养活自己，自己种粮食，形成社会组织，相互交换劳动产品，或者和其他地区的人交换劳动产品。自然形成了整个世界，以及世界上的陆地，然后将其交给生产与交换的经济活动。在这样的基础上，自然也命定了一系列的义务，作为人的司法义务；同时自然还能够暗中找到支配人的方法，具体说来，就是通过对事物，对地理、气候的安排体现出来。那么这些安排是什么呢?

首先,人可以在个体之间建立基于财产等物的交换关系,而这种出于自然的配置或训令将会被规定为法律义务,并进而形成民法。

其次,人散布在世界的不同角落,且每一个地理区域都具有独特性。这是由自然决定的。而在每一个区域中,人与人之间的关系都具有优越性,因为他们无法与其他地区的居民分享这种关系。通过形成相分离的不同国家,并在国家之间维系某种法律关系的方式,人得以用法律术语来处理这种来自自然的训命。这就是后来的国际法。不过除此之外,自然还希望这些国家之间不仅仅拥有能保障相互之独立性的司法关系,还应该有跨越国家边界的贸易关系,而这种关系最后实际上令每个国家的司法独立性变得千疮百孔。正如自然所意愿的那样,贸易关系遍布整个世界;也正如自然希望这个世界被人所充斥的那样,世界法(cosmopolitan law)或贸易法得以确立。民法、国际法及世界法的建立,不过就是人把自然的训命当成一种义务来处理而已。因此我们可以说,既然法律继承了自然的训诫,那么它也能够保证某种类似于永久和平那样的东西。因为从某种意义上说,这是在自然的第一行动(the first action of nature)中早已被勾勒出来的。所谓第一行动，就是自然让人类繁衍而遍布全球的行为[1]。永久和平受到自然的保障，而这种保障体现在人口遍布全球这一点上，也体现在贸易关系遍布全世界这一点上。因此，永久和平的保证，实际上就等于贸易全球化。

毫无疑问，在这个问题上可补充的东西很多，但无论如何，我都要即刻针对一种反对意见进行答复。当我说到在重农主义者那里，在亚当·斯密、康德，还有18世纪的法学家们那里，开始出现一种国际规模的新的政治计算形式时，我绝不是想说所有其他的反省、计算以及分析的形式，以及所有其他的治理实践都就此消失无踪。因为，假设说，一种世界范围的、全球市场真的在这个时代被发现，如果在这个时刻欧洲相对于世界的优势地位被强化，而且在此刻同时被强化的还有一种观点，即欧洲各个国家之间的竞争是它们共同富裕的因素，这当然也并不意味着——正如历史所证明的那样——我们就此进入了欧洲和平与和平的政治全球化时期。实际上，随着19世纪的到来，我们进入了一个最糟糕的时期，不止有关税障碍、经济保护主义、民族经济与政治上的民族主义，还有世界史上前所未见的最惨烈的战争。我想要

---

[1] 福柯加注：它早已承诺。

向你们说明的,不过是此时出现了一种反省、分析及计算的特殊形式。它实际上被整合进各种政治实践之中。而这些政治实践,可能完全是按照另一种不同的计算类型,不同思维系统以及不同的权力实践运作的。我们只要看看在维也纳会议(the Congress of Vienna)[1]中发生的事情就足够了。可以说那是17—18世纪所追求的东西,也就是所谓欧洲平衡之最完美光辉的体现。它究竟关心的是什么?它的目的其实就是要终止由拿破仑带来的帝国政治的回光返照。因为拿破仑在历史上的矛盾性就在于:在内政层面上,他非常明确地反对建立治安国家,而且他的问题实际上就是该如何在国家内部为治理实践设限——这从他干预国家议会的决策,以及他对自身治理实践的反思中都可以看得很清楚——但另一方面,我们又可以说拿破仑在对外事务的处理上是非常陈腐的,因为他居然想重建某种类似于帝国的国家形态,而这种形态恰恰是整个欧洲从17世纪开始就极力反对的。所以,事实上,拿破仑的帝国构想——在可以被重构的范围里来探讨的话,尽管在这个问题上历史学家们保持着惊人一致的沉默——似乎想要达成三个目的。

---

[1] 1814—1815年,拿破仑失败后,俄、英、奥、普、法等国重新瓜分欧洲领土的会议。——译注

首先（我想我去年谈到过这个），如果我们采用18世纪历史学家与法学家的说法，那么在内政问题上，其实卡洛林王朝是保证各种自由的。与君主制相反，它并不代表更大权力，反而代表更小的权力和更小范围的治理艺术。另一方面——这或许也是以革命目标的无限性为基础，也就是说，要在全世界实行革命——帝国也是1792—1793年突然在法国兴起的革命计划的一种实践方式，它是用继承自卡洛林王朝或者神圣罗马帝国的帝国统治类型，来实践革命目标的一种实践方式。正是这种关于帝国的混杂构想构成了拿破仑帝国政治的大杂烩：在内部保证诸种自由；以欧洲整体的形式实践无限的革命目标；最后形成一个能够重建卡洛林王朝、日耳曼帝国或奥地利帝国之形式的帝国。

维也纳会议要处理的问题，自然是阻断这种帝国的无限制性。它当然想重建欧洲的均衡，不过通过这种均衡，想达成的基本上是两个不同的目标：奥地利帝国式目标和大英帝国式目标。所谓奥地利帝国式目标就是在17、18世纪的旧体系中重建欧洲均衡，也就是确保在欧洲没有哪个国家可以凌驾于其他国家之上。奥地利帝国完全受到这种计划的束缚，因为它只有一个由数个不同的国家组成的执行政府，且这个政府只能通过旧式治安国家的形式把这些国家组织起来。在欧洲的心脏部位有复数性的治安国家存在，这意味着欧洲自身基本上就是以治安国家之间平衡的多样性为模式建立起来的。为了让奥地利帝国以奥地利帝国的形式继续存在下去，欧洲必须以奥地利帝国的形象为模板组织起来。从这个角度上看，我们可以说，对梅特涅（Metternich）[1]而言，欧洲均衡的计算仍然是18世纪式的，而且还一直保持在那种方式中。另一方面，大英帝国[2]所寻求的均衡是怎样的均衡？它在维也纳会议中是如何与奥地利帝国的目标叠加在一起的？大英帝国寻求的是将欧洲区域化（regionalizing Europe）的方法。当然其中有限制各个欧洲国家的势力的一面，但这是为了让英国在世界市场与欧洲之间，在政治及经济上扮演经济中介的角色。通过英国的中介及英国的经济势力的转接，欧洲经济能够达成全球化的目标。于是我们得到一种全然不同的欧洲均衡的计算。它的基本原则是，欧洲作为一个特殊的经济区域，面对必须成为其市场的世界，或者说，欧洲置身于这样的世界之中。而维也纳会议中[奥地利

---

[1] 梅特涅（Metternich, 1773—1859），19世纪欧洲著名政治家、外交家，奥地利外交大臣（1809—1848）和首相（1821—1848）。——译注
[2] 讲稿第10页里写得很清楚："卡斯尔雷子爵（Castlereagh）"[Henry Robert Stewart Castelreagh（1762—1822），1812—1822年任保守党外务大臣，在维也纳会议上，对限制俄国与普鲁士的野心起到了重要作用]。

帝国][1]对欧洲均衡的计算是与之完全两样的东西。所以你们可以看到,在一个单一的历史现实中,很可能存在两种迥然相异的合理性及政治计算的类型。

以上是我的种种推测。接着,在我开始分析当代德国与美国的自由主义之前,我想要概括性地说一下我此前说过的关于自由主义的本质特征,或者说是18世纪出现的治理艺术的本质特征。

我想要指出三个特征:市场的真理;治理实用性之计算带来的对治理的限制;还有相对于一个世界市场而言,欧洲作为无限制经济发展之区域的定位。这就是我所谓的自由主义。

既然我所指涉的东西,以及我试图勾勒的种种特征,很显然指向一种更具普遍性的现象,而不是指向一种纯粹及简单的经济教条,或者纯粹及简单的政治教条,或者严格意义上的自由主义之纯粹及简单的经济—政治选择,那么为什么我们还要谈及自由主义,谈及一种自由主义的治理艺术呢?如果我们向前追溯,直至其源头的话,你会发现我所谈及的这种新的治理艺术的特征,相对于自由主义而言,更

---

[1] 福柯加注:英国。

接近一种自然主义。因为重农主义者与亚当·斯密所说的自由，更多指的是自发性，或者一种内在于经济进程的本质性的机制，而不是为诸个体所认识到的司法自由。相对于经济学家而言，康德更接近于一名法学家。但即便在他那里，永久和平也不是由法律保障的，而是由自然保障的。从事实上来看，18世纪中期兴起的是某种类似于自然主义式治理的东西。不过我还是觉得我们可以谈自由主义。我还可以告诉你们——不过我回头会再详谈——这种我认为是治理艺术的根本特质，或者从某种程度上看是根源性特质的自然主义，它在重农主义者关于启蒙专制主义（enlightened despotism）的观念中体现得非常明显。我之后会更详细地阐述这个问题，不过这里先说一点。当重农主义者发现了经济中存在的自发性机制，而且他们还发现，假如治理不希望引发与自身的目标相背离乃至相对立的后果，则所有的治理都必须对这种经济自发性机制表示尊重，那么重农主义者们由此会得出怎样的结论？人民因此必须被给予充分自由，按照自己的意愿行事么？治理必须承认每个个体的基本自然权利么？治理必须因此尽可能把自己的权威度减少到最低限度么？绝非如此。重农主义者由此发现所得出的结论是，治理必须从其最内在、最复杂的本质的层面上，理解这些机制。而一旦它理解了这些机制,它自然就必须采取尊重它们的行动。但这并不意味着,治理会为自己提供一个尊重个人自由及个人基本权利的司法框架。它仅仅意味着治理将会精确地、连续地、明晰地且泾渭分明地了解到,在社会、市场、经济流通等领域中究竟发生了一些什么。这些知识强化了治理的政治。这样一来,治理权力的制限就不是为了对个体自由表示尊重,而仅仅是因为它不得不尊重的经济分析证明其应当如此。治理的权力受到证据的拘限,而非个人自由的拘限。

所以说,我们看到在18世纪中期浮现的东西,与其说是自由主义,不如说更是一种自然主义。然而,我认为我们还是可以应用自由主义这个词,因为在这种实践的核心部位,或者这种实践所面对的问题的核心部位,都的确有自由。实际上我认为我们应当清楚地知道,当我们用自由主义谈论这种新的治理艺术,这并不意味着[1]我们正从17世纪至18世纪初的极权式治理,过渡到一种更为宽容、更为松散、更为灵活的治理方式。我不想说事实并非如此,然而我也不想说事实就是如此。因为对我而言,这样的命题在历史上或政治上的意义并不太大。我不想说从18世纪初,到大约19世纪之

---

[1] 福柯补充:我们不应当这样去理解。

间，自由的分量有了增长。我不这么说的理由有二。一是事实上的理由，一是方法及原则上的理由。

首先是事实上的理由。一边是像十七八世纪法国的行政式君主制（administrative monarchy），拥有庞大、沉重、笨拙且冥顽不灵的机理，不得不被承认的特权地位，委托不同的人作出裁断的独断专行，还有许多具体实践上的缺陷；另一边是所谓的自由政体，但是它的任务却是始终不断且相当有效地管理每个个体，管理他们的福祉、健康、工作、存在方式、行为方式，甚至死亡方式，等等。说前者比后者更自由，或更不自由，或者只是想知道谁比谁更自由，这有意义么？所以，比较一种系统与另一种系统之间自由的分量，实际上意义并不大。何况我们还不知道该用哪一种示范方法、哪一类测量仪或测量单位。

这就把我们引入第二个理由，而我认为这个理由才是更根本的。那就是，我们不应当认为自由是一种具有普遍性的东西，它不会随着时间的流逝逐渐实现，也不会在数量上有所变更，比如幅度很大或者不太大的骤减，或者在一段重要或者不那么重要时期里遭到侵蚀。自由不是一种在时间或地理上被特殊化的普遍价值。自由不是一个雪白的平面，上面时不时会出现或多或少散落在这里那里的黑色区间。自由始终不过是——即便如此也已经足够了——统治者与被统治者之间的实际存在的关系,在这种关系里,现存自由"太少"（too little）[1],是通过对"更多"（even more）[2]自由的需求而丈量出来的。因此,当我说到"自由主义的"（liberal）[3]时,我并不是指一种会给自由预留出更多白色区间的治理形式。我要说的是别的东西。

如果我运用"自由主义的"这个词汇,首先是因为这种治理实践在确立自己的地位的过程中,并不满足于尊重这种或那种自由,也并不满足于保证这种或那种自由。说得更深入一些,这种治理实践是在消费自由（a consumer of freedom）。说它是自由的消费者,是因为只有在一定数量的自由实际上已经存在的条件下,它才可能运作：比如市场的自由；购买与销售的自由；行使财产权的自由；议论的自由；一定程度的表达的自由等等。因此,新的治理理性需要自由,新的治理艺术消费自由。既然它消费自由,这也就意味着它必须生产自由。既然它生产自由,那么它就得组织自由。于是,新的治理艺术看上去就像是在对自由进行管理。

---

[1] 讲稿中用双引号,第13页。
[2] 同上。
[3] 同上。

这种管理不是命令式的"要自由"（be free），因为这个命令本身就带有明显的矛盾性。自由主义的公式不是"要自由"。自由主义的公式很简单：我将会生产出你们获得自由所需要的东西。我会保证你们有获得自由的自由。这样的话，假如这种自由主义，与其说是一种命令式的自由，不如说是对人可以获得自由之诸种条件的管理与组织化，那么很显然，在这种自由主义式实践的核心位置，存在着一种始终相异且持续变动的问题式关系，关系的两方是对自由的生产，以及在生产自由的过程中限制及毁灭自由的风险。我所理解的自由主义，也即我们能够将其描述为形成于18世纪的治理艺术的那种自由主义，其核心是一种自由[与][1]生产/毁灭自由的关系[……][2]。自由主义必须生产自由，但是正是这种生产自由的行为，带来了限制、控制行为的确立，各种强制的形式，还有依靠威胁而存在的各种义务，等等。

我们显然可以举出不少例子。必须要有自由贸易，这是毫无疑问的。但是假如我们在一些事情上不加控制或设定界限，假如我们不采取一系列预防措施以防止一个国家称霸，

---

[1] 讲稿中注：与……相关联。
[2] 这段话在录音中听不清楚：[……] 一种关系 [……] 关于自由的消费/废除。

因为一国独大的后果正是对自由贸易的限制与束缚，那么自由贸易该如何实施呢？自19世纪初期以来，所有的欧洲国家，还有美国都碰到了这个难题。这些国家的统治者们，受到18世纪末期经济学家的影响，想建立一种自由贸易秩序，以对抗大英帝国的霸权。比如美国政府，以自由贸易问题为由起而反抗英国。他们早在19世纪初就设定了保护主义式的关税，以保护自由贸易免遭英国霸权的侵害。同样，国内市场自然也需要自由。但问题还是一样，有市场就必须既有买家也有卖家。结果就是，如果必要的话，市场必须得到支持，而通过援助机制，则能够产生出买家。为了保证内部市场的自由，就必须防止垄断，也就需要对反垄断进行立法。既然必须有自由的劳动力市场，同样就必须有一群数量足够庞大的工人。他们既要能充分地胜任自己的工作，又要具备相当的技能，但是没有政治上的判断力，以防止他们对劳动力市场施加压力。这样的话，我们就拥有了足够的条件，可以创建一个强大的法律体系，以及一种干预范围极广的治理体系，以确保能够生产出有效治理所需用的自由。

宽泛地说，在自由主义政体中，在自由主义式的治理艺术中，必然会产生行动的自由，且这种自由会被召唤、被需求，并起到规范调整的作用，不过它同时也需要被生产、被组织化。因此，自由主义政体里的自由不是一种被赋予的东西，也不是一个不得不受到尊重的既成（ready-made）区域。假如它是这样一种东西的话，也只是在部分条件下，在部分区域中，在这种或那种情况下如此。自由是被不断生产出来的东西。自由主义不是去接受自由；它提议要不断地制造自由，激发自由，生产自由。当然在这个过程中，还伴随着在生产自由的过程中产生的诸种限制的[系统][1]以及成本的问题。

那么，要计算制造自由所需的成本，应该依据什么原则呢？计算的原则就是所谓安全性（security）。也就是说，自由主义，自由主义式的治理艺术，被迫要去决定究竟个体利益在多大的范围之内，或者在哪一个限度之内，对整体利益而言是无害的。因为个体利益总是互不相同，而且很可能相互对立。所以，安全性的问题，就是要针对个体利益，保护集体利益。相反，个体利益也必须受到保护，以免受到任何看似来自集体利益的侵害。再者，经济进程中的自由，无论对企业还是对劳动者而言，都不应当是一种危险。劳动者的自由对企业以及生产也都不应当构成危险。个体在生活中

---

[1] 推测：听不清楚的单词。

所遭遇的偶发事件或意外，例如疾病或不可避免的老龄化，对个体以及社会而言，也不应当构成危险。简言之，设置诸种安全性的策略，就是为了确保利益的机制在运转过程中，不会产生个体的或者集体的危险。而这些安全性的策略，在某种意义上是自由主义的另一面，也是其必要条件。自由与安全性的游戏，就位居新治理理性的核心地位，而这种新治理理性的一般特征，正是我试图向大家描述的。自由主义所独有的东西，也就是我称为权力的经济的问题，实际上从内部维系着自由与安全性的互动关系。

宽泛地说，在旧式的以主权为基础的政治系统中，主权者与臣民之间，存在着一套法律的及经济的关系。这套关系促使主权者保护其臣属，甚至使其成为一种义务。但这种保护从某种意义上说，是外在的。臣民可以要求其主权者保护自己免遭外部的敌人或者内部的敌人的侵犯。但在自由主义的条件下，情况却完全不同。需要被确保的不再是那种对个体的外在保护。自由主义变成这样一种机制：受到这种危险观念的影响，它不得不持续不断地在个体的自由与安全之间进行调停。基本上，假如一方面——这也是我上周谈到过的——自由主义是一种治理艺术，且其根本上处理的是利益问题，它就不得不——这是硬币的另一面——同时处理各种危机，处理安全性/自由的诸种机制。自由主义就是通过对安全性/自由之间互动关系的处理，来确保诸个体与群体遭遇危机的风险被控制在最低限度。

由此产生了一系列后果。首先，我们可以说自由主义的座右铭是："危险地活着。"（Live dangerously）"危险地活着"，也就意味着，个体被不断地暴露在危险的境况中，或者毋宁说，他们生存的条件就是，在他们的境况、他们的生活、他们的现在、他们的未来中，体验到危险。我认为这种对危险的激发，就是自由主义带来的最主要的暗示。19世纪时出现了一种完全针对危险的教育与文化。它和过去那些对瘟疫、死亡以及战争的启示录式威胁完全不同。而后者在整个中世纪，甚至整个17世纪，都是政治与宇宙想象的核心资源。启示录中的四骑士消失不见，取而代之的是日常生活中的种种危险。它们现身、浮现，然后开始四处蔓延，并在19世纪被称为关于危险的政治文化的作用下，被无止境地重新赋予生命，重新被现实化，被流通。这种关于危险的政治文化有很多方面。比方说，19世纪初期开始出现了大量的储蓄银行；19世纪中期是侦探小说兴起，大量的犯罪报道出现；以疾病与卫生为中心的各种运动此起彼伏；再看看对性和对人类堕落的恐惧：个体的、家庭的、人种的，乃至整个人类的堕落。简言之，所到之处触目所及的对危险之恐惧心理的激发物，实际上正是自由主义的条件，它的内在心理及文化的相关物。没有这种危险的文化，就不存在所谓的自由主义。

自由主义与自由主义的治理艺术带来的第二个后果，就是控制、约束、强制等诸进程的大范围扩张。它们既是对不同类型的自由的制衡，也是其对应物。我要提醒大家注意这样一个事实：这些著名的规训技术（disciplinary techniques），日复一日地对个体的行为进行深入到一切细节的管理。这些技术在社会范围内的发展、迅速崛起与流布，恰好发生在自由兴起的时代里。经济自由，以及我一直在谈的这种意义上的自由主义，还有规训技术，是被捆绑在一起的。在大概1792—1795年间，当边沁刚刚开始他的法学生涯，他提出了著名的全景监狱（panopticon）理论。全景监狱作为一种制度流程，可以被运用在诸如学校、工厂或监狱当中，通过对个体行为的监视，增加个体活动的效益，提高其生产性能。晚年的边沁在统合编撰英国法典时，将会提出新的观点：全景监狱应当成为整体治理的定式，因为它就是自由主义治理的核心定式。治理要做的基本工作是什么？它必须要允许一切根据行为及生产的自然机制来运行。

它必须给所有这些机制的运行让路，至少在最开始的阶段里，除了监视之外，尽可能不作任何其他干预。在起初的阶段里仅仅起到监视作用的治理，只有当它看到违背行为、交换以及经济生活的一般机制的事情发生时，才会采取干预手段。全景敞视主义（panopticism）不是仅仅使用于某些制度的区域性机制；对边沁而言，全景敞视主义的确就是界定了某种治理类型特质的一般政治定式。

第三个后果（第二个后果是规训与自由主义之间的联结）就是这种新治理艺术出现了一些机制。它们的作用就是通过额外的控制与干预行动，生产自由，促进自由，使自由活性化。换言之，控制力不再是全景敞视主义中那种自由所需要的制衡力；它现在成了自由的原动力（mainspring）。这里我们还可以举出不少例子。比如说20世纪在英国和美国发生的事情。拿1930年代来说，日益恶化的经济危机的经济后果，乃至政治后果都立刻被察觉，并被视为一种可能对一些被认为是基本自由构成威胁的危险存在。比方说于1932年开始实施的罗斯福新政，就是在失业状况严重的危险状况下，保证自由及生产出更多自由的方法：包括工作的自由、消费的自由、政治的自由等等。这么做的代价是什么？代价正是以基础福利措施为代表的一系列人为介入、唯意志主义式(voluntarist)介入,以及对市场的直接经济介入。然后从1946年开始——说从最早的时候开始也不为过——这些介入手段就被描述成一种新专制主义带来的威胁。在这个情况下,民主主义的诸项自由只有靠经济上的干预主义才能获得保证,但后者同时又因被视为一种对自由的威胁而遭到抨击。由此我们就能得出——这也是我们需要始终记得的东西——这样的结论:即到最后,这种自由主义式的治理艺术是自己把治理艺术的危机引导进来,或者说它是自己内部治理艺术之危机的受害者。这些危机的产生或许可以被归咎于,例如,行使这些自由所导致的经济成本的增加。比如说,在近几年"三边委员会"(Trilateral)[1]的文本中,经常试图把政治自由的效果用经济成本的形式进行体现。所以说,存在这样一个问题,或者也可以说危机,或者是对危机的意识。它是建立在对行使自由的经济成本的界定的基础之上的。

危机的另一种形式,是由自由的补偿性机制的膨胀所造成的。也就是说,为了某些自由的行使,例如为了保障自由

---

[1] 三边委员会成立于1973年,是由北美、西欧和日本三地区14个国家的学者以及政经要人联合组成的国际性民间政策研究组织。三个地区的代表每9个月轮流作东道主开会。——译注

市场的运作,你必须制定反垄断法律体制,但是这种立法对市场上的买方与卖方而言,可能就像给他们穿上了紧身衣。他们从中体验到的是过度的干预、束缚与强制性。在更为局部的层面上,你看到的所有东西都成了一种反抗,以及对规训世界的拒斥。最后,也是最重要的,有一些进程会阻塞生产自由的机制。特别是那些一开始是被用来制造自由的进程,实际上产出的是一些毁灭性的效果,而这些东西最后其实会战胜并淹没它们理应生产的自由。这也就是,能够被称为"自由产出的"(liberogenic)[1]装置所具有的暧昧特质。也就是说,这些"自由产出"的装置原本是为了生产自由而设置的,但是它们却具有生产出与自由完全对立的东西的潜在危险。

这正是自由主义当前需要面对的危机。从1925年到1930年,所有这些机制都试图提出一些经济上或者政治上的定式,以保护国家不误入……法西斯主义的歧途。所有这些自由的机制与保障,都是为了生产出这种额外的自由而被设立的,或者至少是为了对威胁到这种自由的东西做出回应。而它们全都采取了经济干预的形式,也就是说,它们给经济

---

[1] 讲稿中双引号里面是个法文词: libérogènes。

实践套上枷锁，或至少对经济实践的领域进行强制性介入。不论是1927—1930年间德国自由主义者的弗莱堡学派（The Freiburg School），还是今天被称为自由论者（libertarian）的美国自由党人（the American liberal），在他们分析的起点遭遇到的问题，也是他们理论的核心问题就是：因为向社会主义、法西斯主义或国家社会主义的过渡，会导致自由的减退，于是需要运用经济干预机制来防止这种减退的发生。但是，不正是这些经济干预机制暗中引入了干预类型与行动模式，而这些类型与模式对自由构成的伤害，与那些人们试图避免的显而易见的政治措施相去无几么？换种说法，在这些不同的讨论中占据绝对中心地位的，就是凯恩斯式的介入方法。我们可以说围绕着凯恩斯，围绕着1930—1960年、开战之前及终战之后经济干预政策得到完善的时期，所有的这些干预措施的后果，就是我们所谓的自由主义的危机。而且，这种自由主义的危机，在一系列对治理艺术的再评估、再审定的过程中得到了体现；在开战前终战后德国业已形成，且当前美国正在形成的治理艺术的新计划中，这种危机也有体现。

归纳一下，或者说总结一下，我想说的是，如果说当代世界，或者说18世纪以来的现代世界的一个主要特征，果然是所谓资本主义的危机的现象的持续在场，我们是不是也可以说，有一些自由主义的危机，显然是依附于这些资本主义的危机存在的？我刚谈到的30年代的问题就是明证。但是自由主义的危机，并非这些资本主义危机在政治领域里纯粹、直接、简单的投影。你可以找到与资本主义经济危机相关联的自由主义危机。但是你也可以发现，自由主义的危机与资本主义经济危机之间存在年代上的隔阂，且无论在哪一种情况下，这些自由主义危机得以呈现的方式，被处理的方式，它们所要求的回应的方式，以及它们促使重新组织化的方式，并不能直接从资本主义危机中推论出来。它实际上是治理艺术之一般配置（general apparatus）的危机。而且我认为，你可以研究从18世纪就被确立下来的治理艺术中这种一般装置的危机的历史。

这是我今年开始要做的事情，不过我会用回顾的方式处理这个问题。也就是说，我会先研究在过去的三十年中，这种治理艺术配置的危机中的元素被布置、被构型的方式；然后[我会试着][1]在19世纪的历史中去寻找其中的一些元素，它们让我们得以清楚看见，这种治理艺术配置的危机在

---

[1] 我正在试着。

当前是如何被体验、被生产、被实践以及被构型的。

（吴甝　译）

全体与单一:论政治理性批判

编者按

  这是福柯1979年10月在斯坦福大学所作的两次演讲。从内容上看，这两个演讲各自可以单独成立，也可以连为一体。实际上，福柯在这里的第一个讲座的部分内容同本书中的另外一篇文章《主体与权力》（1982年）中的部分内容相近。第二个讲座同福柯1982年在美国佛蒙特大学作的名为《个体的政治技术》的讲座（见本书）用的是相近的材料；可见，斯坦福的这两个讲座一直贯穿在福柯后面几年的思考中。第一个讲座主要谈到了作用于个体的牧师权力的起源和形态，它和政治权力的结合，以及基督教对它的挪用。第二个讲座谈论的是17世纪以来的国家理性及治安的特点。从福柯的论述来看，治安的概念并非同久远的牧师权力没有联系，它同样萌芽在西方的早期历史中，并在现代以生命政治的形式表现出来。也就是说，福柯的这两个讲座，勾勒了西方治理艺术的起源和历史，尤其是个体化的治理艺术的起源和历史——它们贯穿在整个西方历史中，形成了西方特有的政治理性。福柯这里的分析就同法兰克福学派区分开来。对于后者而言，现代理性权力的主要源头在启蒙运动中，但是，在福柯看来，它无疑要久远得多。

一

我知道，这个题目听起来有些自大。但这种自大其实是它自身的缘故。19世纪以来，西方思想始终沉溺于一种对政治结构中理性的作用——或理性的匮乏——的批判工作。因此，再次启动这样一个宏大的工程，确实有些不合时宜。然而，之前那么多的努力都给出了一个保证：每一次新的探索差不多都会和以前一样成功——而且不管怎样，可能也会同样幸运。

在这样的旗号之下，我就有些难堪了，我只能提出一个纲要和一个不完善的草案。哲学在很早以前就已经放弃了弥补科学理性无能的努力；它不再试图完成它的宏大体系。

启蒙的任务之一就是拓展理性的政治权力。但是，19世纪的人们却开始怀疑理性在我们的社会中是否过于强大了。他们开始担忧，渐趋理性化的社会是否对个体及其自由，对物种及其生存造成威胁？对此，他们困惑不已。

也就是说，康德之后，哲学的任务就是要将理性限定在经验给定的范围之内；但也就是从这个时刻——就是从现代国家和社会政治管理发展之日起——哲学的任务就是对政治理性所导致的权力泛滥进行监视，这是未来生活的一个重要期待。

每个人都对这种平凡的事实有所感觉。但是，平凡并不意味着它们就不存在。针对这样的平凡事实，我们所要做的，就是去发现的，或尽力去发现，哪些独立的或可能是原初的问题同它们相关。

理性化与政治权力的泛滥之间有一种非常明显的联系。我们也无需等待科层制或集中营出现才来辨识这种关系的存在。不过，问题在于：我们如何处理这些显而易见的事实。

我们要"审判"理性吗？在我看来，没有比这更徒劳的了。首先，这一领域与有罪或无罪毫无瓜葛；其次，将"理性"与非理性截然对立起来，这是毫无意义的；最后，因为这样的审判诱使我们扮演一个无聊而武断的角色：要么是理性主义者，要么是非理性主义者。

这种理性主义是我们现代文化所特有的，起源于启蒙运动，我们要对其进行考察吗？我认为这是法兰克福学派中的某些成员的方法。我并不是要开始讨论他们的著作——这些作品很重要，也很宝贵。我建议用另一种方法来探讨理性化与权力之间的联系：

1. 明智的做法可能并不是将社会或文化的理性化当做一个整体，而是分析其在不同领域内的进展，这些进展每一个都基于一种基本经验：疯癫、疾病、死亡、犯罪、性等等。

  2. 我认为"理性化"是一个很危险的词语。主要问题在于，当人们试图将某些事物理性化时，并不是要去探究它们是否符合理性的标准，而是去发掘他们正在运用哪种理性。

  3. 尽管在我们的历史上，在政治技术的发展过程中，启蒙运动已经成为一个非常重要的阶段，但是我认为，如果我们想去解释我们是如何被我们自己的历史所捕获，就不得不去追溯那些更为遥远的过程。

这就是我以往工作中的做法（modus operandi）——分析诸如疯癫经验、死亡经验、犯罪经验、性经验与多种权力技术之间的关系。我现在正致力于研究个体化的问题——或者，应该说是与"个体化权力"问题相关的自我认同（self-identity）。

大家都知道，在欧洲社会中，政治权力总是趋于越来越集中的形式。数十年来，历史学家们一直在研究国家及其管理和科层制的组织形式。

在这两次演讲中，我想表明，分析这样的权力关系中的另一种转变方式存在的可行性。这种转变方式可能并不明显，但我认为，它仍然是很重要的，尤其是对现代社会而言。表面上看，这种演进过程同趋向集权国家的演进过程针锋相对。实际上，我指的是这样一种权力技术的发展：它指向个体，旨在以一种连续、持久的方式统治个体。如果国家是一种权力集中化和中心化的政治形式，那么我们姑且把"牧职"（pastorship）称为个体化权力。

今晚，我想概述这种牧师权力形态的起源，或至少其古代历史中的某些方面。下次演讲中，我会尝试着说明这种牧人是怎样碰巧和其对立面"国家"结合到一起的。

神、国王、领导者是引导羊群的牧人，希腊人和罗马人对这种观念并不是十分熟悉。但也有例外——我知道——早期是在荷马时代的文学作品中，晚期的则是在东罗马帝国（Low Empire）的某些作品中。过会儿我再讨论它们。大致说来，在希腊和罗马的重要的政治文献中并没有出现羊群的隐喻。

在古代东方社会——埃及、亚述、犹太社会中，情况却不是这样。法老是埃及人的牧人。实际上，在其加冕之日，他就在仪式上接受了牧人的权杖；而且"人的牧人"也曾是巴比伦统治者的称号之一。但是，上帝也是一位牧人，他引导人们走向草地、确保他们拥有食物。一首埃及的赞美诗这样乞求太阳神（Ra）："啊，太阳神，在众人入睡之时，你还在照看着他们，你正是在为你的牛群谋福。"上帝和国王之间的联系很容易就建立了起来，因为他们的职责是一样的：他们照看的是一样的畜群；伟大神圣的牧人的造物被托付给了牧人—国王。一首亚述人致献给国王的祈祷文这样写道："牧场卓越的伙伴，你，呵护着、滋养着你的土地，你是使一切变得丰裕的牧人。"

但是，我们都知道，是希伯来人以一种高度的特殊性发展并强化了牧师主题：上帝，只有上帝，才是人民的牧人。只有一个肯定性的例外：大卫，作为帝国的创立者，只有他才能被当做牧人。上帝赋予了他召集羊群的任务。

也有否定性的例外。邪恶的国王一直以来都被比作坏牧人；他们解散了羊群，让其饥渴而死，剪羊毛也纯粹是为了牟利。耶和华才是唯一的、真正的牧人。他亲自引导着自己的人民，他的先知们仅是提供帮助。正如《诗篇》中所说："你曾借摩西和亚伦的手，引导你的百姓、好像羊群一般。"当然，我既无法探讨与这种比较的起源相关联的历史问题，也无法研究这种比较在犹太思想中的演化。我只是想展示牧师权力的几个典型主题。我想指出，它与希腊政治思想的不同之处,以及这些主题后来是如何在基督教思想和制度中变得重要的。

1. 牧人的权力是施加于一个羊群,而非一块土地。可能还要复杂得多,但大体说来,神、土地和人之间的关系与希腊完全不同。希腊的神拥有土地,这种基本的占有决定了人和诸神之间的关系。这里则恰恰相反,牧人——上帝与他的羊群之间的关系才是首要的、基本的。上帝给予,或允诺给他的羊群以土地。

2. 牧人集合、引导、带领他的羊群。希腊思想中无疑存在着这样的观点:政治领袖要在城邦中平息所有的敌对行为,要使和睦压制住冲突。然而,牧人所要集合起来的正是离散的个体。它们听到他的声音就集合在一起:"我会吹起口哨,使它们聚集起来。"反之,羊群解散,牧人就不得不消失。换句话说,牧人的直接在场和引导行为是羊群聚集的原因。希腊优秀的立法者,比如梭伦,一旦解决了所有的冲突,他所留下的就是一个强大的城邦,没有他,法律也能使城邦永续。

3. 牧人的作用就是要保证他的羊群得到拯救。希腊人也说神拯救了城邦;他们一直宣称:合格的领袖就是一名舵手，能使船避免触礁。但是牧人拯救羊群的方式却与此截然不同。这种拯救并不仅仅是在危险来临之时拯救所有的羊，同时，它还是一种始终如一的、个体化的、终极的仁慈。始终如一的仁慈，对于牧人来说，就是保证羊群的食物；每天关注它们的饥渴。希腊的神同样也被祈求赐予肥沃的土地和充裕的谷物。但人们并没有祈求他日复一日地来抚养他的羊群。对牧人而言，个体化的仁慈，就是要注意，所有的羊，每一只羊，都得到了喂养和救护。后来的希伯来文献特别强调这种个体化的仁慈权力：一条《出埃及记》的犹太教注释中解释了，为什么耶和华选择摩西作为他人民的牧人：他曾离开他的牧群去寻找一只走丢的羊。

最后但并非最不重要的，就是终极仁慈。对他的羊群，牧人有一个目标。他要么将其带到一个肥沃的草场，要么将其带回到羊圈之中。

4. 另一个不同之处在于这种观念：行使权力是一种"义务"。希腊领导者的决定自然是要照顾到所有人的利益；假如他只注重个人利益，那么他就成了一个坏领袖。然而他的义务却是一种荣耀：即使他要在战争中献出自己的生命，这种牺牲也会以一些极为宝贵的东西进行补偿——不朽。他永垂不朽。相形之下，牧人式的仁慈更接近于"献身"（devotedness）。牧人所做的每一件事都是为了他的羊群的福祉。这是他始终如一的关怀。当羊群入睡了，他依然在照看着。

照看的主题非常重要。它引出了牧人献身的两个方面。首先，为了那些他所喂养的、正在沉睡的羊群，他忙忙碌碌、不辞辛劳。其次，他照看着它们。对所有羊都备加注意，细细观察它们每一个。他对羊群整体也了如指掌。他不但要知道哪里有好的草场、季节的规律、万物的秩序；他同样也要清楚每一只羊的特殊需要。另外一个《出埃及记》的犹太教注释中是这样描述摩西作为一个牧人的品质的：他会让每只羊按照次序去吃草——首先是羊羔，让它们在最嫩的草地上吃草；其次是成熟的羊；最后是最老的羊，后者可以把最粗劣的草吃下去。牧人的权力意味着对羊群中的每一只羊都给予个别的关注。

这就是希伯来文本涉及牧人—上帝及其人民羊群（his flock of people）隐喻时出现的主题。我无意宣称，在耶路撒冷陷落之前的希伯来社会中，政治权力就是这样有效运作的。我甚至都不认为这样的政治权力概念具有任何的连贯性。

它们只是一些主题。一些吊诡的、甚至是自相矛盾的主题。不管是在中世纪，还是在现代，基督教都非常重视它们。历史上所有的社会中，我们的社会——我指的是古代结束之后在欧洲大陆西部形成的社会——可能是最好斗、最具侵略性的；他们能制造最让人瞠目口呆的暴行，不管是针对他人，还是针对他们自己。他们发明了许多不同的政治形式。他们多次深刻地改变了他们的法律结构。要知道，只有他们才发展出了一种奇怪的权力技术，这种技术将多数的人视为羊群，而将少数的人视为牧人。由此，他们在羊群和牧人之间建立了一系列复杂、连续、吊诡的关系。

这在历史进程中毫无疑问是很独特的现象。显而易见，在对人的管理中，"牧师技术"（pastoral technology）的发展深刻瓦解了古代社会的结构。

为了更好地解释这一瓦解的重要性，我想简短地回到我曾经谈到古希腊人时所说的东西。我明白，反对我的意见很容易就出现了。

一个反对意见是，荷马史诗使用了牧人的隐喻来指称国王。在《伊利亚特》和《奥德赛》中，poimēnlaon（牧羊人）这样的说法出现了很多次。它对领袖加以限定，突出其权力的庄严。而且，这是一个惯用的称号，在更晚的印欧文学中非常普遍。在《贝奥武甫》中，国王仍被视为一个牧人。古代的史诗中也出现了同样的称号，和亚述人文本中的一样。但是，对这样的事实，没有什么值得惊讶的。

希腊思想中更是有这样的问题：至少有一类文本中涉及了牧人模式——毕达哥拉斯学派的文献。阿基塔斯（Archytas）的《残篇》（*Fragments*）中也出现了牧人的隐喻，斯德贝斯（Stobeus）曾引用过。*Nomos*（法律）一词与*nomeus*（牧人）一词联系在了一起：牧人分发，法律分配。宙斯被称为*Nomios*和*Nemeios*，因为他将食物赐予羊群。另外，最后，执政官必须是*philanthrōpos*，即无私。他必须满腔热忱，思虑周全，如同一个牧人。

阿基塔斯的《残篇》的德语版编辑B.格吕贝（B.Grube）认为这证明了希伯来对希腊文学的独特影响。其他的评论者，例如阿芒·德拉特（Armand Delatte）认为，在希腊，对上帝、执政官和牧人的比拟很普遍；因此，不必细究。

我应把自己限定在政治文献中。这种探究的结果很清楚：牧人的政治隐喻并没有在伊索克拉底（Isocrates）、狄摩西尼（Demosthenes）或亚里士多德那里出现。令人惊讶的是，在《阿瑞奥帕吉提库》（*Areopagiticus*）中，伊索克拉底强调了执政官的责任；他强调说他们应该奉献，要关心年轻人。但没有任何与牧人有关的只言片语。

相反，柏拉图经常谈到牧人—执政官。他在《克里底亚》(Critias)、《理想国》(The Republic)和《法律篇》(Laws)中提到了这一观念。在《政治家篇》(The Statesman)中进行了探讨。前三篇对话录中，牧人主题是很次要的。有时，这些幸福的时光会被唤起：人类直接由上帝统治，在丰裕的牧场上进食（《克里底亚》）。有时，会强调一下执政官必备的美德——与特拉西马库斯(Thrasymachos)的罪恶相对（《理想国》）。有时，问题又成了界定下级执政官的职责：实际上，他们就像看门狗一样，必须遵从"上级"的命令（《法律篇》）。

然而，在《政治家篇》中，牧师权力成为了一个中心问题，并被详细地讨论。城邦的决策者、领导者可以被界定为一种牧人吗？

大家非常清楚柏拉图的分析。他用分类法来解决这一问题。他是这样划分的：对无生命的事物发出指令的人（如建筑师）和对动物发出命令的人；对单个动物（如共轭的两头牛）发出命令的人和对一群动物发出命令的人；对牧群发出命令的人和对人群发出命令的人。最后的这个，就是我们的政治领袖——人的牧人。

但首次的分类并不令人满意。还需要继续推进。将人与所有其他的动物对立起来并不是一个好办法。这样，对话又重新开始。一系列的区分又确立起来：野生的动物和驯化的动物；水生和陆生的；有角的和无角的；蹄子裂开的和平足的；杂交的和不能杂交的。分类永无止境，对话随之也偏离了正题。

那么，对话最初的发展和随后的失败说明了什么？如果没有正确运用分类法，那它就得不出什么结果。它同样也表明，将政治权力当作一种牧人和其牧群之间的关系进行分析，这样一种观念在当时可能是相当有争议的。实际上，在寻求政治家的本质时，首先掠过对话者脑海的就是这个假说。这在当时是否非常普遍？又或者，柏拉图所讨论的是一个毕达哥拉斯学派的主题？同时代其他政治文本中并没有出现牧人的隐喻，从这点来看，情况要更偏向于第二个假说。但是我们可以先对此存而不论。

我个人的目标是探究柏拉图是如何在其余的对话录中质疑这一主题的。他首先进行了方法论的论辩，然后又采用了那个世界围绕着自己的轴转动的著名神话。

方法论论辩非常有趣。要确定国王是否是一个牧人，这并不取决于要确定哪些不同的物种可以组成一个牧群，而是取决于对牧人所做的事情进行的分析。

他任务的主要特征是什么？首先，牧人独自一人带领着他的牧群。其次，他的任务是给他的牧群提供食物；当它们生病时关怀它们；演奏音乐召集它们，引导它们；安排它们交配以便获得最佳后代。由此，我们就真的发现了东方文本中典型的牧人隐喻的主题。

在涉及所有这些时，国王的任务又是什么呢？和牧人一样，他也是独自一人领导着城邦。但是，剩下的呢？是谁给人们提供食物？国王？当时不是。是农民、面包师。人们生病的时候又是谁在照看他们？国王？不是，是医生。是谁用音乐来引导人们？是体育官——而非国王。因此，很多公民都可正当地自我宣称"人的牧人"这一称号。就像人群的牧人有许多对手，政治家也同样有许多反对者。因此，如果我们想知道政治家真正是什么，本质上又是什么，我们就必须将其从"洪水包围"中筛选出来，从而说明他在哪些方面并非一个牧人。

柏拉图由此诉诸一个神话：世界围绕着它的轴心以两种相继而又相反的运动方式旋转。

在第一阶段，每一种活的物种都分属于一个由守护神—牧人（Genius-shepherd）所引导的牧群。人群则由神亲自带领。他们可以尽情享用大地的丰饶的物产；他们不需要住所；死后也可复生。至关重要的是："神是他们的牧人，人类不需要任何政治组织。"

在第二个阶段，世界转向了相反的方向。神不再是人的牧人；人类被赐予了火，只能自己照顾自己了。这样，政治家的作用何在？他是否要取代神的位置成为牧人呢？非也。他的任务是为城邦编织一块坚固的织物。成为政治家并非要喂养、照料、抚养后代，而更是要编织：用公众舆论这个"梭子"，将不同的美德编织在一起，将相反的性情（既有冲动的也有温和的）编织在一起。一流的统治艺术在于将活人集结在"一个以和睦和友谊为基础的共同体"中，由此他可以编织"最美妙的织物"。所有人，"奴隶和自由人一样，都覆盖在里面"。

由此看来，《政治家篇》在古代最为系统地思考了牧师主题，这一主题后来在基督教西方变得非常重要。我们的讨论似乎表明，一个也许起源于东方的主题在柏拉图的时代已经比较重要了，值得加以探讨。然而，我要强调的是，它也饱受指责。

但也并非全部都是指责。柏拉图就认为医生、农民、体育官和教育家都是在扮演牧人的角色。但他也拒绝将他们的行为与政治家的行为牵扯在一起。他说的很明确：政治家怎么可能总是有时间坐到每一个人的身旁，喂养他、为他弹奏、在他生病的时候照顾他？只有黄金时代的上帝才曾这样做过；只有他才像医生或教育家一样，对个人的生活和成长负责。但是，处于两者之间——上帝和村民——掌握政治权力的人却并非牧人。他们的任务并不在于养育一群人的生命。而在于建立和保证城邦的统一。总之，政治的问题是在城邦和公民框架内的一与多的关系问题。牧师问题和个人的生活有关。

可能所有的这些看起来都非常的遥远了。我之所以关注这些古老的文本，是因为它们展示了这一问题——或一系列问题——的出现有多么久远。他们贯穿了整个西方的历史。在当代社会也十分重要。它们所涉及的是政治权力与牧师权力之间的关系，前者是在国家这个统一的法律框架之内运作的，后者的作用则是长久的确保、维持、改善每个人的生活。

众所周知的"福利国家问题"不仅将当今世界的需要或新的治理技术展现了出来。同时，我们还必须意识到它的目的：施加于法律主体上的政治权力与施加于活的个体之上的牧师权力，这二者费尽心机地彼此做了大量的调整，而福利国家正是重现的调整之一种。

显然，我无意详述牧师权力在整个基督教中的发展。由此所引发的大量问题很容易就可以想象得到：从教义的问题，比如基督被称为"好牧人"，直到那些制度问题，比如教区组织，或牧师与主教之间牧师责任的分配方式，等等。

我所要做的是展现对牧职的发展而言比较重要的两三个方面，即权力技术。

我们首先要考察的是古代基督教著作中对这一主题的理论描述：克里索斯托（Chrysostom）、西普里安（Cyprian）、安布罗斯（Ambrose）、哲罗姆（Jerome），以及格西安（Cassian）和本尼迪克特（Benedict）有关僧侣生活的。希伯来主题至少在四个方面上出现了很大的转变：

> 1. 第一个是关于责任。我们可以看到，牧人是要对整个羊群和每一只羊的命运负责。在基督教的观念中，牧人必须作出记录——不仅是对每只羊，而且还对它们所有的行为，它们所有好的或坏的倾向，它们身上所有的事情，作出记录。
>
> 而且，在每只羊和其牧人之间，基督教认为有一种

罪恶和美德的复杂交换与循环。羊的罪恶也同样要归咎于牧人。最后审判之时他要做出交代。反过来，通过帮助他的羊群得到拯救，牧人也同样得到了拯救。但是，要拯救他的羊，他自己也很容易迷失；所以如果他要拯救他自己，他必须为了其他人而冒险迷失自我。但如果他迷失了，羊群就遭遇了最大的危险。不过，我们先放一下这些悖论。我的目标只是要强调那些将牧人与其羊群中每个成员捆绑在一起的道德纽带的力量和复杂性。我特别要强调，这种纽带不仅涉及了个体的生活，而且还涉及了他们行为的细节。

2. 第二个重要的转变是关于遵从的问题。在希伯来的观念中，上帝作为一个牧人，他带领的羊群遵从他的意愿、他的法律。

另一方面，基督教认为牧人—羊的关系是一种个别的但却是完全依赖的关系。毫无疑问，基督教的牧职在这一点上与希腊的思想有了根本的分歧。如果一个希腊人必须遵从，那是因为他遵从的是法律，或城邦的意志。如果他碰巧追随了某个特定的人（一个医生、演说家、教育家），那是由于这个人在理性上说服了他这样做。而且这也是为了一个严格确定的目标：被治愈、获得一种技能、做出最佳选择。

在基督教这里,与牧人之间的纽带是一种个体的纽带。这是对牧人的个体屈从。他实施他的意志,并不是这种意志与法律相一致,也不仅是因为它与法律如何的一致,而主要是因为,这是牧人的"意志"。在格西安的《隐修规章》(*Cenobitical Institutions*)中,有许多启发性的轶事,在这些故事中,修士通过执行他上级极为荒谬的命令而得到了拯救。服从是一种美德。这就意味着,同希腊人不一样,服从并非是为了实现目的而临时采用的手段,服从本身就是一个目的。它是一种永久的状态;羊必须永远顺从于它们的牧师——*subditi*。正如圣本尼迪克特所说,修士并不是依照他们自己的意愿生活的;他们的愿望是要服从于修道院院长的命令——ambulantes alieno judicio et imperio。希腊基督教将这种遵从的状态称之为不动心(apatheia)。这个词义的发展变化是非常有意味的。在希腊哲学中,"不动心"是指一种控制,个体通过理性的修炼,可以控制激情。在基督教思想中,感情(pathos)是为了自己而施加于自身的意志力。"不动心"则让我们从这种任性中解脱了出来。

3. 基督教的牧职蕴含了牧师对每只羊的独特的认知类型。

这种知识很独特。它是个体化的。了解羊群的状态并不足够，还需要知道每只羊的状态。在基督教牧职出现之前很久，这一主题就存在了。但它在三个方面得到了强化。牧人必须知道羊群每个成员的物质需要，并在其需要的时候给予它们。他必须清楚发生了什么，它们每个在做什么——它公开的罪。最后但并非最不重要的，他必须知道每个人的灵魂状况，也就是他的秘密的罪，他求圣之路上的进步。

为了维持这种个体上的知识，基督教挪用了希腊化世界中所运用的两种重要方法——自我审察和对良心的引导。它借用过来，但也做了相当大的改动。

众所周知，自我审察在毕达哥拉斯学派、斯多葛学派、伊壁鸠鲁学派中运用得十分广泛，这是一种对善恶进行日常清查的手段，这种善恶行为与个人责任有关。就此，个人在完善（即自我控制）道路上的进步，以及对个人激情的控制就能够得以衡量。对良心的引导在某些有修养的圈子中也同样很盛行，但是，要作为建议而提出来——有时还要付钱——是在特别艰难的境况中：

在哀悼中，或一个人遭受挫折之时。

基督教牧职将两种实践紧密地结合在了一起。一方面，良心—引导形成了一种长久的束缚：羊不仅仅在成功穿越艰难路程时需要引导，它还要在每一秒中得到引导。被引导是一种状态，如果你想逃脱，那么你会不幸迷失。有一句经常被引用的话这样说：没有引导，人会备受折磨，慢慢枯萎，宛如濒死的树叶。至于自我审察，它的目标并不是自己将自我意识包裹住，而是要让其向导师完全地敞开——向导师展示自己的灵魂深处。

1世纪许多苦修和苦行的文本都涉及了引导和自我审察的联系，这些文本指出了这些技术对于基督徒而言是多么的重要，而且已经变得多么的复杂。我所要强调的是：它们描绘了希腊—罗马文明中一种非常奇怪的现象的出现，即，将一种完全服从、自我知识和向他人忏悔之间的联系组织起来。

4. 还有一种转变——可能是最重要的。审察、忏悔、引导、服从，所有这些基督教技术都有一个目标：让个体在此世以"克己"（mortification）的方式生活。当然，克己并非死亡，而是对此世和自我的弃绝，一种日常的死亡——一种假定在另一个世界获得生命的死亡。我们并不是第一次见到牧人主题与死亡联系在了一起，但在这里，它已经与希腊时的政治权力观念有所不同了。它不是要为城邦牺牲：基督教的克己是一种将自我与自我连在一起的关系。它是基督教自我认同的组成部分。

可以这样说，基督教牧职引入了一种希腊人和希伯来人无法想象的游戏。这是一个奇怪的游戏，它的要素是生命、死亡、真理、服从、个人、自我认同——看起来它与通过公民的牺牲来使城邦存活的游戏毫无关系。由于我们的社会恰好将这两种游戏——城邦—公民游戏和牧人—羊群游戏——结合到了我们所谓的现代国家中，结果它就真正变成了恶魔般的社会。

你们可能会注意到，今晚我所要做的并不是要解决问题，而是提出一个研究问题的方法。这个问题与我从第一本关于疯癫和精神病的著作开始就一直研究的问题相似。我之前告诉过你们，这个问题所涉及的是经验（比如疯狂、疾病、法律的僭越、性、自我认同）、知识（比如精神病学、医学、犯罪学、性学、心理学）和权力（比如在精神病、刑罚以及所有其他涉及个体控制的机构中运作的权力）之间的关系。

我们的文明已经发展出了最为复杂的知识体系、最精密的权力结构。这种知识、这种类型的权力要把我们塑造成什么？这些有关疯狂、痛苦、死亡、犯罪、欲望、个体性的基本经验是通过什么途径与知识和权力连结在了一起——即便我们对此并不了解？我知道我找不到答案；但这并不意味着我们就该回避这个问题。

二

我已经讲过，原始的基督教如何形成了一种牧师感化的观念，它通过对个体独特真理的展示，不断对个体产生作用。我也已经指出，这种牧师权力与希腊思想是多么的不同，尽管它也对后者有所借鉴，比如对自我审察实践和良心引导的借鉴。

这次，我想跳过几个世纪描述另一个阶段，在这种借助个体自身的真理来治理个体的历史上，这一阶段本身是非常重要的。

这个实例与现代意义上的国家的形成有关。如果我将这两个历史阶段联系起来，显然并不是要暗示牧师权力这一面在基督教欧洲、天主教和罗马的十个世纪中消失了，在我看来,与人们可能的预期相反,这一时期并不是牧师主宰的时代。有许多原因:一些是经济特性上的原因——灵魂的牧师是一种特有的城市经验,很难与中世纪初始时广大贫穷的农村经济相协调。另外一些则是由于文化特性:牧职是一种复杂的技术,要求具备一定的文化水平,不仅是对牧师有所要求,同样也对牧群有所要求。其他的原因则与社会政治结构有关。封建制度在个体之间发展出了一套与牧师相比完全不同类型的个人纽带。

我不是要说对人的牧师治理观念在中世纪教会中完全消失了。实际上,它一直存在,甚至可以说表现出了极强的生命力。有两种事实可以证明。第一个,教会自身的改革,特别在隐修院的制度中——在现有的隐修院中相继进行了多种多样的改革——这些改革的目标就是在修士自身之中重塑严格的牧师秩序。至于那些新建的修道会——多明我会(Dominican)和圣方济会(Franciscan)——他们的根本目的就是想在信徒中间展开牧师工作。在那些接踵而来的危机期间,教会不断尝试重夺它的牧师职能。不只如此,在民众那里,我们可以看到,在整个中世纪期间,出现了一系列围绕着牧师权力而展开的斗争。教会失职,其批评者就拒斥教会的等级结构,去寻找某种自发性的共同体,在这种共同体中，牧群可以找到它所需要的牧人。对牧师表述（pastoral expression）的追寻，呈现了多种方式，有时是非常暴力的斗争，例如韦多尔派（Vaudois），有时是和平的探索，例如共同生活弟兄会（Frères de la Vie），有时它又会激发一场广泛的运动，如在胡斯派（Hussites）中。有时会煽动一些小规模的团体，如高地神之友（Amis de Dieu de l'Oberland）。其中的一些运动有点接近于异教，如贝格哈德（Beghards）中的那些运动，其他的则有时激起教会怀抱中的传统运动（像15世纪意大利的奥拉托利会[Oratorians]）。

我这样引经据典地提到这些问题只是为了强调，假如牧职在中世纪时没有作为有效的对人的治理实践而建构起来，那么它也已经在长久的斗争中成为一种持续的关怀和关键点。在整个中世纪时期，有一种想在人们中间安置牧师关系的渴望，这种愿望对神秘主义思潮和伟大的千年梦想均有影响。

当然，在这里我并不想处理国家如何形成的问题。我也不想去探究国家起源的不同的经济、社会和政治过程；也不想去分析国家为了维持其生存而装备的不同制度和机制。我只想指出一些零散的迹象，它们位于国家和国家机制之间。

在此，国家是一种政治组织，而国家机制，即在国家权力运作中所运用的理性。

我在第一次演讲中提到过这些。与其去研究国家权力的异常是因为理性主义泛滥还是非理性主义泛滥，还不如去明确国家所产生的特定的政治理性类型。

毕竟，至少是在这个方面，政治实践类似于科学实践：它所运用的并非一种"普遍理性"（reason in general），而是一种非常独特的理性类型。

引人注目的是，国家权力的理性充满着反思性，它清楚地意识到自己的独特性。它没有沉浸在一种自发而盲目的实践中，也不能通过一些反思性的分析来揭示。它在两套学说之中得到了详细的阐述：国家理性和治安理论。我知道，这两个词组很快就获得了一种狭隘的、浅薄的意义。但在现代国家形成的150年到200年间，它们的意义要比现在宽泛得多。

国家理性的学说试图去界定，国家治理的原则和方法是如何不同于上帝管理世界的方法、父亲治理家庭的方法或者修道院院长治理修士团体的方法。

治安学说界定了国家理性活动的客体的性质；界定了它所追求的目标的性质、所涉及的手段的一般形式。

所以，今天我所要谈论的是理性的体系。但是首先有两个初步工作要做：第一，弗里德里克·迈内克（Fridrich Meinecke）出版过一部有关国家理性的最重要的著作，我会主要讲述治安理论。第二，德国和意大利在建立一个国家时遇到了很大的困难，他们对国家理性和治安作出过众多的反思。我会经常参照这些意大利和德国的文本。

我们从国家理性开始。下面是一些定义：

博特罗（Botero）："对国家形成、增强自身、长治久安和不断发展的手段的一套完美认知。"

帕拉佐（Palazzo）（《论国家的治理和真正理性》[*Discourse on Government and True Reason of State*]，1606）："一种让我们可以发现如何在共和国内部建立和平和秩序的规则和艺术。"

开姆尼茨（Chemnitz）（《国家理性》[*De Ratione status*]，1647）："所有公共事务、政务和规划都需要的政治考量，它唯一的目标是国家的保存、扩展和幸福；为达到这一目的而实行的最简易、最便捷的方法。"

我来考察一下这些定义的共同特点：

1. 国家理性被视为一种"艺术"，即一种符合某种规则的技术。这些规则不仅属于习俗和传统，而且还属于知识——理性知识。今天，"国家理性"这一表述会让人想到"独断"或"暴力"，但在当时，人们所想到的是国家治理艺术所特有的合理性。

2. 这种独特的治理艺术是从哪里获得的逻辑基础？新生政治思想对此的回答令人反感。然而，答案却十分简单：假如反思可以使治理遵循被治理事物——这里指的是国家——的本性，那么治理的艺术就是理性的。

现在，提到这些陈词滥调就是要同基督教和法律传统同时性地决裂，这两个传统都声称，治理本质上是正义的。它遵守整个的法律体系：人的法则、自然法则和神的法则。

阿奎那（Aquinas）有一本非常重要的著作涉及了这些观点。他提醒，这种"治理艺术本身的所为，必须模仿自然本身的所为"；只有如此，治理才是合理的。国王对其王国的治理必须模仿上帝对自然的治理，或者是灵魂对身体的治理。国王建立城邦必须和上帝创造世界一样，像灵魂赋予身体以形式一样。国王也必须引导人们走向他们的终点，就像上帝对自然存在所作的那样，或是灵魂在指引身体之时那样。那么，人的终点是什么？是身体的康健吗？不；健康只需要一个医生，而不是国王。是财富？不；财富只需要一个管家就够了。真理呢？也不是，真理只需要一个老师。人需要的是这样一个人：因为他在此世遵循至善，因而能够开启一条通往天国至福的道路。

正如我们可以看到的，治理艺术的模式就是上帝给他的造物施加律法的模式。阿奎那理性治理的模式并非一种政治模式，然而，十六七世纪在"国家理性"的名号下所追寻的却是能够引导现实治理的原则。一般而言，它们并不关注自然及自然法——它们关注的是国家的本质、国家的迫切要求。

因此，我们可以理解这种研究所激起的宗教上的愤慨。它解释了为什么国家理性被比作无神论。特别是在法国，在一个政治语境中产生的这种表达通常都与"无神论者"联系在一起。

3. 国家理性也与另一个传统相对立。在《君主论》(*The Prince*)中，马基雅维利的问题是确定，如何抵制国内外的反对者而将继承或争夺来的土地和领土保存下来。马基雅维利整个的分析的目的，就是要确定什么可以保持或增强君主和国家之间的联系，然而国家理性所提出的问题恰是国家自身的本质和存在的问题。这就是论述国家理性的理论家为何要与马基雅维利保持距离的原因；他声名狼藉，这些理论家也无法通过他认识他们自己的问题。相反，那些反对国家理性的理论家则试图削弱这种治理艺术，将其斥责为马基雅维利的遗产。然而，尽管在《君主论》面世一个世纪之后出现了一些混乱的争论，国家理性仍然标志着一种与马基雅维利的极为不同——尽管只是部分地——的合理性类型出现了。

　　此种治理艺术的目标，准确说来并不是要强化国王在其领地上施展的权力：而是为了强化国家本身。这是所有十六七世纪的定义中最为典型的特征之一。譬如说，理性的治理是这样的：考虑到国家的本性，它可以在任何时段内压制住它的敌人。只有提升自己的力量才能实现这个目标。它的敌人也同样如此。仅仅考虑维持生存的国家最有可能遭遇灾难。这是一个非常重要的观念。它与一种新的历史观联系在一起；实际上，它所意指的是，国家是这样的现实：它必须在一个无限长的历史时段内，在一个富有争议的地理区域中，生存下来。

最后，我们可以看到，可以将国家理性理解为理性治理，它可以依据自身来增加国家的力量。这种国家理性预设了一种知识类型结构。只有了解国家的力量，治理才会是可能的；它也因此可以维持下去。必须了解国家的能力以及拓展这一能力的方法。也必须知道其他国家的力量和能力。实际上，治理的国家必须对抗其他的国家。因此，治理所必须的并不仅仅是运用理性、智慧和耐心的一般原则。知识，涉及国家力量的具体、精确、可测度的知识，是必要的。国家理性所特有的治理艺术，与后来称为政治"统计学"或政治"算术"的发展紧密结合在了一起，政治"统计学"或政治"算术"，也即是关于各个国家不同力量的知识。对于正确的治理而言，这样的知识必不可少。

大致说来，国家理性并不是根据神法、自然法、人法去进行治理的艺术。它没有必要顾及世界的普遍秩序。它的治理依据是国家力量。它的目标是在一个广泛的、竞争性的框架内提升这种力量。

因此，17、18世纪的作者们对"the police"的理解和我们所赋予的词义是非常不同的。为何这些作者大部分都是意大利人和德国人？这点值得研究。但无论如何，他们所理解的"police"并不是在国家内部运作的一种制度或机制，而是国家所特有的治理技术——国家所干预的领域、技术和目标。

为清晰简明起见，我以一个文本为例来阐述。这个文本既是一个乌托邦幻想，也是一项方案。对于治安国家而言，它是最初的乌托邦规划之一。路易·图尔奎特·德·梅耶内（Louis Turquet de Mayerne）在1611年草拟了这个文本并献给了荷兰议会（Dutch States General），J.金（J. King）在其作品《路易十四治理中的科学和理性主义》（*Science and Rationalism in the Government of Louis XIV*）注意到了这本奇怪作品的重要性。这本书的标题是《贵族民主君主制》（*Aristo-democratic Monarchy*）。这个题目足以说明作者非常看重的东西：为了最重要的目标，即国家，与其在这些不同类型的政制之间作选择，不如将它们进行混合。图尔奎特也将其称作城邦（the City）、共和国（the Republic）或治安（the Police）。

图尔奎特所建议的组织结构是这样的：国王身边有四大要员。一个掌管司法；另一个掌管军队；第三个掌管财务，也就是国王的税收和收入；第四个掌管治安。看起来，这第四个官员的职能应该主要是道德方面的。图尔奎特认为他应该在人们中间培养"谦和、慈爱、忠诚、勤奋、友好合作、诚信"[1]。在此，我们辨认出了这样一个传统观点：臣民的美德可以保证王国的善治。但是，当我们具体到细节时，观点就有所不同了。

图尔奎特建议，每个省份都应该有维持法律和秩序的部门。两个部门负责人；其他两个负责事。第一个涉及人的部门所关注的是生命中积极的、活跃的、生产性的方面。换句话说，它所关注的是：教育、每个人的品味和天资的确定，有用的职业的选择（每个超过25岁的人都要登记注册他的职业）。那些无用失业的人则被视为社会的渣滓。

第二个部门则关注生命的消极方面：需要帮助的穷人（寡妇、孤儿、老人）；无工作的人；那些行动需要财政救助的人（不征收任何利息）；公共卫生（疾病、传染病）；诸如火灾和洪水之类的意外事故。

---

[1] J. King, *Science and Rationalism in the Government of Louis XIV* (Baltimore: Johns Hopkins, 1949).

关注事的部门中一个专门负责商品和制成品。它指示的是:生产什么?怎样生产?它同样也要操纵市场和交易。第四个部门所关注的是"领地",即领土、空间:对私人财富、遗产、捐赠、销售的控制;对封地权的改革;对道路、河流、公共建筑和森林的看管。

这个文本在很多方面上都与当时大量的政治乌托邦类似。但它也与围绕着国家理性和君主国的行政机构进行的理论大讨论处在同一时代。它也高度代表了那个时代对一个治理国家的传统任务所作的思考。

这个文本说明了什么?

1. "治安"与司法、军队和财政一起,是统领国家的一个行政部门。确实如此。尽管事实上它还包含了所有其他的东西。图尔奎特这样说:"它延伸到了人的所有境况中,他们的一切所作所为中。它的领域囊括了司法、财政和军队。"

2. 治安包括了一切。但这是从一个非常独特的视点来看的。人和事是在它们之间的关系中被构想的:人共存于一个领土之上;他们与财富的关系;他们所生产的东西;市场上交易的东西。治安同样也要考虑人们的生活方式、他们遭遇的疾病和意外。治安所关注的是一个活生生的、积极的、生产性的人。图尔奎特用了一个非同寻常的表述:"治安的真正对象是人。"

3. 这种对人们行为的干预可以很容易成为一种极权主义式的干预。干预的目的何在?可将其分为两类。首先,治安必须处理的是所有可以为城邦带来装饰、形式和光彩的事情。光彩不仅指一个秩序井然的国家的美,而且还包括它的力量、活力。因此,治安要保证和凸显国家的活力。其次,治安另外一个目的是促进人们的工作和贸易关系,以及人和人之间的援助和互助。这里图尔奎特又用了一个极为重要的词:治安必须保证人们之间的"交往"(communication)——这是从这个词宽泛的意义上来使用的——否则人们就无法生存,或者他们生活就会不稳定、穷困、不断受到威胁。

在此,我们能够看出一个我认为重要的观点。治安是一种理性的干预形式,它对人施加政治权力,它的功能是为人们提供一些额外的生活,就此,它也给国家提供一些额外的力量。这是通过控制"交流",即控制个体共同的活动(工作、生产、交换、住宿)而实现的。你们可能会反对:"但这仅是某个无名作者的乌托邦。你几乎无法从中推断出任何重要的结论！"然而我说：当时多数欧洲国家中流传着许多作品，图尔奎特的书仅是其中的一例。实际上，这本书过于简单但十分详尽，反而能将别的书中见到的特点更好地展现出来。特别是，这些观点并没有夭折。它们在十七八世纪得到了广泛的传播：要么当成政策来运用（比如官房学派（Cameralism）和重商主义（mercantilism））；要么作为课程被讲授（不要忘了，在德国，行政科学就是以这个德语词"治安科学"（*Polizeiwissenschaft*）为名来讲授的）。

有两个视角，我可以不做研究，但至少也要提出来。第一个涉及法国的管理手册，另外一个是一本德国教材。

1. 每个历史学家都知道。N.德·拉马雷（N. De Lamare）的手册《治安论》（*Treaty on the Police*）。18世纪初，这位行政官承担了王国所有治安章程的编撰工作。这本书提供的宝贵信息取之不尽。但我所要强调的是有关治安的一般观念，这种观念，是由如此多的规章和条例向德·拉马雷这样的行政官传达出来的。

德·拉马雷认为治安必须关注国家内部的11件事情：（1）宗教；（2）道德；（3）健康；（4）供给；

（5）道路、公路、城市建筑；（6）公共安全；（7）文科（大致说来就是艺术和科学）；（8）贸易；（9）工厂；（10）仆人和工人；（11）穷人。

所有涉及治安的专著都有同样分类的特点。像在图尔奎特的乌托邦方案中，除了军队、严格意义上的正义和直接税收之外，治安似乎是要关注所有事情。同样的事情也可换种说法：王室力量正是由于有武装力量的支持、通过发展一种司法体系和建立一种税收体系，才能尽力与封建主义抗衡。这些都是传统上王室施展权力的方法。现在，"治安"这个词涵盖了中央政治权力和行政权力可以干预的所有新领域。

现在，对文化仪式、小规模的生产技术、智识生活和道路网络，所作的干预，其背后有怎样的逻辑？

德·拉马雷的回答颇有点犹豫。这里他这样说："治安关注所有与人们幸福（happiness）有关的事"；在那里他又那样说："治安关注所有对人和人之间的社会（关系）进行调节的事情"；在别的地方他又说治安关注的是生活（living）。这就是我要详加讨论的定义。这是最原初的定义，并且还澄清了其他的两个定义，德·拉马雷对其也进行了详细的论述。对治安的十一个目标，他做了如下的评论。治安涉及宗教，当然不是从教义真理的角度出发，而是从生活的道德品质出发。在涉及健康和供给时，它所处理的是生活的维持；在涉及贸易、工厂、工人、穷人和公共秩序时——它所处理的是生活的便利。在关注戏剧、文学、娱乐时，它的目标是生活的欢乐。简而言之，生活是治安的目标：即生活中不可或缺之物、有用之物、剩余之物。人们要生存、生活，以及更高级的享受：这就是治安务必要保证的。

因此我们将德·拉马雷其他的概念联系在一起："治安唯一的目的就是引导人们达到至福，享受生活。"或者，治安在此关注到了灵魂的善（由于宗教和道德）、身体的善（食物、健康、衣服、房屋）、财富（工厂、贸易、劳动）。又或者，治安所关注的是那些只能从社会生活中得到的益处。

2. 现在我们来看一下德国教材。稍微晚些之后，这些教材就被用于教授行政科学。很多大学，特别是哥廷根（Göttingen）大学，都开设了这门课，它在欧洲大陆极为重要。正是在此培养了普鲁士（Prussian）、奥地利（Austrian）、俄罗斯（Russian）的公务员——他们贯彻执行了约瑟夫二世（Joseph II）和叶卡捷琳娜二世（Catherine the Great）的改革。某些法国人，特别是拿破仑的随从，非常了解治安科学的要义。

在这些教材中可以发现什么？

胡亨塔尔（Huhenthal）的《政治书》（*Liber de politia*）强调了以下几条：市民的数量；宗教和道德；健康；食物；人和物的安全（特别涉及了火灾和洪水）；司法行政；市民的便利和欢乐（如何得到，如何限制）。然后是一系列有关河流、森林、矿产、盐矿、房屋的章节，最后几章谈的是如何从种植、工业或者贸易中获取物品。

在《治安概论》（*Précis for the Police*）中，J.P.维勒布兰德（J.P.Willebrand）先后谈到了道德、贸易和工艺、健康、安全，最后是城市建筑和规划。至少就其谈论的主题而言，它与德·拉马雷的作品并没有多大的区别。

然而这些教材中最重要还是约翰·海因里希·哥特洛布·冯·尤斯蒂（Johann Heinrich Gottlob von Justi）的《治安原理》（*Elements of Police*）。治安的具体目标仍就是生活在社会中的活生生的个体。然而，冯·尤斯蒂组织作品的方式却有些不同。他首先研究的是他所谓的"国家不动产"（state's landed property），即领土。他是从两个方面来考虑的：如何居住（城市还是乡村）；然后是居住于领土上的人（人口的数量，他们的成长、健康、死亡率、迁徙）。冯·尤斯蒂随后分析了"有形动产"（goods and chattels），即商品、制成品和它们的流通，这些又涉及了成本、信用、货币的问题。最后，书的最后一部分关注的是个体的行为：他们的道德、他们的职业能力、他们的诚实，它们对法律的遵守。

在我看来，在展现治安问题的发展状况上，冯·尤斯蒂的著作要比德·拉马雷法规手册的导言先进得多。这有四个原因。

首先，冯·尤斯蒂对治安核心悖论的界定要更加清晰。他认为，治安能够使国家权力得到提升，使它的力量得到充分施展。另一方面，治安要确保市民的幸福——幸福被理解为生存、生活，或提高生活质量。他很完美地界定了我所认为的现代治理艺术，或者说国家理性的目标，即发展那些个体生活的构成要素，而这些要素的发展也就此可以促进国家的力量。

冯·尤斯蒂随之也在这任务和政治两者之间做了区分。他和同时代人一样将这个任务称为治安。政治本质上是一种否定性的任务：它就是国家与其国内外敌人的斗争。然而，治安却是一种肯定性的任务：它所要促进的不仅是市民的生活，还有国家的力量。

重要的是，冯·尤斯蒂比德·拉马雷更为强调一个在18世纪越来越重要的观念——人口。人口被理解为一群活着的个体。他们的特性也是所有属于同一种族、一起生活的个体的特性。（因此，他们也会呈现出死亡率和出生率；他们会患传染病，人口会过剩；也表现出某种地域分布类型。）确实，德·拉马雷用"生命"（life）这个词来标示治安的关注对象，但他并没有明确强调这一点。在整个18世纪的历程中，特别是在德国，我们可以看到，被确定为治安对象的，是人口，即居住在特定区域里的一群人。

最后，只有看了冯·尤斯蒂的著作才能明白，治安并不仅是图尔奎特那种乌托邦，或者是一本将规章系统编撰而成的手册。冯·尤斯蒂声称要撰写一部治安科学。他的书并不是要罗列一份处方的清单：它也是个网格，通过这个网格，可以对国家——也就是领土、资源、人口、城市等——进行观察。冯·尤斯蒂将"统计学"(statistics)(对国家的描述)和治理艺术结合在了一起。治安科学同时成为了一种治理艺术和分析方法:其对象是居住在一个领土上的人口。

这种历史性的思考看起来漫无边际;在涉及今天所关心的问题时,它们也显得毫无用处。我不会像赫尔曼·黑塞(Hermann Hesse)一样走那么远,他认为只有"不断地参照历史、过去和古代"才会结出丰硕的成果。但是经验告诉我,在动摇我们的确信和教条上,各种形式的理性的历史要比起抽象的批评更加有效。几个世纪以来,宗教都无法忍受对其历史的讲述。今天,我们的理性学派也在回避对它们历史的书写,这无疑是很有意味的。

我想展示的是一个研究的方向。这些仅是过去两年我的研究对象的基础。这是一种对我们称之为"治理艺术"(用一个过时的词)的历史分析。

此项研究所依据的是几个基本的假说。我将其列举如下:

    1. 权力不是实体。它也不是一种可以深究其源头的神秘财产。权力仅是某种类型的个体关系。这些关系是特定的，也就是说，它们与交换、生产、交往无关，即使这些关系和它们结合在了一起。权力的典型特征是一些人多少可以完全决定其他人的行为——但从不是彻底地或强制性地决定。一个人被锁起来、被击打，他所承受的是施加在他身上的强力（force），而非权力。一个人的最后手段就是宁死不说，但如果他又能被诱导着去说，那么他就是依照某种方式而行动。他的自由就屈从了权力。他也就是服从了治理。如果个体能够保持自由，不管他的自由多么微末，权力都能促使他屈从于治理。没有潜在的拒斥或反抗，就没有权力。

2. 就人们之间的诸多关系而言，很多因素都决定着权力。而理性化也总是不停地对权力发生作用。这种理性化有具体的形式。它与经济过程、生产和交往技术所特有的理性化是有所不同的，和科学话语的理性化也有所不同。人对人的治理——不管他们的群体是大是小，不管是否是男人对女人施加权力，或者是成人对儿童施加权力，又或者是一个阶级对另一个阶级施加权力，还是科层制对人群施加权力——所涉及的是某种类型的理性化。它与工具性的暴力无关。

3. 所以，那些抵制或反抗权力形式的人不能仅仅满足于谴责暴力或批评某种制度。归罪于一般理性也是不够的。需要质疑的是关键的理性形式。对施加于精神病人或疯人身上的权力所作的批判，不能局限于精神病院之中；对惩罚权力的质疑也不能只满足于将监狱指责为一种总体化的机构。应该这样问：这些权力关系是如何理性化的？只有这样来发问，才能够避免另一些带着同样目标，导致同样效果的机构对它们取而代之。

4. 几个世纪以来，国家成为了最为引人注目、最可怕的人类治理形式之一。

尤为重要的是，政治批评谴责国家既是一种个体化的因素，同时又是一个总体化的原则。只需去看一下刚诞生时的国家理性，只需看一下它的第一个治安项目，我们就能清楚：从一开始，国家就既是个体化的，又是总体化的。以个人和个体利益来对抗国家，如同以个体来对抗共同体及其需求，两者同样都是危险的。

在整个西方社会的历史中，政治理性已经成长起来，并且贯穿始终。它首先是呈现为牧师权力的观念，然后表现为国家理性的观念。它必然的效果既是个体化的又是总体化的。只有对政治理性的根基，而不只是对它的两个效果进行攻击,才能获得解放。

(张凯　译)

个体的政治技术

编者按

　　同《自我技术》一样，本文也是福柯于1982年在佛蒙特大学研讨班上所作的讲座；文章于1988年首次发表。这个讲演的部分内容与《全体与单一：论政治理性批判》第二讲的部分内容相近。福柯在这里分析了，在西方社会中，个体是如何进入政治的权力技术之中的。他特别强调国家理性中的"治安"这个概念。国家理性是一种既不同于基督教也不同于马基雅维利的现代政治观念，它为了国家本身的目的，要将个体造就成国家的一个重要因素——这就是所谓的"治安"。治安的对象逐渐变成了"生活""人"和"人口"，也就是说，政治逐渐变成了生命政治。

我叫做"自我技术"（techonologies of the self）的总框架，是在18世纪末出现的问题，它势必要变成现代哲学的一极。这一问题大相径庭于我们称之为传统哲学的问题：世界是什么？人是什么？真理是什么？知识是什么？我们如何认识事物？等等。在我看来，出现在18世纪末的问题是：我们实际上是什么？在康德的一篇文章中，可以找到对这个问题的系统阐发。但我也并不矫称先前的有关真理、知识等等诸问题，就必须搁置不论；相反，它们自始至终地构成了一个强大的分析场域，我愿将此称作真理的形式本体论。不过，对于哲学化活动而言，我认为已经形成了新的一极，而这一极又是以"我们当下是什么？"这样一个永恒的、永远变动不居的问题为特征的。我认为，这就是历史地反思我们自身的那个场域。康德、费希特、黑格尔、尼采、马克斯·韦伯、胡塞尔、海德格尔、法兰克福学派都试图回答过这个问题。谈到这一传统，我想做的是，通过思想史，或者更确切地说，是通过对于西方社会中我们的思想和我们的实践的关系所做的历史分析，对这一问题给予某些非常局部的而且是临时性的答案。

简短地说，通过对癫狂和精神病，犯罪和惩罚的研究，我曾经试图表明，我们是怎样凭借把某些他者，如罪犯、疯子等排除在外，来间接地建构我们自身的。现在，我目前的工作就是要解决这样一个问题：我们是怎样通过自古至今发展起来的某些伦理学的自我技术，来直接建构我们自身的身份？这就是我们这个研讨班拟研究的东西。

不过，我想研究的问题还有另外一个方面：通过某些个体的政治技术，我们是如何逐渐认识到我们自身就是社会，我们自身就是一个社会实体的一部分，就是一个民族或者一个国家的一部分？现在，我想扼要给你们解释的，不是自我技术，而是个体的政治技术（political technology of individuals）。

诚然，对于一个所谓的公开演讲来说，我担心我要讨论的这些材料可能过于历史化和技术化了。我并不是一个公开的演讲者，而且我知道这些材料若用于研讨班的话，是非常方便省事的。尽管这些材料可能过于技术化，但我还是有两个有力的理由把它们推荐给你们。首先，我认为，用一种多少有些预言式的方式来呈现人们不得不去思考的东西，总是不无矫揉造作之嫌。我在分析具体的历史材料过程中总是试图提出各种各样的质疑，我宁可让他们从我的这些置疑中自己得出结论，或者推断出普遍观念。我认为，这是对大家自由的尊重，这也是我的方式。我给你们这些相当技术化材料的第二个理由是,我不明白,在公开演讲中,人们何以不如在课堂上那样聪明、灵光、敏锐。下面,我们就从个人政治技术这一问题入手。

1779年,德国作者约·彼·弗朗克(J. P. Frank)[1]题为《公共卫生政策大系》(*System einer vollständigen Medicinische Polizei*)一书第一卷出版,嗣后又出版了另外五卷。最后一卷于1790年问世时,法国大革命已经风起云涌。我为什么要把法国大革命这一著名事件同一本默默无闻的书放在一起呢?原因很简单:弗朗克的著作是现代国家公共卫生的第一部伟大系统纲领。它巨细无遗地表明,一个政府必须采取什么措施,才能提供卫生食品、良好住房、卫生保健和医疗机构,从而确保人口的健康,简言之,就是确保个体的生活。通过这本书可以看出,关注个体的生命在当时正在变成一项国家义务。

与此同时,法国大革命也为我们时代的国际大战发出了信号。它与国家军队有关,这些军队的结局或者高潮就是大屠杀。我认为,可以在第二次世界大战中看到类似的现象。在全部的历史当中,很难找到二战那样的杀戮,而且

---

[1] 约翰·彼得·弗朗克(Johann Peter Frank, 1745—1821),德国内科医生、卫生学家。——译注

也正是在这一时期,这一时刻,重大的福利、公共卫生和医疗救护纲领才被激发起来。《贝弗里奇计划》(*Beveridge Plan*)[1]如果不是在这一时代酝酿的,至少也是在这一时代出版的。这样一种巧合可以用一句口号加以表述:去杀戮吧,我们承诺给你们一个长久的幸福生活。生命保险与死亡命令联系在一起。

庞大的毁灭性机制,旨在关注个人生命的诸多机构,这二者在政治结构中的共存,这颇令人迷惑不解,需要对此做些研究。这是我们政治理性中主要的二律悖反之一。我拟考虑的也正是我们政治合理性的那种二律悖反。我的意思并不是说,大屠杀就是我们理性的效果、结果、逻辑后果;也不是说,既然国家有权利杀死千千万万的人,那么它就有义务来照顾个人。我也不想否认,大屠杀或者社会关怀,都有其经济原因,或者情感动机。

请原谅我又回到了同一个论点:我们是思考的存在者。这就是说,即便是我们杀人或者被杀之时,即便我们发动战

---

[1]《贝弗里奇计划》(*Beveridge Plan*),即1942年英国发表的著名的《贝弗里奇报告》,它系统地提出了国民福利的计划和制度模式。其后,英国以该报告为基础制定了一系列法律,将社会保障、社会福利的覆盖面扩大为全体国民,并于1948年宣布在世界上第一个建成了"福利国家"。这一报告是由经济学家贝弗里奇爵士(Beveridge,1879—1963)在对社会保险及相关服务进行调查的基础上,就战后重建社会保障计划提出的具体方案和建议。一般称为《贝弗里奇计划》。——译注

争，或者作为失业者寻求援助之时，即便我们投票支持或者反对一个削减社会支出、增加防御经费的政府之时，即便是在这些情景之中，我们还是思考的存在者。我们不仅是基于普遍的行为准则，也基于某种特殊的历史理性才做这些事情的。我拟从一种历史观点加以研究的，也正是这种合理性以及在其中所进行的生死游戏。这种类型的合理性是现代政治合理性主要特征之一，它是借助"国家理性"（reason of state）这一普遍理念，也是借助一套特定的治理技术，在十七八世纪发展起来的。治理技术，在那个时候，以一种非常特殊的含义被称为"治安"。

我们就从"国家理性"开始。我先简要地回顾一下意大利和德国作者的几个定义。16世纪末叶，意大利法学家乔万尼·博特罗（Giovanni Botero）[1]对"国家理性"做了如下界定："对国家形成、增强自身、长治久安和不断发展的手段的一套完美认知。"17世纪初，另一个意大利作者帕拉佐（Palazzo）在他的《论治理与真正国家理性》（*Discourse on Government and True Reason of State*, 1606）

---

[1] 乔万尼·博特罗（Giovanni Botero, 1540—1617），文艺复兴晚期意大利思想家、法学家、牧师、诗人和外交家。以他的著作《论国家理性》（*Della ragione di Stato* [*The Reason of State*]）。——译注

一书中写道:"国家理性乃是使我们能够在共和国内发现如何建立和平与秩序的一种准则或艺术。"而17世纪中叶的德国作者开姆尼茨(Chemnitz)[1],则在《论国家理性》(*De Ratione status*,1647)中做了这样的界定:"一切公共事务、政务和规划都要求有政治上的考量,这种考量的唯一的目的只是国家的保全、扩展和幸福。"请注意这些说法:国家的保全、国家的扩展和国家的幸福——"为达此目的,要使用最容易和最迅速的手段。"

我们来考虑一下这些定义的某些共同特征。首先,国家理性被认为是一种"艺术",也就是,符合某些法则的技术。这些法则不仅属于风俗和传统,也属于某种理性知识。如今,你们都知道,"国家理性"这一说法,可以令人想起大量的独断或暴力;但是在当时,在人们心目中,它是一种合理性:一种国家治理艺术所特有的合理性。这种特定的治理艺术从哪里获得它的根据?这个问题是在17世纪初挑出来的,对它的回答,则使新兴的政治思想令人反感。然而,通过对我征引的几个作者进行研究,答案又非常简单。治理人的艺术,如果它遵循着被治理者——即国家

---

[1] 开姆尼茨(Chemnitz, Bogislaw Philipp von, 1605—1678),德国历史学家,著有《论国家理性》(*De Ratione status*)。——译注

本身——的自然本性，那么就是合乎理性的。不过，要详细阐发这样一种明显的事实，这样一种老生常谈，实际上就是同时同两种相对立的传统决裂：基督教传统和马基雅维利（Machiavelli）[1]的理论。基督教传统声言，假如治理本质上是公正合理的话，那么，它就必须尊重一整套法则——人的法则、自然法则和神的法则。

关于这一点，阿奎纳（Aquinas）[2]有一部很重要的著作，他在书中解释道，国王的治理必须仿效上帝的自然治理：国王应该像上帝创世那样创建城市；他必须引领着人走向自己的终点（finality），正如上帝为自然的存在物所做的那样。人的终点是什么？身体的健康？不，阿奎纳回答道。假使身体健康是人的终点，那么，我们需要的就不是一个国王而是一个医生了。是财富吗？不，在这种情况下，一个管家就够了，不需要国王。是真理吗？不，阿奎纳回答道，要找到真理，我们只需要导师，而不是国王。人需要这样一个人：他因为在世上尊奉至善（honestum），而能够开启通向

---

[1] 马基雅维利（Niccolò Machiavelli, 1461—1527），意大利著名的政治思想家、外交家和历史学家。被西方人誉为"政治学之父"，他的名著《君主论》（*The Prince*）是政治学必读书，也是文艺复兴的代表作之一。——译注
[2] 圣托马斯·阿奎纳（Saint Thomas Aquinas, 1225—1274），意大利神学家，欧洲中世纪经院哲学代表人物。他开启了托马斯学派（或称托马斯主义）。天主教教会认为他是历史上最伟大的神学家，将其评为33位教会圣师之一。——译注

天堂至福之路。国王必须引领着人走向至善，这至善就是人的自然和神圣的终点。

阿奎纳的理性治理模式绝对不是一种政治模式。而在16和17世纪，人们试图寻求其他类型的国家理性，即能够对实际治理进行引导的原则。他们关注的是国家的本质，而不是人的自然或神圣的终点。

国家理性也与另外一种分析针锋相对。在《君主论》（*The Prince*）一书中，马基雅维利的问题即是去确定，通过承袭或者征服而获得的区域或者领土，如何能够不顾内外部敌人的反对而保存下来。马基雅维利整个分析的目的，就是去界定什么东西能够强化君主和国家之间的联系。而17世纪初期由国家理性概念所提出的问题，就成了国家本身这一新的实体之生存和性质的问题。论述国家理性的理论家们试图与马基雅维利保持距离，其原因既在于后者那时已臭名昭著，也在于理论家们无法在他的问题当中找到他们自己的问题，因为马基雅维利的问题不是国家问题，而是君主—国王—他的领土和臣民的关系问题。尽管存在着有关君主和马基雅维利著述的这一切争吵，在与马基雅维利观念的合理性极为不同的合理性的出现过程中，国家理性仍然是一个里程碑。这种新的治理艺术，恰恰不是为了强化君主的权力，其目的在于强化国家自身。

简言之，国家理性既不指上帝的智慧，也不指君主的理性或者策略：它所指的是国家，国家的性质及它自身的合理性。治理的目的在于强化国家本身，这一主题就包含着几种观念，我认为，要追溯现代政治合理性的兴起和发展，略述一下这些观念非常重要。

第一个观念是，作为实践的政治和作为知识的政治之间的新关系。它关涉到特定的政治知识的可能性。按照阿奎纳的观点，国王必须德高望重。柏拉图理想国中的城邦领袖，必须是一个哲学家。要在国家框架之内来统治别人的人，第一次务必是一个政治家，必须拥有独特的政治能力和知识。

国家本身即一个存在物。尽管法学家试图澄清，国家如何以一种合法的方式建构而成，但它仍然是一种自然客体。国家本身就是万物组成的一种秩序，而政治知识又使国家脱离了司法反思。政治知识，既不是讨论人权，也不是讨论人法和神法，它讨论的是被治理的国家的性质。治理只有在国家力量为人们所知晓时才有可能进行：正是凭借这种知识国家才能得以维持。国家扩展自身的能力和手段，必须被人们所知晓。其他国家——我们自己国家的对手——的实力和能力,也必须为人们所知晓。一个被治理的国家必须同别国抗衡。因此,一个政府要承担的,不仅只是对理性、智慧和审慎等普遍原则的贯彻,还必须有某种特殊知识:有关国家力量的具体、精确和可测度的知识。国家理性所特有的治理艺术,是与此时被称为政治"算术"的发展紧密相连的。政治算术是政治能力所暗含的知识。你们非常清楚,这种政治算术的另外一个名称是统计学,这种统计学根本不是同或然性相关,而是同国家的知识,国家各方面力量的知识相关。

缘自国家理性观念的第二个要点,是政治与历史之新关系的出现。从这个方面看,国家的真正性质不再设想成仅由一部好法律在几个要素之间所促成和维系的平衡,相反,它被设想为一套力和力量,政府奉行的政治可以强化或者弱化这些力和力量。由于每一国家都与别的地区、别的民族以及别的国家处在一种永久的竞争状态,这些力就务必要增加,因此,摆在每一个国家面前的不是别的,而是同类似的国家所做的无限期斗争,或至少是无限期竞争。贯穿于整个中世纪的理念,就是恰恰在基督回归尘世之前,尘世的所有王国终有一天会统一成一个最后的帝国。这一耳熟能详的理念,在中世纪时期,是政治思想,或者是历史一政治思想一个主要特征，但从17世纪初叶起，它不过是一个梦幻而已。重建罗马帝国的计划永远地消失了。现在，政治不得不去面对不可减约的多种多样的国家，它们在一个有限历史之内彼此争斗和竞技。

我们可以从国家理性概念推导出来的第三个观念则是：由于国家的终极就是它自身，由于政府的唯一目的，是国家力量的保持、增强和发展，那么，十分清楚的是，政府不必担忧个人——或者说，只有当个人与国家力量的增强存在着某种关联时才必须担忧他们（他们的所为、他们的生命、死亡、活动、个人行为，工作，等等）。我想说的是，在这样一种对于个人和国家之间的关系所做的分析当中，个人只有为了国家强大而有所作为时，才能与国家发生关联。从这个角度看，这里存在着所谓的政治边际主义（marginalism），因为这里讨论的只是政治效用。而从国家的角度看，个人之所以存在，仅仅是因为他对国家力量的变化，不论是消极的变化还是积极的变化，可以起到哪怕是微不足道的作用。只是由于个人能够导致这种变化，国家才面对他。有些时候，他必须为国家所做的，就是活着、工作、生产、消费；有些时候，他必须做的，就是死亡。

表面上看，这些观点与我们在希腊哲学中发现的许多观点十分相似。诚然，在17世纪初叶的这些政治文献中，援引希腊城邦非常流行。不过我认为，在某些相似的主题之下，这一新的政治理论涌动着十分不同的东西。在现代国家，将个体边际主义整合进国家效用中，并没有采用希腊城邦所特有的伦理共同体形式。在新的政治合理性中，这种整合采用的是一种在那时被称为"治安"（police）的特殊技术。

这里，我们就遇到了我拟在将来著述中进行分析的问题。即为了把个人造就成国家的一个重要因素，在国家理性总框架之内，需要施行、运用和发展哪类政治技术和治理技术？大多数情况下，当人们在分析我们社会中的国家的作用时，他们要么聚焦于体制——军队、文职、科层制等等——和体制的统治者，要么就是去分析为了确保国家存在的正当性和合法性而发展起来的理论或意识形态。

相反，我所寻找的是技术和实践。它们为这种新的政治合理性，为社会实体和个人之间的新关系，赋予了一种具体形式。非常令人奇怪的是，人民——起码是德国和法国这类国家的人民（在法国和德国，因为各种各样的原因，国家问题被视为一个大问题）——认识到了有必要非常明确地界定、描述和组织这种新的权力技术，即将个人整合进社会实体中的权力技术。他们认识到了这种必要性，而且为此起了个名字。它在法语里叫*police*，在德语里叫*polizei*。（我觉得，"police"这一英语词，指的是非常不同的事物。）我们恰恰需要努力给予法语词*police*和德语词*polizei*的词义以一个更准确的定义。

这些法语和德语字眼的意义扑朔迷离，因为它们的使用，至少是从19世纪迄今一直都指某种不同的事物，都指一种特殊的通常是声名狼藉的机构，起码在法国和德国如此，美国的情况我不了解。但是，从16世纪末到18世纪末为止，*police*和*polizei*两词都拥有某种宽泛的同时也是非常精确的意义。在这一时期，每当人们谈论police时，他们谈论的是一种独特的技术，凭借着这些技术，一个国家框架内的政府，就能够把人民治理成为对世界极为有用的诸多个体。

为稍微精确地分析这种新的治理技术，我认为，最好的方式是在三种主要形式中去理解它，而这又是任何技术在其发展及历史中都能够采取的形式：首先，作为梦想，或者更准确地说，作为乌托邦的形式；其次，作为实践，或者说是作为真实机构的规则的形式；最后，作为学院学科的形式。

如果当前要对乌托邦的或者普遍的治理技术进行讨论，那么，17世纪初路易·图尔奎特·德·马耶尔纳（Louis

Turquet de Mayerne）[1]提供了一个很好的例证。他的《论贵族民主制君主国家》（*Aristo-Democratic Monarchy*，1611）一书主张行政权力和治安权力的专门化（specialization）。治安的任务就是培养文明礼貌和公众道德。

图尔奎特建议，在每一个省都应该有四个治安部门来维护法律和秩序。两个看管民众，另外两个看管事物。第一个部门要关注生活中的积极、主动、生产性方面。换言之，这一部门关注的是教育，它要对每一个人的才能和爱好作出恰如其分的确定。它必须从儿童一出生后就测试他们的天资。每个年龄在25岁以上的人，都必须登记在册，注明他的天资和职业；其余的人则被视为社会渣滓。

第二个部门负责生活中的消极方面，也就是那些需要救助的贫、寡、孤、老人群。它还应当关注那些必须工作但又可能不愿工作的人们，那些其活动需要财政援助的人；而且它必须管理一个银行，给那些需要钱的人补贴或者借贷。它也必须处理公共卫生、疾病、瘟疫以及火灾和洪水等偶发事件，而且为了使人们免遭这些偶发事故的伤害而设法为他们提供保险。

---

[1] 路易·图尔奎特·德·马耶尔纳（Louis Turquet de Mayerne，1550—1618），法国新教历史学家。——译注

第三个部门应该专门负责商品和制成品。它表明的是，需要生产什么，以及如何生产它们。它也控制着市场和贸易，这是治安的一种非常传统的功能。第四个部门负责"领地"，也即是，负责领土、空间、私人财产、遗产、捐赠、契约，以及庄园权利、道路、河流、公共建筑，等等。

书中的许多特征，都与那个时候、甚至是16世纪以来频繁出现的各种政治乌托邦相类似。但它也与一些重大理论讨论——对国家理性和君主国行政组织所作的讨论——处于同一时期。它在很大程度上是那一时代被认为是受到了良好治理的国家的代表。

这本书表明了什么？它首先表明，"治安"表现为一种行政，它同国家、司法和财政一道，统领着国家。但事实上，它包括所有的其他行政部门。正如图尔奎特所说："它扩张进入到人的一切条件中、人们的所有行为中。它的领域包括司法、财政和军队。"

因此，正像你们所看到的，这种乌托邦之内的治安包括一切，不过，这只是从一个非常特殊的角度来说是如此。在这一乌托邦内，人与物是在它们的诸关系当中来预想的。治安所关注的是人们在领土内的共存，他们与财产的关系，他们生产的产品，市场上的交换物，等等。它也考虑他们的生活方式、他们可能遭遇到的疾病和事故。一句话，治安所关注的，是活生生的、积极的和富有创造力的人。图尔奎特用了一个非常特殊的说法。他说："治安的真正目标是人。"

当然，我有些担心，怕你们认为我为了找到一个挑衅性的不能抗拒的格言，而伪造了这一说法。可它是真实的引语。不要以为我说的是，人是治安的某种副产品。人是治安的真实客体，在这一观念中，重要之处在于权力和个体之间的关系出现了历史性的变化。大概地说，只要法律主体凭借其出生、地位、个人婚约而卷入法律关系中，那么，封建权力就存在于诸法律主体的关系之中。但是，由于这种新的治安国家（the police state），治理开始面对个体。对个体进行治理，就不仅根据他们的法律地位，而且还把这些个体看做是人，是劳动的，从事交易的和活着的存在者。

现在，且让我们从这种梦想转向现实，转向行政管理实践！法国18世纪初的一则文字纲要流传下来，系统有序地为我们讲述了法兰西王国主要的治安条例。这是一本供文职人员使用的指南，或系统性的百科全书。指南的作者就是尼［古拉］·德·拉马雷（N. De Lamare）[1]，他把这部治安的

---

[1] 尼［古拉］·德·拉马雷（N[icolas] de La Mare, 1639—1723），法国学者。——译注

百科全书《论治安》（*Traité de la police*，1705）编为十一章。第一章讨论宗教；第二章讨论道德；第三章是卫生；第四章是供给；第五章是道路、公路和市政建设；第六章是公共安全；第七章是人文学科（主要指艺术和科学）；第八章是贸易；第九章是工厂；第十章是仆役和工人；第十一章是穷人。这对于德·拉马雷及其追随者来说，就是法兰西的行政管理实践。这也是治安的管辖范围，从宗教到穷人，遍及道德、卫生、人文学科，等等。在大多数论述治安的论文或者概要中，你们都会发现同样的分类。如你们所见，同图尔奎特的乌托邦一样，严格地说来，除了军队和正义以及直接税收以外，治安显然掌管着一切事务。

那么，从这一角度来看，真正的法国行政管理实践又是什么呢？对宗教仪式，或者小规模的生产技术、智识生活或者道路网络进行干预，其逻辑何在？在试想回答这个问题的时候，德·拉马雷似乎不无犹豫。时而说："治安必须负责有关人们幸福的一切事情。"时而又在别的地方说："治安负责一切对社会进行调节的事情。"而他所谓的"社会"，含义就是"人们之间所持有的"社会关系。时而又说，治安负责的是生活。而这是我拟保有的定义，因为它是最原创的。我认为，这个定义澄清了两个其他的定义，而德·拉马雷所坚持的，也正是将治安定义为照看生活。他还就治安的十一种目标做了以下的评述。治安关注宗教，其出发点，当然不是正统教义，而是生命的道德品质。在关注健康和供给时，治安要处理的是对生命的保存。涉及贸易、工厂、工人、穷人和公共秩序时，治安要处理的是生活的便捷。在负责剧院、文学和娱乐活动过程中，治安的目标则在于生活的幸福。简言之，生活就是治安的目标。必需物、有用物和剩余物：这就是我们需要的三种类型的物质，或者说是我们的生活中有用的三种物质。人们幸存、生活、比幸存和生活更高级的享受——这正是治安务必要确保的。

在我看来，法国系统化的行政管理实践之所以重要，有几个原因。第一，正如你们看到的，它试图将各种需要进行分类，这自然是一种古老的哲学传统，然而这种分类采用了一种技术性的方案，来确定个体的效用尺度和国家的效用尺度之间的关系。德·拉马雷书中的主题是，于个人多余的事物，对国家却是不可或缺的。反之亦然。第二件重要的事情是，德·拉马雷把人的幸福变成了一种政治目标。我非常清楚，在西方国家，自从政治哲学出现以来，人人都知道并且声言，民众的幸福必须是各个政府的永恒目标，不过在后来，幸福被想象为一个真正的好政府所产生的结果或者效应。现在，幸福并不是一个简单的效应。个人幸福反而是国家存在和发展的一个要求。它是一种条件，一件工具，而不仅仅是某种结果。民众的幸福变成了国家力量的一个要素。第三，德·拉马雷说，国家要面对不只是人，也不只是生活在一起的众人，而是社会。社会与作为社会存在者的人，个体及其社会关系，现在变成了治安的真正目标。

就此，最后但不是最不重要的："治安"变成了一种学科。它不仅仅是一种真正的行政实践，也不仅仅是一个梦想，它就是一种学术意义上的学科。在德国的许多大学中，特别是在哥廷根大学，人们把它冠以治安科学（*Polizeiwissenschaft*）的名义进行讲授。对欧洲的政治史而言，哥廷根大学格外重要，因为正是在哥廷根，普鲁士、奥地利和俄罗斯的公务员接受了训练，就是他们完成了约瑟夫二世[1]和凯瑟琳大帝[2]的伟大改革。还有几个法国人，特别是拿破仑的扈从，熟知治安科学的教义。

我们所拥有的有关治安的教义的最重要的证据，是一

---

[1] 约瑟夫二世（Joseph Benedikt Anton Michael Adam, 1741—1790），奥地利皇帝（1765—1790）、哈布斯堡王朝（the Habsburg Monarchy）君主（1780—1790）。——译注
[2] 凯瑟琳大帝（Catherine the great, 1729—1796），俄国女沙皇，出生于德国，又称叶卡捷琳娜二世。——译注

本手册，由冯·尤斯蒂（von Justi）[1]编写、供治安科学的学生使用，书名叫《治安原理》（Elements of Police）。在这本书里，在为学生编写的这本手册中，治安的目的，仍然像德·拉马雷的书一样，被定义为照看生活在社会中的个体。不过，冯·尤斯蒂对他的书的编排还是与德·拉马雷十分不同。他首先研究了他所谓的"国家地产"，也即领土。对此，他是从两个不同方面来考虑的：领土的居住方式（城镇还是乡村），领土的居住者（人口数量、人口的增长、健康、死亡率、迁徙等等）。其次，冯·尤斯蒂分析了"货物和动产"，也即是，商品、货物的制造和流通，这就涉及了与成本、信贷和货币相关的问题。最后，即他研究的末尾一部分，则专门论述了个人的行为、他们的道德、职业素养、诚信，以及他们是怎么样才能遵守法律的。

在我看来，较之德·拉马雷自己的纲要导论，冯·尤斯蒂的著作，对治安演进方式的展示，要进步得多。其原因如下。第一，是冯·尤斯蒂在他所称的治安（*die Polizei*）和他所称的政治（*die politik*）之间做了重要区分。对于他来说，政治（*die politik*）基本上是国家的否定性任务，它

---

[1] 冯·尤斯蒂（Von Justi, 1720—1771），德国重商主义经济学家、新官房学派的主要代表人物。——译注

是国家同其内外敌人所作的战斗：用法律反对内部敌人，用军队反对外部敌人。冯·尤斯蒂解释说，治安却相反，它肩负着肯定性的任务。它的手段既不是武器也不是法律，既不是防御也不是禁令。治安的目的在于持久地增加新产品，旨在改善公民生活，增强国家力量。治安的管理手段，不是法律，而是对个人行为的某种独特、永恒和肯定性的干预。承担否定任务的政治和承担肯定任务的治安，这二者之间的语义区分，即便很快从政治话语和政治词汇中消失了，但国家对社会进程进行的持久干预，即使不具备法律的形式，正如你们所了解的那样，也是我们的现代政治和政治问题构架的特征。从18世纪末叶迄今的有关自由主义（liberalism）、治安国家（*Polizeistaat*）、法治国（*Rechtsstaat*）等等的讨论，就滥觞于国家的肯定任务和否定任务这一问题，滥觞于这样一种可能性：国家只有否定任务而没有肯定任务，国家没有力量对人们的行为进行干预。

  在冯·尤斯蒂的概念中还有一个重要之点，对于18世纪末至19世纪初欧洲国家的政治人物和行政管理人员具有非常重大的意义。冯·尤斯蒂书中一个主要概念就是人口，我认为，任何其他论治安的著述中都找不到这个概念。我非常清楚，冯·尤斯蒂并没有发明这个观念或者这个词语，但值得指出的是，在"人口"这一名号下，他考虑到了同一时代人口统计学家的发现。他发现，国家的一切物质的或经济的因素，都形成了一种与人口相互依赖的环境。当然，图尔奎特以及诸如图尔奎特之类的乌托邦主义者，也讨论了河流、森林、田野等等，但从根本上来说，他们是将它们作为能够增加税收和收益的因素而加以讨论的。而对于冯·尤斯蒂而言，人口和环境是一种永久的互动关系，而国家必须处理这两类活生生的存在者之间的互动关系。现在我们可以说，在18世纪末期，治安的真正对象变成了人口；或者换言之，从根本上来说，国家是将人作为人口来看管的。它对活生生的人施展权力，把他们当成活生生的人。而它的政治，因此就必然是生命政治。既然人口仅只是国家为自身计而予以关注的，那么，如有必要，国家当然也有权屠杀人口。因此，生命政治的反面就是死亡政治。

是的，我非常明白，这里提出的只是一些草案和标记。从博特罗到冯·尤斯蒂，从16世纪末到18世纪末，我们起码可以推测出一种同政治技术相联系的某种政治合理性的发展轨迹。从国家有其本性，有其终极这一观点，到人是一个活生生的个体，或人是人口（同环境相关的人口）的一部分这一观点，我们可以看出，国家对个人的生命有着越来越多的干预；对于政治权力而言，生命问题越来越重要了；社会科学和人文科学可能会发展出一些新的领域——只要它们在人口范围内、在活生生的人口和其环境的关系范围内来讨论个体行为问题的话。

现在，请允许我简略总结一下我想说的内容。首先，正如对任何科学的合理性进行分析是可能的，对政治合理性进行分析也是可能的。当然，这种政治合理性是同其他的合理性形式相联系的。它的发展在很大程度上取决于经济、政治、社会、文化和技术进程。它总是体现在各种机构和各种策略之中，并且具有它自己的独特性。由于政治合理性是我们认为理当如此的大量假说、各种老生常谈、机构和理念的根源，那么，对我们的政治合理性进行历史分析，进行历史批评，无论在理论上还是在实践上，都是十分重要的。而这种批评或者分析不同于有关政治理论的讨论，也不同于不同政治选择之间的分歧。当今，主要政治理论的失败并不应该导致非政治性的思考方式，而应让人们对本世纪我们的政治思考方式进行研究。

我想说，在日常政治合理性中，政治理论的失败或许既不能归咎于政治，也不能归咎于理论，而应该归咎于它们根植于其中的合理性类型。从这一角度看,我们现代合理性的主要特点不是国家政制,不是最冷血的冷血怪兽,也不是资产阶级个人主义的兴起。我甚至会说,它也不是把个人整合进政治总体性中的一种持续努力。我认为,我们政治理性的主要特点是这一事实:将个人整合进共同体和总体性中,是由于个体化的增加和总体性的强化之间存在着一种长久的关系。从这一点看,我们能够理解,现代政治合理性何以得到了法律和秩序之间的二律背反的许可。

从定义上说,法律总是被认为同司法体系相关,秩序则被认为同行政体系相关,同一个国家的特定秩序相关,而这又正是17世纪初叶所有乌托邦主义者的观念,而且也是18世纪那些真正的行政管理者的观念。法律和秩序间的调解,曾经是那些人的梦想,我认为,它依然是一个梦想。试图协调法律和秩序是不可能的,因为当你试想这样做的时候,只是将法律整合进国家的秩序之中。

这是我的最后观点:正如你们所看到的,社会科学的出现,不能同新的政治合理性的兴起,同这种新的政治技术分离开来,所有的人都知道,民族学兴起于殖民化过程(但这并不意味着它是一门帝国主义科学)。我同样认为,假如人——假如我们作为活着的、言说着的、劳动着的存在者——变为几种不同科学的客体,那么,其原因就不应在意识形态中去寻找,而必须在我们社会中所形成的政治技术的存在中去寻找。

(李自修 译/汪民安 校)